法学教育的宗旨

王晨光 著

**THE VISION OF
LEGAL EDUCATION**

北京大学出版社
PEKING UNIVERSITY PRESS

图书在版编目(CIP)数据

法学教育的宗旨/王晨光著. —北京：北京大学出版社，2016.7
ISBN 978-7-301-27330-2

Ⅰ.①法… Ⅱ.①王… Ⅲ.①法学教育—研究—中国 Ⅳ.①D92-4

中国版本图书馆 CIP 数据核字(2016)第 173279 号

书　　　名	法学教育的宗旨 Faxue Jiaoyu de Zongzhi
著作责任者	王晨光　著
责 任 编 辑	苏燕英
标 准 书 号	ISBN 978-7-301-27330-2
出 版 发 行	北京大学出版社
地　　　址	北京市海淀区成府路 205 号　100871
网　　　址	http://www.pup.cn　http://www.yandayuanzhao.com
电 子 信 箱	yandayuanzhao@163.com
新 浪 微 博	@北京大学出版社　@北大出版社燕大元照法律图书
电　　　话	邮购部 62752015　发行部 62750672　编辑部 62117788
印 刷 者	北京大学印刷厂
经 销 者	新华书店
	965 毫米×1300 毫米　16 开本　15 印张　202 千字 2016 年 7 月第 1 版　2016 年 7 月第 1 次印刷
定　　　价	39.00 元

未经许可，不得以任何方式复制或抄袭本书之部分或全部内容。
版权所有，侵权必究
举报电话：010-62752024　电子信箱：fd@pup.pku.edu.cn
图书如有印装质量问题，请与出版部联系，电话：010-62756370

序言

法学教育的宗旨

——兼论案例教学模式和实践性法律教学模式在法学教育中的地位、作用和关系*

一、法学教育的二重性

法学教育从它问世之初就陷入一种两难境地,即法学教育应当成为培养未来的律师、法官、检察官等法律职业者的职业教育(professional),还是应当成为一种培养国民素质的通识性教育(general high education)或培养学者和法学专家而教授法学理论和系统法律知识的研究(research)。① 这两种截然对立的理念,恰好反映出法学教育内在的二重性,即职业培训性和学术研究性的二重对立,并因此形成了不同的法学教育理论、目标、模式、内容和方法。

这种二重性形成的悖论,可在近年来我国法学教育的发展中略见一斑。"文革"后,当我们经历了无法无天的浩劫之后决定推行法治并

---

* 本文发表在《法制与社会发展》2002年第6期。
① 参见 Martin Lyon Levine: Legal Education, Dartmouth, 1993, p. xiii;周汉华:《法学教育的双重性与中国法学教育改革》,载《比较法研究》2000年第14卷第4期,第389页;霍宪丹:《法律职业的特征与法学教育的二元结构》,载《法律适用》2002年第4期。

恢复法学教育的时候,我们理所当然要努力强调法学的独立性,强调法学的科学性,强调法学教育的系统性和完整性。法学教育摆脱传统的"政法"标签,建立起独立的法律系或法学院,法学不再是根据政治斗争需要而用法言法语诠释政治文件的工具,不再是"专政学说"的附属理论,法学首次作为一个独立的学科登堂入室,成为我国高等教育的一个主要领域。在这种背景下的我国法学,尤其忌讳有人质疑它的理论性及其在人文教育中的正当性,因而在有人把法学称为"幼稚的法学"或"没有学术底蕴"的应用技术时,无疑触动了我国法学教育中最为敏感的神经(也是其薄弱环节),更加坚定了法学教育者完善法学科学性和加强法学教育学术性的信念。然而当社会舆论认为法学教育脱离了社会实际或法律执业者批评法学教育与实践差距太大时,我们又强调法学的社会性,强调法学教育的职业性和实践性。近些年,有不少学者对我国法学教育大发展的20年进行回顾,"指出我国法学教育中存在法学教育与职业教育脱节的突出问题";"有学者认为应将本科阶段的法学教育定位于职业技能训练或培训,将本科阶段以上的法学教育阶段定位于学术培养"。[①] 对此,我们至今没有形成统一的见解。[②]

在法学教育认识上的分歧和悖论,实际上反映出法学教育中内在的、与生俱来的二重性,即法学教育的职业技能培训性和学术研究性。从法学在大学教育中的地位上看,它表现为职业教育和人文学科的理论教育的二重性;从其培养目的性上看,它表现为实践型人才的训练的培养和学者型人才的二重性;从其教学内容上看,它表现为法律职业的特定技巧、道德和思维与法学的知识体系和人文理论培养的二重性。这种与生俱来的二重性,一直伴随和困扰着法学教育的发展。

[①] 郭明瑞、王福华:《高等法学教育的反思与审视》,载2001年9月2日《法制日报》。

[②] 本文并不认为对此一定要有一个统一的观点。即便在法学教育相当发达的一些国家,例如美国,对于这一问题的认识仍然是见仁见智,各持己见。但是,尽管看法不同,我们也必须认识到这两种见解所构成的法学教育中的悖论的根源、理念和影响,从而理性地构筑我们蓬勃发展同时又是鱼龙混杂、多少有些盲目无序的法学教育。

既然如此，何必较真。确实，又有多少从事法学教育的人认真考虑过这种二重性以及协调处理二者之间关系的最佳方案呢？然而实践告诉我们，如果对法学教育的二重性没有清楚的认识和深入的探究，难免会在法学教育的性质、宗旨、内容、方法等一系列问题上产生思想上的模糊或混乱，无法自觉地设计符合社会实际的教育模式和课程设置。我国法学教育已经出现了诸如此类的问题，例如教育模式上的重叠繁杂、课程设置上的盲目混乱等一系列表层问题。它们表现为：法律本科中各种专业的设置和取消、各种学位项目（专科、本科、双学位、法律硕士、法学硕士、法学博士、博士后等）的繁琐设置、课程设计的无序和紊乱、教学方法的陈旧和盲目，等等。（本文并不想断言上述问题统统都是由于没有真正认识法学教育的本质及其二重性造成的，但是这种认识上的模糊性至少是引发上述问题的重要原因之一。）近年来，越来越多的学者和法律执业者看到了法学教育与法律实践的脱节，借鉴美国法学教育的经验，提倡并推动了法学教育中职业学位即法律硕士项目的设立。虽然这是我国法学教育中的一个重大改革，明确表明职业教育是法学教育的主要目的，把职业教育直接纳入了法学教育的框架，但是从教学层面而言，法律硕士的课程设置、教学内容和方法与法学本科教育相比并没有什么重大改变。这也正好说明了，如何认识和把握法学教育中的二重性，进而认识法学教育的真谛并设计出合理的法学教育的格局，并非易事。

如要克服这种认识上的模糊性，有必要了解法学教育内在二重性的起因与演变。

二、历史上的各种法学教育模式

一般而言，在现代法学教育出现之前，中外各国的法律知识和技能的传承主要是通过学徒或私塾的形式进行的。法学教育传授的主要是当时社会中存在的规范、辩论的技巧和案件审理的程序等知识和技能。学院式的法学教育则是随着文艺复兴而出现的现代教育方式。

它把法学当做一种知识体系和学科进行传授,忽略甚至抹杀了法律技能和经验训练和积累。几十年来,在对上述两种法学教育进行反思的基础上,一些国家的法学教育开始尝试进行实践性的法学教育模式,试图克服前两者的偏颇,创建新的法学教育的模式。

(一) 中国历史上的"以吏为师"模式的法学教育

在中国春秋战国时期,诸子百家,学派纷立,办学著述,相互争鸣,形成了学术思想空前活跃的时期。各派大师不仅是学术上著书立说的集大成者,而且是广招弟子的教育家;不仅是坐而论道的思想家,而且是身体力行的社会活动家。此时的法家不过是其中的显学之一。比起其他学派,法家学者更是以参与变法、立法、司法和入仕为己任①,其在法学上的贡献以及他们所表现出的改造现实的活力,是百家争鸣中的其他学派无法相比的。② 其思想的传播也主要是通过著述、招收弟子的方式进行。那些入仕的法家人物,兼具法学家和政治家的双重身份,使法家的法学教育具有"亦私亦官"的色彩。③ 例如郑国邓析"私招门徒,传授法律,学讼者不可胜数"。④ 商鞅在秦国变法,同时大力推广法学教育和宣传,使"秦妇人婴儿皆言商君之法";"境内之民皆言治,藏管、商之法者家有之"。⑤ 秦统一六国后,统一的中央集权专制制度和统一的法律制度建立,朝廷采纳李斯"以吏为师"的建议,禁绝私学,逐渐垄断了法学教育。⑥ 从而形成了我国历史上"以吏为师",以传授法律知识为主的实用型师徒式传授模式。这种模式与其说是一种教育模式,还不如说是一种技能和职业的简单传承。至此,法家强烈

---

① 参见武树臣等:《中国传统法律文化》,北京大学出版社 1994 年版,第 338 页。
② 参见张晋藩:《中华法制文明的演进》,中国政法大学出版社 2000 年版,第 84 页。
③ 参见武树臣等:《中国传统法律文化》,北京大学出版社 1994 年版,第 338 页。
④ 张晋藩:《中华法制文明的演进》,中国政法大学出版社 2000 年版,第 83 页。
⑤ 《战国策·秦策一》《韩非子·五蠹》。转引自武树臣等,《中国传统法律文化》,北京大学出版社 1994 年版,第 339 页。
⑥ 参见武树臣等:《中国传统法律文化》,北京大学出版社 1994 年版,第 339 页。

的入世倾向和实用型的传授方式成为法家主导意识,加之随后社会对法家严刑峻法式统治的反抗和统治者对其的厌弃,导致春秋时期诸子百家中的赫赫显学走上了下坡路,飘零败落,盛况不再。法学的凋零也造成了我国法学教育的不发达。

东汉以后,统治者罢黜百家,独尊儒术。儒家学者便提倡引经注律,礼法结合。一些通经的大儒往往也是明律的大家,他们各自聚徒传授,世守其业。然而诸说并存毕竟不利于法律的统一适用,因此一些大家的学说便成为法定的标准学说。① 这种小范围的以吏为师的实用法学教育,一直延续到清朝。② 这种传授模式,不仅以技能和实体规范为内容,更增加了官方认可的儒学内容,运用儒家学说注释律例。但终因儒学倡导的人治理念与法治理念,具有内在的异质性和排斥性而抑制了真正意义上的法学的发展。加之中国传统社会的中央集权体制和封建土地制度对法制的否定等原因,中国在长期的文明发展史中,竟没有形成像样的法学教育。孙晓楼先生评价说:从整体上看,"历代多偏于礼教,人治太重,其间虽有一二位法家出生,都因受了环境和礼教的压迫,终不免昙花一现,没有人在继续研究和奋斗,这是中国法学教育所以不发达的缘故,亦是中国法律人才所以缺少的缘故,也可以说这是中国政治不容易上轨道的缘故"。③

(二) 西方法学教育从私相授受的学徒式到大学教育的历程

西方法学教育可以追溯到古罗马时期的法学家和辩护士。当时

---

① 参见张晋藩:《中华法制文明的演进》,中国政法大学出版社 2000 年版,第199—200 页。

② 参见孙晓楼:《法学教育》,中国政法大学出版社 1997 年版,第 14 页。孙晓楼先生说,到了清代的时候,固没有正式的法学教育可言,不过在国家各机关中办理诉讼案件的那一部分人员,普通叫做师爷的,他们的幕下多少总有几个学生,像学徒跟着师父一般的在那里学习法律。他们所教授的不外以大清律例为教材,教授的方法,只限于法律专门名词之用法、律文意义的讲解和裁判方法的大要;他们那种教育的目的,只在期望他们的徒弟似的学生,能够造成咬文嚼字的办理诉讼案件的刑名师爷罢了。这种学徒式的法学教育,在清代的幕府中间,确占了一个重要的地位。

③ 孙晓楼:《法学教育》,中国政法大学出版社 1997 年版,第 14 页。

的教育模式也是私相授受的私人弟子方式。

使法学教育成为真正大学教育的努力,首先反映在开创于11世纪晚期和12世纪的欧洲最早的以意大利波伦纳大学的法学教育为代表的大学中。在这一时期,商业活动扩大,新兴城市建立并发展,近代国家出现,近代法律随着教会法的系统化而形成。梅特兰称这一时期为"一个法律的世纪"。① 法律首次被作为一种独特的和系统化的知识体,即一门科学来教授。但是在法学教育初期,它一直在为自身挤入和存在于象牙塔内的合理性及其在大学教育中的学术正统地位辩护和奋争。虽然法学教育在大学教育的初期(最初的大学教育包括神学、医学和法学)就在其中占据了重要的一席之地,但是它一直被认为是鸠占鹊巢,算不上是大学教育中真正的一门学科。历史上私相授受的门徒弟子方式和师傅学徒形式的传授更使这种质疑有了根据。

为了证明法学在大学中的地位,第一批法律教师抛弃了师徒口耳相传的传授方式,不再以讲授职业技能为内容,而是以一种抽象而宏大的法律体系为讲授内容。而且首先被系统地讲授和研究的法律并不是当时各国实行的法律,而是一种包含在于11世纪末在意大利的一家图书馆中发现的一部古代手稿之中的法律。② 这一法律被认为是如同可以脱离躯壳存在的灵魂一样的东西,是一种真正的、永恒的、理想的法律,是理性的具体化。以此作为一般原理和准则,对零散的司法判决、规则以及当时的各种制定法予以观察、研究和分析。整个法学教育和理想的法律制度均应在这些概念、规则和原理的基础上构筑。法学教育的重心不在于当时存在于各个封建王国和领地的五花八门的实在法,更不在于司法的实际规范和程序,而在于超乎散乱的实在法之上的系统的概念和原理。在这种法学教育的模式中,罗马法中的概念主义得到了充分的发挥。③ 概念、规则和原理构成了法律科

---

① 〔美〕伯尔曼:《法律与革命:西方法律传统的形成》,贺卫方等译,中国大百科全书出版社1996年版,第143页。
② 同上书,第145页。
③ 同上书,第143至170页。

学和法学教育的主干。这些大学中的学生来自欧洲的各个地区,毕业后各自奔赴家乡,从而把罗马法及其系统的概念和理论传向欧洲各个角落。在这一意义上,意大利注释法学派的教学法成为近代各国法学教育效法的典范,教学的内容也成为各国法学教育和法律实践的系统内容。

我们可以看到,大陆法系法学教育具有如下特点:(1)对系统性、抽象性、理论性、概念化、科学性、形式结构和纯粹性的强调[1](法学教育应系统地传授这些系统理论,而不能依靠学徒式的传授方法进行);(2)大陆法律的法典化成为这种系统教育的现成素材;(3)大陆法系的法学教育的性质是一般性的人文科学教育,而非法律职业性训练。"法学教育不在于提供解决问题的技术,而在于对基本概念和原理的教导。法学教育所要求的内容,并不是对实际情况的分析而是对法律组成部分的分析。"[2]大陆法是在系统的理论基础上建立的法律体系。达维德称其为"法学家的法"。[3]从《拿破仑法典》到《德国民法典》,以致《中华人民共和国民法通则》,在这些法律出台前,立法者和法学家就已经设计了或采纳了某种一般性的普遍概念或原理,也就是说概念、原理构成的体系先于具体法律条文的出现。因此法律条文背后的原理、原则、概念在大陆法中占有极其重要的作用。大陆法系国家的法学院从来就没有把自己视为单纯的职业学院,而是历来被认为是人文基础教育中的一个重要领域。正是由于法学教育是一种人文基础教育,法学院的大多数毕业生在毕业后并不以律师为职业,而是以完成了国民教育的大学毕业生的身份加入到社会中。

相对而言,英国大学中的法学教育产生较晚。从 17 世纪末到 19

---

[1] 参见〔美〕伯尔曼:《法律与革命:西方法律传统的形成》,贺卫方等译,中国大百科全书出版社 1996 年版,第 143 至 170 页。

[2] 〔意〕卡佩里蒂等:《意大利法律制度》,1967 年版,第 89 页,转引自沈宗灵:《比较法总论》,北京大学出版社 1987 年版,第 155 页。

[3] 参见张晋藩:《中华法制文明的演进》,中国政法大学出版社 2000 年版,第 141 页。

世纪中,正式的职业教育和大学法学教育几乎不存在。① "毫不奇怪,由下院成立的法学教育探讨委员会在 1846 年宣称:'当前,没有必要实行任何在公立大学中设立的法学教育。'"② 从 19 世纪中期开始,戴雪(Dicey)、波洛克(Pollock)、霍兰德(Holland)和撒尔芒德(Salmond)等学者试图证明:法律虽然看上去如一团乱麻,但确实具有内在的统一性。戴雪在其 1883 年的就职演讲中说:称职的教师应能向学生证明,乱七八糟的案例和条文可以被归纳为一套有序的原则,这些原则可以被纳入清晰的、有逻辑的和系统的形式之中。他认为学徒式的法学教育不可避免地把学生引入对法律原则的片面和零乱的认识。③ 经由他们的努力,法学教育成为大学教育中的一个有机组成部分。

在美国,独立前的法学教育像英国一样是以学徒方式进行的。那时,学徒方式是学习法律的必经之路,几乎没有不经过学徒而成为律师的人。④ 在独立后,对于学徒式法学教育的批评日益增多。杰弗逊就认为,学徒式不能满足职业教育的需要。⑤ 一些大学开始尝试正规的法学教育。在整个 18 世纪,学徒式教育逐步让位给设立在学院或大学中的正式的法学教育。但是早期的美国法学教育被认为"不过是像剑术和舞蹈学院那样存在于大学校园中"。"法学院最为适当的功能是提供职业技能训练。"⑥

为美国法学院正名并使其学术地位飙升的是兰德尔(Langdel)教授。他在 1870 年成为哈佛法学院的院长后,开始对美国法学教育进行大规模的改革,包括他首创的案例教学法。有趣的是,他的案例教学法恰巧是他努力学习大陆法系教授法律的系统理论的教育模式的

---

① David Sugarman: Legal Theory, the Common Law Mind and the Making of the Textbook Tradition, from *Legal Theory and Common Law*, edited by William Twining, Basil Blackwell, 1986, p. 29.
② Ibid.
③ Ibid., p. 30.
④ "American Bar Association, Legal Education and Professional Development—An Educational Continuum", Amercian Bar Association, 1992, p. 103.
⑤ Ibid., p. 104.
⑥ Martin Lyon Levine: Legal Education, Dartmouth, 1993, pp. viii-xiv.

结果。他在哈佛法学院1887年的庆祝会上说:在英语国家中,法律是通过实践和管理方式学习的;而在其他的基督教国家中,法律是在大学中讲授和学习的。他的目的是建立一间效法欧洲模式的法学院。①兰德尔在其著名的《合同法案例》一书的前言中说:"被作为科学的法律是由原则和原理构成的。……每一个原理都是通过逐步的演化才达到现在的地步。换句话说,这是一个漫长的、通过众多的案例取得的发展道路。这一发展经历了一系列的案例。因此,有效地掌握这些原理的最快和最好的,如果不是唯一的,途径就是学习那些包含着这些原理的案例。"②兰德尔的经典的法学教育改革大手笔,竟然仅仅为了一个简单的原因,"如果法律不是科学,大学就会因为顾全其尊严而拒绝讲授它"。他认为,"法律只能够在大学中通过印刷出版的教科书来学习",法学图书馆就是法学教育的实验室,"教师讲授法律的资格不在于他从律师楼的工作中获取的经验,不在于他与人打交道的经验,不在于他在法庭中为案件辩护的经验,简言之,不在于运用法律的经验,而在于他的法律治学的经验,……在于他作为古罗马式法学家的经验"。③

兰德尔的影响如此巨大,此后法学教育科学化和学院化成为美国法学教育的主流意识。一位耶鲁大学法学院教授在20世纪20年代就引用赫胥黎关于大学的定义,"大学应当是在不考虑知识的直接职业用途的前提下学习知识的地方",力主建立一种"非职业化的法学教育"学院,以使法学院的毕业生不仅仅是执业者,而且是具有真才实学和广阔的社会眼界的职业家。④ 正是由于这些持续不懈的努力,美国

---

① C. G. Landell: "Harvard Celebration Speech", *Law Quarterly Review*, 3, 1887, from Martin Lyon Levine, *Legal Education*, Dartmouth, 1993, pp. 29-30.

② From K. L. Hall, W. M. Wiecek and P. Finkelman: *American Legal History, Cases and Materials*, Oxford University Press, 1991, pp. 338-339.

③ Christopher Langdell, "Harvard Celebration Speech", *Law Quarterly Review*, 3, 1887, from Martin Lyon Levine, *Legal Education*, Dartmouth, 1993, p. 30.

④ Walter Cook, "Scientific Method and the Law", from Martin Lyon Levine, *Legal Education*, Dartmouth, 1993, pp. 53-59.

的法学教育一直在以常青藤为名的最高学府中占据令人瞩目的显赫地位。正如兰德尔所说，如果法律是一门科学，"它将毫无争议地成为最伟大和最艰深的科学之一，它将需要所有的光辉照亮他所能获取的最高的学术席位。"①兰德尔和他倡导的美国法学教育真正做到了这一点。今天在美国任何一所大学中，法学院都是最令人向往的学院之一。

（三）我国法学教育学科化和学院化的进程

我国的法学教育由于历史的原因，一直没有发展出自身固有的体系和理论。法律长期被视为政治的工具，法学教育也就成了培养掌握"刀把子"的政法干部。法学教育基本上以党和国家的文件以及无产阶级专政的理论为内容。"文革"后，我国法学教育为了挣脱历史的羁绊和改变自身理论的匮乏，自然把摆脱法学的政治附庸地位，创建法学自身理论体系作为首要任务。法学自身的基础理论学科——法理学和相关课程的发展就是一个极好的例证。从"国家与法的理论"到"法学基础理论"，进而发展为"法理学"，从简单的阶级斗争理论到法律的规范理论，法学不断在证明自身的科学性和学术性。随着法学与政治学和政治经济学的分家和法理学的深入，其他各种部门法学也逐步建立和充实。国外法学理论的引进，更突出了法学自身具有的普世性，强化了法学的独立学科的地位。法学院系从"文革"后残存的两所一跃而形成当前的330多所②，法学教育成为我国高等教育特别是文科教育中一个极为重要的部分。在这样一个大的社会背景下，我国法学教育的发展趋势主要是以学科化和学院化的基调为主。

---

① Christopher Langdell, "Harvard Celebration Speech", *Law Quarterly Review*, 3, 1887, from Martin Lyon Levine, *Legal Education*, Dartmouth, 1993, p. 30.
② 目前全国有330余所普通高等院校设置了法律院系和法律专业，在校生达6万余人。占全国普通高校在校生总数的2.2%；以建成成人高等政法院校、系（专业）150多所，全国成人高校在校法科学生为8.6万人，占成人高校在校学生总数的4.6%。中等法律职业性教育也得到了较大的发展，目前在校中专法科学生约有2.2万人。参见曾宪义：《十一届三中全会与中国法学二十年》，载《法学家》1999年第1、2期。

但是这种学科化和学院化的倾向,与外国法学教育学院化的倾向貌合神离,因为它们各自产生的基础不同。我国的法学教育是从一种极为特殊的环境中发展出来的,即法律制度长期受到忽视、贬低甚至是砸烂,法律在社会中的作用从未真正发挥过,法律职业界包括法官群体也从来就没有形成过自身的独立身份,当然也就谈不上什么独特的法律思维、法律职业的技能,那种古代以吏为师的师徒传承式的法学教育,也早已不复存在。我国法学教育的学科化和学院化,则是针对否定法律可以作为科学讲授和否定法学的独立学科地位的特定的政治环境和思潮而言的。这与西方的法治传统极为不同。在那里,律师和法官形成了独立的社会职业团体(例如英国被称为"Inn"的律师协会),并通过这种团体传授着独特的法律技能。因此西方国家的法律院系是要把这种单纯靠职业团体传授法律技能和知识的古老教育方法,改革成为以教授科学为主的现代高等教育,把法学教育纳入大学教育的轨道。这一改革基本上是在19世纪科学大发展的背景下产生的一种教育科学化的改革运动。这里的科学化和学院化,是针对历史上的学徒式的陈旧教育模式而言。如果说西方法学教育学院化带来了理论与实践的脱节,我国法学教育就更甚一步,因为我国的法学教育从来就没有教授过法律知识和技能,这种学院化的倾向就更加具有片面性。

上述简要回顾,可以使我们看到中西方法学教育在不同的历史背景下为了跻身于象牙塔之中和证明自身的学术正统性所进行的艰苦努力。但是法学教育自身的双重性,并不满足于仅仅在大学的象牙塔中确立它存在的地位,它更看重的是应当通过什么方式才能培养出具有真才实学的高水平的法律职业家。象牙塔中那种为学术而学术的研究风气,不免会削弱其职业技能训练的另一重特性,同时也不可能完全满足培养具备高水平理论素养的法律人才的需要。

三、法学教育中技能性和实践性教学模式的出现及其原因

(一) 美国法学教育中的变革

尽管在各国法学教育特别是美国法学教育中,大学式的以教授系统科学为内容的教育模式,占据了绝对的主导地位,并获得了巨大成功,但对于纯学院式的法学教育的批评一直不绝于耳。就在兰德尔全力以赴地推动学院式改革之时,另一位法学泰斗霍姆斯就振聋发聩地说:"法律的生命历来不是逻辑,而是经验。……(法律的)连续性的外表一直被推理的力量所维持,这种推理试图把每件事都归纳为一个逻辑结果。但是这种外表不过是一件被后来者穿上以使其符合传统要求并使其可登大雅之堂的晚礼服。"①他一方面认为,兰德尔的努力对法律科学化特别是对教学具有积极意义,一方面又尖刻地指出:"把一个现行体系的具体存在降低为简单公式的逻辑(推导)结果的努力,总要面临变成不科学的危险,导入误解问题的性质和资料的歧途。"②到20世纪初,已经有学者认识到单纯地把法律归结为科学并不全面,认为:"法律同时是科学和技能,是一种哲学也是一种职业。"③

从20世纪六七十年代开始,质疑和叛逆兰德尔建立的典范教育模式之风愈演愈烈,其中起推波助澜之势、风势最为强烈的一股是主张以训练法学院学生实际能力为宗旨的实践性法学教育模式。它包

---

① Justice Oliver Wendell Holmes, "Book Notices: Landell and Anson on Contract", *American Law Review*, 14, 1880, from Martin Lyon Levine, *Legal Education*, Dartmouth, 1993, p. 26.

② Ibid., p. 26.

③ Simeon Baldwen, "The Study of Elementary Law, The Proper Beginning of a Legal Education", *The Yale Lw Journal*, 13, 1903, from Martin Lyon Levine, *Legal Education*, Dartmouth, 1993, p. 34.

括以"诊所式法律课程"(Clinical Legal Education)①和"法庭辩论课"(Trial Advocacy)为主的一系列实践性法学教育课程。② 全美律师协会的法学教育和律师资格在其提交的《美国法学教育长远规划》中指出:"七十年代是从已有百年之久的传统[模式]向与二十世纪最后二十余年更加吻合的新形式过渡和扩展的阶段。"③

这样一股改革之风,是美国法学院师生特别是法律职业界人士对传统法学教育的反思,是对法学院未能培养出社会所需要的法律人才的反思和矫正。具体而言,其原因有以下三个:

首先,是由于美国年轻一代对越战的普遍失望和不满,导致了对现行体制的不满和新价值观念的形成;如何向穷人提供法律服务是传统法学教育所忽视的一个方面。④ 因而,一些名牌法学院的学生对法学院的课程设置日益不满,认为它们是"无的放矢和愚蠢荒谬的"。⑤ 批判法学更是直斥美国法学教育为"失败"。⑥ 实践性法学教育模式也是在这种观念和精神的指引下出现的对以往传统的课程设置和教学方法进行挑战的试验。⑦

其次,随着律师和诉讼案件数量激增,法学院毕业生的实际执业能力与法律职业所要求的能力之间的差距越来越突出。法律职业界开始怀疑法学院毕业生的能力,其经常发出的批评是:他们不会起草合同文本,他们不会写法律文书,他们从来就没有见过真正的传票,它

---

① "诊所式法律课程"是由英文(Clinical program)直译而来。虽然其名称不尽如人意,却也难以找到恰当的词汇表述这一新型的课程。故暂且用之。
② The American Bar Association Section of Legal Education and Admissions to the Bar, "Long-Range Planning For Legal Education In The United States", 1987, p. 8.
③ Ibid.
④ William Pincus: Clinical Training in the Law School: A Challenge and a Primer for the Bar and Bar Admission Authorities, *50 St. John's Law Review*, 479, 1976.
⑤ Ibid.
⑥ Jay M. Feinman: The Failure of Legal Education and the Promise of Critical Legal Studies, *Cardozo Law Review*, Vol. 6, 1985, p. 739.
⑦ Ibid., p. 11.

们的老师从来就没有出过庭。① 基于这种批评,越来越多的人要求重新检讨法学院的课程设置和讲授方法,以使法学教育适应实际社会和职业需求。

最后,美国法律界深受实用主义哲学和现实主义法学派的影响,历来关注法律实践,特别是司法实践;历来认为法律运行不仅仅是法律规则的自我运行,而是法律规则在社会环境中与其他社会现象相互作用的复杂过程②;法学院应当为在校的学生提供真实的执业环境,以使学生在真实的环境中学到法律职业的真才实学。

有几个美国法学院在20世纪20年代就尝试开设了实践性的法律课程。③ 但是,这些零打碎敲式的项目,并未改变案例教学法的一统天下。到20世纪30年代,美国现实主义法学派如一股平地疾风,挟沙裹石,对案例教学法发起了猛烈的攻击。卢埃林指责案例教学法是"抽去了事实的空洞条文",敦促法学院着手解决如何"把法律和人文

---

① The American Bar Association Section of Legal Education and Admissions to the Bar, Report and Recommendations of the Task Force on Lawyer Competency, "The Role of the Law Schools", 1979, p. 9.

② 美国著名的法学家庞德曾经不无赞同地引用实用主义的鼻祖詹姆士的辛辣语言:任何一个问题的最大敌人就是这一问题的教授们。因为教授们把从生动的社会生活中产生的学科变成了孤立封闭的、僵死机械的教条,用他们从概念和理论中推导出的教义去禁锢社会生活。在近代法学产生之后,法学界中形式主义的强大势力促成了传统的形式主义法学的形成并长时间占主导地位的局面。在实用主义流行的美国,一些法学家先后对这一传统展开了一系列的诘难和攻击。美国的霍姆斯大法官提出的"法律是对法官判决的预测"和"法律是经验而非逻辑"的观点开了这种风气之先。沿着这一导向,庞德的社会学法学、现实主义法学、政策法学直至当今的批判法学,都从不同的视角以不同的方式对传统法学进行批判。虽然其中一些学者的批判过于简单和激烈,例如现实主义法学和批判法学,但是他们观点中的闪光之处,例如对法律内在矛盾性和法律不确定性的揭示和分析,则不容掩盖。正是在这一意义上,一些美国法学家说:现实主义已经完了,然而现在我们都是现实主义者。可以说,这些观点使得美国法律能够不断适应变化万端的社会发展。

③ 哈佛、明尼苏达和西北大学法学院在1913年就开设了法律援助项目;威斯康星法学院在1916年要求其学生取得6个月的事务所实习;其他法律援助项目于1920年后,在耶路、辛辛纳提和南加州法学院,于1930年后在俄亥俄州、马里兰、威斯康星、杜克和康奈尔法学院相继开设。参见 William Pincus: Clinical Training in the Law School: A Challenge and a Primer for the Bar and Bar Admission Authorities, *50 St. John's Law Review*, 479, 1976.

知识适用于行动的问题"。① 弗兰克则大力强调事实的不确定性,并身体力行,在任教的耶鲁法学院开设了一门"事实发现"课,从而在该院形成了重视案例和法律条文之外的社会现象的传统。弗兰克更是锋芒毕露,针对兰德尔的教学模式提出"为什么不设立诊所式律师学院"的质询。他说:在兰德尔模式中训练出来的学生就像是仅仅研究过剪下的花朵的园艺师,就像是仅仅学习过建筑图片的建筑师,就像是仅仅接触过玩具绒毛狗的训狗师。法律学生要想真正成为有真才实学的职业家,就必须向医生那样经历临床实习培训。② 从这以后,更多一些的法学院先后开设了"法律诊所式课程""法庭辩论课""律师职业道德""律师文书写作课"等实践型课程。由于认识到法学院学生的能力和素质与律师界和社会的要求之间的差距越来越大,全美律师协会也开始就法学教育改革问题进行了调研,组织了一些正式机构,从而在很大程度上推动了这类课程的发展。其中较为重要的有两个项目。第一个是由福特基金会资助、由全美律师协会组织实施的"诊所式法学教育课"。这两家机构于1968年成立了职业责任法学教育委员会(CLEPR)。该委员会总共花去了1000万美元以资助一些法学院设立诊所式课程。到1990年止,超过80%的全美律师协会所认可的法学院设立了以真实当事人为对象,由法学院教师指导和学生参加的诊所式法学教育课。③ 第二个项目是由全美律师协会在1971年成立的全国初审辩论研究所(NITA)。该所的宗旨是:(1) 训练年轻律师的辩论

---

① William Pincus: Clinical Training in the Law School: A Challenge and a Primer for the Bar and Bar Admission Authorities, *50 St. John's Law Review*, 479, 1976.

② Judge Jerone Frank, "Why Not a Clinical Lawyer-School?", University of Pennsylvania Law Review, 81, 1933, from from Martin Lyon Levine, *Legal Education*, Dartmouth, 1993, pp. 186-189.

③ William Pincus: Clinical Training in the Law School: A Challenge and a Primer for the Bar and Bar Admission Authorities, *50 St. John's Law Review*, 479, 1976. 根据全美律师协会的统计,到1990年止,在其调查的119所法学院中,共有314个法律诊所,每个法学院平均具有2.64个诊所;其中89%的诊所包括课堂的面授;中等类型的法学院(600至1000名学生)大约雇用5.8名从事诊所教学的老师;中等类型的法学院中的诊所教育的开支75%是由学院提供的,25%由院外其他渠道提供;在诊所教育中,师生的比例为1:8.41,每个诊所的学生为24名。

技巧;(2) 发现有效的训练职业辩论技巧的方法和手段;(3) 训练在法学院讲授这类课程的师资,并鼓励在法学院中开设这类课程。由于该机构的努力,现在许多法学院都开设了这类课程,其教材也被广为使用。①

(二) 我国法学教育中的改革之风

我国法律院系在近几年也开始尝试实行法律诊所式教学模式。这里固然有外国基金会的积极推动和国外教育改革的启示的原因,但是根本的原因则是我国当前法学教育中的弊端和改革这些弊端的愿望及努力。如果没有这些内因,单纯的国外经验并不能推动一个教学模式在中国的移植。

我国当前法学教育中有哪些足以使人们激发出尝试新模式的动力的弊端呢?

一是我国法学教育中概念化、教条化和形式化的色彩太浓厚,即我国法学教育主要是解释概念、注释条文、阐述理论、抽象议论。尽管案例教学法、讨论课、实习等教学方法也都在不同程度地加以采用,但是并没有改变概念化、教条化和形式化的模式。这种状况的形成,有成文法传统和体系的内在原因。由于成文法典在制定时经过了较长时间的起草和讨论过程,参与起草的学者和立法者在立法时,首先探讨并选择了有关的理论,在这些理论的基础上制定出具体的法律条文,因此这些条文的背后都存在某种观念和理论。教师在讲授法律时,不能不阐述这些在立法时就已经被植入条文中的概念和理论。长此以往,能够把这种理论讲授得系统、深奥和复杂的教师成为学术大家,法律的应用层面在很大程度上被忽略了。我国法制长期没有得到发展,没有现成的体系化的职业技能和有理论深度的法律思维模式,

---

① The American Bar Association Section of Legal Education and Admissions to the Bar, Report and Recommendations of the Task Force on Lawyer Competency, "The Role of the Law Schools", 1979, p. 9.

因而教师缺乏法律实务经验因素也是造成上述状况的原因。

　　二是我国法学教育在内容上有诸多忽略。比如它忽视如何发现、证明和重构事实，忽视法律与其他社会规范和现象的相互关系，忽视法律思维的训练，忽视宏观正义与微观或个案正义的关系，等等。法律实践是一种创造性的工作，而不是简单的逻辑推理过程。从抽象的正义到个案的具体正义，从普适性的法律规范到具体事实中的行为规范和法律结论都需要艰巨的创造性努力。这正是法律职业活动中最具有挑战性和最令人陶醉的工作。但是法学院培养方案中并没有多少课程致力于这种能力的训练和培育，例如如何搜集和查证事实、如何分析诉讼参与人的心理、如何把握法律与其他社会因素的关系等能力。

　　由于上述现行法学教育的弊端存在，而且这些弊端无法在现行的法学教育模式中得到解决，因此或迟或早，作为新模式的法律诊所、模拟法庭等课程必然会被推出。到目前为止，已经有10所法学院在不同程度上开设了法律诊所课程或项目。尽管其中有待解决的问题仍然很多，法律诊所课程的设置不能不说是我国法学教育中的一个重要进展。

四、法学教育的宗旨

　　不难看出，法学教育的发展历程是在其双重性之间的摇摆中推进的。它从早期的学徒式的技术传输和自行摸索模式转变到了学府内的独立学科型的科学和学院模式，随着时间的推移和人们认识的深化，实践性模式又作为系统和科学模式的矫正和补充机制受到了重视。绕了一个圆圈之后，我们又回到了原来的出发点。当然这一圆形的轨迹是一种螺旋式的上升，我们现在的认识早已不是局限于那种肤浅的师徒传承方式，而是在更为深刻地认识到法学教育的二重性特别是体验到二重性两端的片面性之后的彻悟，因此所处的位置显然比原出发点要更高。因此大可不必担心实践型课程是否在某种程度上又退回到早期学徒制的旧途。

　　法学教育发展的历史证明：其内在的二重性不应被视为非此即彼的绝对对立的两极，而应当被视为相依相对、互利互抑的统一体的两个方面。处理得好，水乳交融；处理得不好，则水火不容。一方面，法学教育是"一种真实的职业教育"，学生从迈进法学院的第一天起就被要求像职业者那样做；另一方面，它"不仅仅是职业教育，从最深层的意义上讲，它同时也是一种人文教育"。最终的目的不在于学生模仿别人如何工作的能力，不在于学会作为一个律师应当如何行为，而在于在正确认识人类理智的能力和局限的基础上，"开发学生发展自身的能力、感悟和人格"。[①] 按照这种要求培养出来的学生不仅应该具备律师的职业素质，而且还要具备广泛的人文社科知识和深厚的人文精神。仅仅具备前者未免难脱手艺人的匠气，只有同时具备了后者才能成为大家和职业家；只有具备这种素质和品德的职业家，才能不局限于具体个案的界限和不拘泥于机械地适用法律条文，才能够更上一层楼，望尽天涯路。才能在处理具体的案件时，切实积极发挥主观能动性，创造性地运用法律，推动法律的发展和社会的进化。

　　法学教育的科学化和学院化方面包括哪些具体要求呢？

　　首先，它要求的是法律自身的体系化、理论化和学科化。如果达不到这一要求，法学教育确实难以在大学中占有一席之地。大陆法系法学教育的形成和兰德尔的改革主要反映了这一方面的要求。虽然这也是我国法学教育20多年来的发展趋势，但我们也应当清醒地看到我国的法学理论仍然十分薄弱，概念化的论述多于具有理论深度的分析。同时我们还要注意防止学院化所具有的潜在弱点，即被推至极端的"不考虑知识的职业用途的纯理论教学"和"为了法学而法学"的经院化的盲目倾向。

---

① John Henry Schlegel, "Searching for Archimedes—Legal Education, Legal Scholarship, and Liberal ideology", Journal of Legal Educagtion, 34, 1984, from Martin Lyon Levine, *Legal Education*, Dartmouth, 1993, pp. 77.

其次,法学教育的科学化和学院化还要求在法学教育中融入其他相关学科的课程,例如政治学、经济学、心理学、社会学、历史学、甚至文学等领域的课程。法律社会学、批判法学、法的经济分析、法律政策学、法律与语言、法律与文学等新的法学课程和领域的出现表明了其他学科融入法学教育的成果。"如今,几乎普天之下都被接受的一个观念是:借鉴了社会科学的方法和理论,才能够最充分地理解法律制度。"人们"必须抛弃那种认为只有受过法律课程训练的人才能够学懂法律的观念",抛弃"那种认为法律是一种自我封闭和自行运转的观念"。① 在这一方面,我国法学教育的科学化和学院化还不够,课程的设置太过于以法律课程为界限,对于交叉学科的研究也远远不够。

最后,科学化和学院化还要求对学生进行人文精神的培育和一般科学方法和综合能力的训练,开发学生的心智和潜能。正如一位美国教授所说:"我不是数据库,我希望我是一位教师。"②也就是说,教师的首要职责不是简单地提供信息,而是对学生进行广义的人文培养和训练。

法学教育的职业化的要求有哪些呢?

首先,要求教育的内容需要按照法律职业的性质和功能来决定,提供给学生基本的法律知识和法律观点。尽管法学教育的科学化和学院化成为主流,但是脱离法律职业(大多数毕业生需要赖以为生的职业),法学教育的最主要目的就不复存在了。虽然经济学家、哲学家、心理学家等其他学科的人都可以学习法律,但是法律学生"应当学习如何作为法律职业者而不是作为学者参与到这些活动中"。③

其次,它要求训练学生像律师那样思考,也就是要让学生具备独

---

① George Priest, "Social Science Theory and Legal Education: The Law School as University", Journal of Legal Education, 33, 1983, from Martin Lyon Levine, *Legal Education*, Dartmouth, 1993, p. 287.

② James White, "The Study of Law as an Intellectual Activity", Journal of Legal Education, 32, 1982, from Martin Lyon Levine, *Legal Education*, Dartmouth, 1993, p. 71.

③ Ibid.

特的批判性法律思维。在信息时代和法制快速发展的条件下,在法学院学习的短短几年,不可能把法律的方方面面都向学生进行系统传授。即便向学生进行了系统的传授,在学生毕业后,法律也会被修改和废除,新法律也会层出不穷。法学院教给学生的不应该仅仅是知识信息,而应该以培训学生的法律思维为主要目的。这种法律思维是一种取之不尽的源泉,能够使学生终生受益。

最后,它要求培养学生的综合素质、实际操作能力和职业道德。合格的毕业生应当不仅仅了解法律条文,还应当具有分析综合复杂的事实材料的能力、与各种有关人员打交道的技能、写作法律文书的技能、出庭发表法律意见的技能,等等。但是职业化的倾向容易产生忽视理论教学的心理,容易把学生误导到低层次的模仿和职业技巧的细枝末节,从而带来匠人之气。

如何在法学教育二重性的怪圈中寻求一个最佳的方案,是各国法学教育追求的目标。卡林顿教授(美国杜克大学法学院前院长)说:如同诊所式教育运动误解了医疗诊所的性质,以致把它当成促使法学教育更具应用性的楷模一样,我们现在面临着另一个危险,即把研究生学院误解为提升法学教育学术性的楷模。"我们应当具有足够的智慧以抵御这两种模式,以发展出法学职业教育的模式,它应当比医疗诊所更具有学术人文气息,比现在的研究生训练更具功能性。"[①]在单纯练习熟练程度的医疗诊所和学究气浓厚的研究生学院两个模式中寻求法学教育自己独特的模式,正是各国法学教育努力实现的目标。

如果综合上述法学教育二重性的两个方面提出的要求,抑制其绝对化可能带来的偏差,我们或许可以作出如下概括:

首先,法学教育应当教授的是法律的系统知识、原理和制度以及相关的人文科学。它解决法律是什么、法律制度、法律与其他社会现

---

① Paul Carrington, "The Dangers of the Graduate School Model", Journal of Legal Education, 35, 1986, from Martin Lyon Levine, *Legal Education*, Dartmouth, 1993, p. 87.

象的关系、法律运行、法律的精神和理念等问题。对于大陆法系的法学教育而言,这种知识的重要性是不可取代的。

其次,它应当教授的是法律职业者必备的技能和素质。它包括在人际沟通、起草法律文书、谈判、收集和分析证据、适用和解释规则、综合整理法律与事实信息、法庭辩论和陈述、把握社会动态、自觉遵守职业道德等方面的能力和技巧。相对于前者而言,法学教育在证明其自身的学术性的努力中,往往忽视对这种技能和素质的培训。这一方面的培训主要由实践性法学教育课程承担。也就是说,一个合格的律师不仅要了解法律条文,也应当对其他社会现象有所了解,应当有能力对事实进行判断,有能力与各种当事人打交道。而传统的课堂教学模式甚至是对上诉法院的判决书进行分析的案例教学,无法对此提供有效的帮助。

最后,它应当培养的是一种法律职业者的独特的批判性和创新性的法律思维,即训练学生"像律师那样思考"。批判性是由于法律职业者需要具有不随波逐流、独立、反向或多角度的审视和分析的眼光。当律师,需要能够从不同角度对同一件事实和法律提出意见的能力;当法官,需要能够兼听各方意见并在客观公正的立场上得出最恰当的判断的能力。创新性,是指法律职业者都要有社会责任心,要为当事人和社会提出建设性的、对社会发展具有积极意义的方案的眼界和能力。与前两项相比较,批判性和创新性的法律思维尤为重要。因为法律条文可以随社会的发展而变动,法律院系培养的毕业生不可能在学习期间穷尽所有法律条文,但是只要他们具备了一种综合分析法律和事实、运用法律思维进行推理的能力,他们就有能力应付各种复杂和新鲜的问题,成为合格的法律职业者。

上述三方面的教学,可以构成法学教育的主要内容。但是相比较而言,法学教育应当以能力、素质,特别是法律思维的培养为其宗旨,而不应以某些僵死的知识的传授为其宗旨。法学教育的真谛不仅仅在于向学生灌输尽可能多的法律信息和培养学生的一般职业动手能力,而更在于培养学生的批判性和创新性的法律思维,这种法律思维,绝不能满足于职业者的匠气和定势思维,而要使其建立在更加广阔和坚实的人文理论和科学的基础上。

五、诊所式等实践型课程在法学教育中的地位

如前所述,诊所式课程和其他实践型课程的出现是对从兰德尔以来的、局限于教室内和理论体系内的传统法学教育反思和批判的产物,因而对法学教育的改革具有十分积极的意义。鉴于我国的法学教育从一开始就不如学科化和学院化的模式,以及没有传授成熟的系统职业技能的传统和模式,因此这些课程在我国的设立具有更加突出的积极和创新意义。

即便如此,它也不可能完全取代传统法学教育的模式,不可能因强调法学教育的职业性方面而否定其科学性和学术性的方面。也就是说,实践型课程是对传统模式的修正、弥补和补充。我们在积极借鉴和推动其在中国的发展的同时,也不应把它的作用绝对化,尤其不应把它与其他传统课程对立起来,而应该使两者有机地结合在一起,共同形成新的符合科学化和学院化的职业教育模式。

当然,实践型课程并非仅仅与法学教育的职业性相联系,它不过是一种全新的教学方法,即可以在法学教育的职业性方面发挥作用,例如通过实际客户使学生获得实践经验,培训职业技巧,学会如何与实际的各种社会或诉讼角色打交道,也可以在科学性和学院性方面发挥作用,例如锻炼法律思维和职业道德观念,把其他社会学科的知识和法律以外的因素加以贯通使用,学会如何把抽象的法律适用于具体的案件或事例之中。当然,实践型课程主要是受职业教育观念的启发和推动而出现的新事物。

诊所式等实践型课程的性质、方法和作用可以用三个比喻来说明。

比喻一,如果你来到一个新地方,需要到当地一个你不熟悉的地点。如果你是乘出租车去,十有八九你自己无法从那个地点走回来。

但是如果把你放在司机的位置上,你一定会在出发前认真研究地图,开车时仔细辨认道路,而且你很可能自己能够摸回出发地点。当你是乘客时,你处于被动地位,不会用脑子记下道路,虽然你到了那个地点,但你并不认路。当你是司机时,你处于主动地位,你的职责迫使你认真辨别道路。耶鲁大学的鲍廷格教授说:传统的学术性教育模式把学术放在被动接受的地位,而新兴的实践性教学,则努力把学生放在首要地位,使学生坐在驾驶席上,主动、负责地学习。因此现代的诊所教学是把古老的学徒式教育首尾倒置。其真谛在于"从实践经验中学习",或"学习如何从实践中学习"。[1] 但是对这种发展轨迹的考察,应当有助于我们探讨什么是法学教育的真谛和法学院系应当教给学生什么东西的问题。

比喻二,人们知道,学习武术一定要从一招一式练起,要长期练习才学会整个套路,例如太极拳的四八式、八八式,等等。师父在讲授时也一定会循序渐进,把每一个招式都掰开讲解,让你反复练习。可能经过长期训练后,你已经是套路娴熟,一气呵成。但是这并不代表你已成为武林高手。武林高手需要更进一步,能够把招式拆开应对,得心应手,游刃有余。如果面对强敌,你怎么能够要求对手稍安勿躁,等你从起式和马步蹲裆开始呢?我们在法学院学习法律课程时,我们是在按照一种套路学习,分门别类、程式固定,即便是考试,我们也清清楚楚地知道今天考什么类型的试。但是有哪一个现实生活中的案件是这样绝对地按照学科建制分割孤立的呢?几乎没有。合同纠纷往往会涉及财产,涉及公司等经济组织,涉及担保、融资等问题;家庭案件也会往往涉及家庭财产等问题。法学院很少为学生提供这种把各种部门法融会贯通,不仅考虑实体而且要考虑程序规定,不仅要考虑法律要点,而且要考虑事实问题的机会和场合。毕业生即便是满腹经纶,却不知如何起草一份对当事人有利的合同,不知如何提供最有力

---

[1] Anthony G. Amsterdam: Clinical Legal Education—A 21st-Century Perspective, 34 *Journal of Legal Education*, 1984, p. 615.

的法律意见,这种毕业生不能说是法学教育的自豪。诊所式等实践型课程的设置,正是为了给学生一个空间,打破部门法的隔绝,拆开各种固定的招式和套路,综合运用法律规范和法学理论,这样才能融会贯通,得心应手,成为真正的法律大家。

比喻三,学习游泳一定要下水练习。在下水之前,人们首先要学习如何换气、如何划水、如何保持身体各部位的协调。但是在岸上的学习更多的是理论学习,即便是练习也是在虚拟空间的抽象的练习,如果要真正掌握游泳的本领,只能到江河湖海中真刀真枪地锻炼。法学院的学习在很大程度上不过是这种岸上学习游泳的阶段。学习游泳要进入水中,学习法律也要接触真实的案件。如果没有到真实的案件中像律师那样操作和演练,就不可能真正领悟和掌握法律职业的真经。在真实的案件中,我们碰到的不仅是法律和事实问题,还会碰到法律以外的人际、经济、政策、文化、道德、传统等非法律因素。诊所式课程和实践型课程会突破教室的空间、内容和环境的局限,把各种现实生活中碰到的问题摆到学生的面前。由于学生在这些课程中处理的问题一般是小案件和具有法律援助性质的案件,这对学生真正理解社会正义、培养良好的职业道德观念具有非常现实的积极意义。

从上述三个比喻可见,诊所式课程和实践型课程不是原有的一般性实习课,而是一种采用全新观念的教育方式;它以学生为主,为学生提供综合性实战环境,培养学生的实际动手能力,引导学生考虑法律、事实、社会和职业道德等一系列问题。它以教给学生如何从实践中学习和如何像律师那样思维为宗旨。

但是毋庸讳言,我国诊所式课程和其他实践型课程的开展还有许多需要解决的现实问题。在此仅提出几个,以启发更多的讨论:

(1) 不少诊所式课程都是在外国基金会的支持下,借鉴外国的现有经验开办的,但是多数法学院并没有真正认识到诊所式等课程在法学教育中的应有地位和作用,而是作为一种舶来品使用。如果这种认识不能得到改变,并能真正认识到法学教育的真谛,诊所式等课程的本土化和持久性就值得怀疑。

（2）诊所式等实践型课程需要一定的经费支持。当前有一些国外基金会的支持，但是一旦这些经费支持减少和撤销，这些课程的前景就令人担忧了。因此为这些课程筹集经费或由各法学院投入经费就成为一个亟待解决的问题。

（3）学生在诊所式课程中在老师的直接指导下接触实际案件，但是学生在代理案件中的身份问题尚未明确，代理案件的责任问题也同样不明确，这些现实或潜在的问题，都会进一步影响诊所式课程的发展。

（4）诊所式课程需要更多有实际经验的老师的参与，但是法学院系中，同时在学术和实践经验上都具备适当条件的老师并不多，因而建立一支稳定的师资队伍是当务之急。

（5）诊所式课程需要有关老师花费大量的时间和精力联系案件、指导和训练学生，但是由于教师解决职称问题需要有研究成果，这就和诊所式课程的投入发生了矛盾，使诊所式课程的老师在职称问题上处于不利地位。在这个问题上，可以考虑参考外国法学院的做法，对诊所式课程的老师制定独立的职称晋升标准和程序。

（6）诊所式课程的设置需要探索符合我国国情的模式和参用全新的教学理念和方法，因此这些老师的培训和提高，诊所式课程经验的总结和探索，是我国法学教育改革中一项新的课题，而当前，我们对此尚未有明确清醒的认识，也没有相应的培训提高的方式，任其自生自灭，极其不利于它的深入发展。

（7）诊所课程和其他实践性课程的教材短缺，导致很多学校空有开设这些课程的意愿，却没有开设课程的大纲和教案。即使有些院校使用复印的判决和资料，也无法提供系统的课程教材。因此形成了"无米之炊"的窘状，编写这类课程的系统教材，也成为这些课程摆脱讲授随机性、教材碎片化尴尬局面的突破口和先决条件。

上述问题并非仅仅是一门课程的问题，因为诊所式课程的发展与我们对法学教育二重性的深入认识密切相关，对于我们探索法学教育的真谛具有重要意义，因而值得引起我国法学教育界的充分关注和高度重视。

目 录

第一章 法学教育的一般原理 ······ 001
第一节 法学教育中的困惑——从比较视角的观察 ······ 001
第二节 理论与实践：困扰法学教育的难题之一 ······ 011
第三节 模拟法庭教学在我国法学教育中的地位、功能和设置 ······ 024

第二章 法学教育的实践原理 ······ 040
第一节 实践性法律教学与法学教育改革 ······ 040
第二节 探索法律实践教学的新路径——评"模拟法律诊所实验教学"和"个案全过程教学法" ······ 060
第三节 法学教育目标设定、课程设计与教学安排刍议 ······ 074

第三章 中国法学教育剖析 ······ 092
第一节 中国法学教育的结构失调及对策 ······ 092
第二节 蓬勃三十载 展翅向未来——中国法学教育展望 ······ 097
第三节 回顾与展望：诊所式法律教育在中国 ······ 101

第四章 法学教育改革的实践经验 ······ 119
第一节 法学教育实践基地建设 ······ 119
第二节 法律实践性培养方式设计 ······ 128

第三节 新型法律人才培养模式方案设计——以实践型法律
　　　人才培养模式创新实验区为例 ………………………… 132
第四节 国际型法律人才培养模式方案设计——以国际型法律
　　　人才培养模式创新实验区为例 ………………………… 142

第五章　如何打造优秀的法学教育 ……………………………… 158
第一节 如何打造优秀的法学教育[译作] ……………………… 158
附：现实主义法学对兰德尔教学体系的抨击
　　——独树一帜的弗兰克法学教育思想 ………………… 170
第二节 东亚法学教育改革浪潮与我国法学教育的宏观制度设计
　　——日韩经验教训反思与中国改革刍议 ……………… 174

后记
上下求索　追求卓越——探寻法学教育创新之路 …………… 208

第一章　法学教育的一般原理

第一节　法学教育中的困惑
——从比较视角的观察*

经历了狂风暴雨的摧残和磨难之后,随着建设社会主义法制的步伐的加快,我国的法学教育终于重新展开了她的翅膀,焕发出蓬勃的生机,迎来了为国家尽快培养法律人才、为民族重塑法律之魂的大好时光。回顾过去十几年的历程,人们可以感觉到我国法学教育发展的急促步伐和迅猛势头。我国在 1976 年仅有两所法律系;1978 年有 6 所法律院系,178 名教师,1 299 名在校本科生;1987 年共有 86 所法律院系,5 216 名教师,42 034 名在校本科生;而到 1987 年,共有在校研究生 3 951 人。① 我国的法学教育在过去短短的十几个年头中取得了长足的发展,为今后法制建设的发展完善提供了坚实的基础。可以毫

---

* 本文写于 1993 年,发表于《中外法学》1993 年第 2 期。它主要是针对当时法学教育所遇到的培养目标、法学院结构和课程设置、教学内容和方法等问题的论述。由于当时的背景和作者眼界的限制,其中的一些论述难免失于肤浅。其中论述到的一些问题也已经在法学教育改革的进程中得到解决,例如取消狭窄的专业设置、取消教研室、大量开设选修课等问题。但文章对我国法学教育在 20 世纪 90 年代初的一些情况的分析和抨击,仍然可以折射出我国法学教育发展所走过的道路和所遇到的问题。其中尚有不少问题是我们今天依然必须面对并有待于进一步解决的问题。

① 参见《中国法学年鉴》,法律出版社 1989 年版。

不夸张地说,我国改革开放政策的实施和法制建设蓝图的规划,为法学教育的发展提供了前所未有的机遇。

然而,机遇所闪现的曙光并不一定等于成功的辉煌。冷静审慎地发现和分析已经出现、正在出现或将要出现的问题,认真借鉴外国的经验和教训,以使我国的法学教育沿着健康的轨道发展,也是应当引起法学教育界给予足够重视的重要问题之一。在经历了十几年的发展之后,一些问题实际上已经出现,形成了法学教育中令人困惑的问题,因此这种分析研究的必要性就更为突出。为此,本文拟就法学教育中的几个具体方面进行分析,而不再赘述她所取得的巨大成就。

一、形式主义法学观的局限和纷纭变化的社会

美国著名的法学家庞德曾经不无赞同地引用实用主义的鼻祖詹姆斯的辛辣语言:任何一个问题的最大敌人就是这一问题的教授们。因为教授们把从生动多彩的社会生活中产生出来的学科知识变成了孤立封闭的、僵死机械的教条,用他们从概念和理论中推导出的教义去禁锢社会生活。[①] 在近代法学产生之后,法学界中形式主义的强大势力,促成了传统的形式主义法学形成并长时间占主导地位的局面。在实用主义流行的美国,一些法学家先后对这一传统展开了一系列的诘难和攻击。美国的霍姆斯大法官提出的"法律是对法官判决的预测"和"法律是经验而非逻辑"的观点,开了这种风气之先。沿着这一导向,庞德的社会学法学、现实主义法学、政策法学,直至当今的批判法学,都从不同的视角以不同的方式对传统法学及其法学教育中的经院化和"泛科学化"[②]的倾向进行了批判。虽然其中一些学者的批判过于简单和激烈,例如现实主义法学和批判法学,但是他们观点中的闪

---

① 参见〔美〕庞德:《通过法律的社会控制》,中国商务出版社1984年版,第1页。
② 美国法学教育的规范化、学院化或泛科学化的代表,是哈佛大学法学院兰德尔教授倡导的通过判例教学使散乱的普通法系统化、科学化和明确化的法学教育改革。它一方面使法学教育摆脱了古老的学徒式的教育模式,使得法律真正成为可以在学院中教授的一门科学;一方面又斩断了法律与社会的种种联系,使法律成为一个自成体系的抽象规则系统和逻辑体系。

光之处，例如对于法律内在矛盾性和法律不确定性的揭示和分析①，则不容掩盖。正是在这一意义上，一些美国法学家说：现实主义已经完结，然而现在我们都是现实主义者。② 可以说，这些观点使得美国法律能够不断适应变化万端的社会发展，同时使美国的法学教育成为最具有活力、独树一帜的教育和科研机构，并为美国法治的长盛不衰提供了动力和资源。在我国，经历了遭受放逐的动乱之后，法学以崭新的面貌和极大的勇气宣布她是一门独立的学科。这对于法学的繁荣发展以及法治的建立，无疑起到了巨大的推动作用。但是，在法律院系的教材和讲堂上，用机械和僵死的眼光看待法律，把她作为一种独立于社会之外的、自我封闭的规范体系的认识，则得以滋生，并不时地得以表现。这种认识总试图用一种不变的规范体系把生动、变化的生活禁锢住；想当然地认为可以用数理逻辑的推导方法将这种法律规范适用于一切事物、解决一切纠纷。按这种方式训练出来的学生一来到社会上，便会发现原来明确的法律规范存在大量的伸缩余地，发现所面对的社会现象千差万别，法律因素往往与其他社会因素错综复杂地交织在一起，原本应当清楚明确的东西现在都不那么清楚明确了，因而手足无措、无所适从。正是由于这一原因，来自政法实际部门和社会的对于法律院系毕业生的素质和能力的抱怨和批评，也就不足为怪了。这种状况的产生，不能仅仅简单地归结为教材内容上联系实际少或讲授方法上案例引用不够，当然这些也都是原因，但最主要的原因则不在这里，而在于思想方法上受到的形式主义法学观的潜在影响。应当在此说明的是，本文并不认为在我国的法学界已经有了成体系的形式主义法学，但是用机械论或形式主义的观点看待法律的现象，则是法律教学中的事实。

我国在今后相当长的一段时期内，将处于新旧体制转变的过程。

---

① Duancan Kennedy: Legal Education as Training For Hierarchy, from *The Politics of Law*, Edited by David Kairys, 1980, P. 45.

② W. Twining: The Significance of Ralism, from *Lloyd's Introduction to Jurisprudence*, Edited by Lord Lloyd & M. Freeman, 1985, P. 779.

在这种社会结构发生持续变化的时期,形式主义的法律观不可能为充满活力的社会提供所需要的方案。社会的变动性和法律的稳定性,必然暴露出法律本身的局限性。当社会主义法治的旗帜高扬的时候,人们自然会重视法治原则的落实,而忽视法律在社会变革时期所固有的局限性。如果我们能从欧美国家法学发展的历史轨迹中寻求某些可供借鉴的经验,这将会未雨绸缪,及时防范可能出现的弊端,少走弯路。在法学教育中及时防止形式主义观念的影响,将有助于培养时代所需要的合格法律人才。

这里人们会问,法治原则的一项主要要求就是依法办事,它和防止形式主义的法律观念是否相左呢?本文的回答是否定的。法治原则仍然是当前要强调的主要方面和目标模式。对于形式主义观念的防止,只能在坚持法治原则的条件下进行。坚持法治原则不等于在宏观上可以把法律孤立于社会之外而看不到它们之间的联系,也不等于在微观上可以把其他诸如政策、道德、社会环境、经济状况、个人背景等因素排除在法律实施的过程之外。如果我们没有让学生认识到所有这些因素及其对法治特别是法律运作的影响,而仅仅使学生学会数学公式的推导方法,法律院系的毕业生将如何适应实际法律工作的要求呢?

二、专业方向的设置和法律人才的培养

长期以来,我国的高等教育处于一种计划经济式的管理体制之下,不仅院校的设置处于国家的计划控制之下,就连微观的专业设置、招生数量和方向也一直处于国家的计划管理之下。例如各个法律院系所设置的专业方向一定要获得相应的主管机构的批准。到 1988 年 12 月止,全国的法律院系共有 72 所院系设立了专业。其中为本科生所设置的专业包括 49 个法律专业、28 个经济法专业、3 个国际法专业、7 个国际经济法专业、1 个侦查专业、2 个犯罪学专业、1 个知识产权专业。[①]

[①] 参见《中国法学年鉴》,法律出版社 1989 年版。

专业的设置曾为我国法学教育的发展和学科深化起到了推动作用。但是这毕竟是计划经济下培养人才的办法，不一定适用于市场经济条件下的人才培养。在市场经济条件下，法律服务方向和内容的调整所遵循的主要是市场供求关系的调节。法律服务不是政府机关的管理活动，它的提供以客户的主动聘请为前提。由某一主管部门或学校用计划的方式预先确定学生的专业方向的做法，不可能及时跟上社会需求的变化。在市场经济条件下，各种专业人才的培养，应当由学生自己根据人才市场的供需变化、自身条件和兴趣，以及所处的环境来决定和调整。此外，专业过分狭窄的设置也不利于人才的培养。对于本科生而言，大学学习主要是打基础的过程，应当掌握的知识面应广一些。如果国际法专业的学生对国内法不甚了解，法律学专业的学生对国际经济法不甚了解，我们的法学教育就不能说是成功的。实际上，不少学生早就看到了专业设置的弊端，他们在学习过程中自觉或不自觉地超出或打破了专业设置的界限，根据自身的需要和今后的发展方向选择课程。

本文认为，我国法学教育中专业的设置带有一定的盲目性。它是在行政管理为主要手段和计划经济影响下的产物，而不是按学科和教育的固有规律进行的设置。按照这种单一学科画地为牢的模式培养的学生，不具备交叉学科甚至法学内部部门法的交叉知识背景，无法适应变化万端的社会的需求。比照来看，美国的法学院不在法学本科（J.D.）教育中划分专业，只在少数硕士（LL.M.）项目中开设有税法或外国法专业的做法更为合理，能够使学生根据自身的能力和兴趣选择课程和发展方向。这样才能更为充分地调动学生自身的积极性，适应人才市场的需求。这种淡化专业和消除专业壁垒的模式，对于我国法学教育的改革具有积极的借鉴意义。

三、教研室机构的设置和教员的素质

我国法学教育中专业的划分是指学生而言，而这种划分又和相对教员而言的教研室体制的设置相配套。因此专业划分的改革也必然

与教研室体制的改革相联系。

　　首次参观美国法学院的中国学者都会吃惊地发现，美国法学院并没有教研室的设置。每位教授通常都要教授几个不同领域的课程。教授之间的学术联系基本上是按照自己的兴趣或各种研究课题自愿结合的。而在我国，每个法律院系下面都划分为不同的教研室。教研室既是学术研究和教学的机构，又是一种行政管理的机构。本文对教研室机构设置的探讨，仅局限于它作为学术机构方面的探讨，不涉及它作为行政管理机构的方面。从学术意义上看，教研室机构的设立是否有利于教学和学术研究呢？本文认为，对这一问题不可能作出简单的回答。教研室的设置是从苏联搬过来的。他产生的前提条件是计划经济和对学术的行政手段的管理体制。在这种体制下，新教员的招聘基本上是从新毕业的学生中有计划选择的。教研室的体制有利于新教员的培训，同时也有利于教员学术研究和讲授水平的提高。但是，它的弊端也是显而易见的，即教员的学术领域受到极大的限制。例如，宪法教研室的教员基本上只能在这一领域进行研究，至多只能兼顾一下相关的行政法。这样，教员的学术领域相当狭窄。如果我们说学生是"豆芽菜"或"电线杆"式的人才，其原因恐怕只能追溯到教员的身上。在法学教育刚刚起步时，教研室体制有利于促进研究和教学的深入，有利于师资力量的提高。但在进入新的发展阶段时，这种体制已经不能适应时代的需要。如果我们吸取美国法学院的经验，取消教研室的建制，要求每位教员都必须能开设至少两门或更多的课程，我们教员的人数不仅能够大大减少，教学和研究的水平也可以大大提高。与此相关，招聘教员的范围也应更宽一些。美国的教员基本上都是从具有一定实践经验的律师中挑选的，这种做法对我们的改革也有借鉴意义。不然，我们的师资联系实践和动手的能力，就不可能得到有效的提高。

　　我国法学界对教研室设置的弊端已有一定的认识。在一些法律院系中，教研室的建制已经取消，但是，其他的建制，如院下设系，又流行起来。因此这种突破还不是完全的突破，用行政化的建制去套在学术研究活动上，终究不是应当采用的方法。当然，教研室体制的改革不能孤立进行,它必须和专业设置的改革和高教人事制度的改革密切联系在一起。比如,如果新教员的招聘只能从应届毕业生中挑选(还不考虑毕业生本人志向的问题),由于人事制度的限制,不能从实际部门中挑选有经验的专业人员,教员的生活待遇便不会有很大的提高,这种挑选一专多能的或多专多能的专门人才的体制改革的设想,实施将是困难的。虽然近些年很多学校取消了教研室等行政化的机构,但是狭隘的专业观念并未去除,直接造成教师的专业视角过于狭窄,并传承给了学生。

四、培养目标、课程设置和讲授方法

以上所讲的专业和教研室的设置都是法学教育的结构问题。法学教育的另外一个方面是它的内容问题,即课程的设置。这一问题和教育的培养目的又紧密相连。不同的法律文化传统具有不同的培养目的,它们要培养的人才的知识结构也有很大不同。一位美国教授在对欧洲大陆法系和英美普通法系在培养人才的知识结构进行比较时指出:在欧洲,法律学生学习的是关于法律学科的基本概念、范围、历史及其各种分支学科的知识,将法律作为一种系统的科学知识灌输给学生;而美国的法学教育则完全不同,它被认为是一种"专业性"而非纯"学术性"的教育,它强调的是"如何像律师那样思考",强调的是法律技术而不是抽象的法学理论。[①]因此,法学院并没有被当做一般的人文学院或研究生院,而是与商学院、医学院、公共管理学院等一起,被作为职业学院(professional school)看待。根据美国律师协会法学教育和律师资格部1979年提出的报告,美国律师的能力应包括三个方面:一定的基本技巧;关于法律和法律机构的知识;将这些知识和技巧合理有效地运用于实际工作的能力。[②] 可见,美国法学教育所培养的

[①] C. Stith: Can Practice Do Without Theory? Paper Presented to the Comparative Law Conference at Peking University in April, 1992.

[②] Report and Recommendations of the Task Force on LAWYER COMPETENCY: THE ROLE OF THE LAW SCHOOLS, ABA Section of Legal Education and Admissions to the Bar, 1979.

是实用型的具有操作技能的职业人员;大陆法系国家的培养目的是具有系统的法律知识的法律人才。由于培养的目的不同,要求学生掌握的知识结构不同,课程的设置和讲授的方法当然也相当不同。

我国的法学教育在某些基本点上和欧洲的法学教育有很多相似之处。长期以来,大学教育被视为系统地传播知识的过程;法学教育也不例外,被认为是系统传授法学知识的过程。1983年,国家教委对当时的法学教育进行了实际调查后指出,教育部门在"制订教育发展规划和调整教育内部的层次结构"时,"往往从教育内部的条件和规律研究比较多","对教育内部与外部的关系、教育怎样适应社会的需要研究的比较少。因此教育的层次结构以至培养目标、专业和课程设置、教学内容和方法都存在着与社会主义建设对专门人才的实际要求不相适应的问题"。① 因此,各个法律院系的教育往往重视系统知识的传授,不太重视学生能力的培养和训练。近些年来,不少法律院系认识到了这一问题,也进行了一些改革。但从整体上看,对学生能力的培养和训练,仍然没有得到足够的重视,法律院系的毕业生不能在毕业后很快地适应工作、眼高手低、动手能力差等现象仍然相当突出;无论是课程的设置还是讲授的方法,仍然与社会的实际要求有相当大的差距,仍然需要用相当大的力量进行改革。

本文认为,课程设置和教学方法的改革,必须以培养目标的观念的改革为前提,即法学教育不仅要传授法律知识,同时要培养和训练学生的实际操作能力。能力的培养应当提到与知识的传授同等甚至比它更高的地位。在具备了基本的法律职业能力和素质的基础上,一些具有学术研究兴趣、能力的部分人员才可能进行真正有意义的法律学术研究。如果连这些基本的职业能力和素质都不具备,其研究的结果就难免是纸上谈兵,或是勉强披上一层法学外衣的政治学、社会学。

在明确了上述目标后,课程和教学改革的必要性和方向也就清楚

---

① 郝克明:《法学教育的层次结构应当适应我国法制建设的实际需要》,载《中国高等教育结构研究》,人民教育出版社1987年版,第67页。

了。我国法律院系的课程设置历来以知识的系统性和科学性为目的；很少考虑实际操作能力的培养,也很少考虑社会的实际需求。下面我们主要从三个方面进行分析。

(1) 我国法律课程的开设,主要以法学部门法学科的划分或国家颁布的主要法律(基本法)为标准,以培养和训练学生实际操作能力为主要目的和以社会需求为导向的课程开设得很少。而美国法学院在最近几十年来,十分强调开设培养学生能力的课程。美国律师协会教育部在报告中指出:"除了具备分析法律问题和进行法律调研的能力外,一个合格的律师必须具备有效地进行写作、口头表述、搜集事实材料、与当事人交谈、提供咨询和谈判的能力。对很多法学院的毕业生而言,还有一些更多的专门技巧也十分重要。""每所法学院每年都应当为每一位法律学生开设一门严格的法律写作课。它们应当为所有学生提供以下基本技巧的指导：口头表述、与当事人交谈、咨询及谈判。法学院还应当为愿意学习诉讼技术的学生提供这类指导。"[1]在1984—1986年期间,法学院课程表上列出的课程中,大约有 1/6 的课程可归入律师职业的技能、实践和作用课和应用法律教育课这两大类之中。[2] 在其他国家的法学院,这类课程也开设得越来越多。

(2) 我国法学院的大多数教师在课堂上所讲授的,主要是如何注释现有的法律条文以及论述各门课程的体系和基本理论,其目的在于引导学生掌握系统的知识体系,如学会通过分析条文和逻辑推理得出正确的答案。例如,国际私法课用近一半的时间论述不同的理论体系,而不是让学生掌握处理法律冲突的实际规范和技术；经济法课着重论述纵向横向的经济关系,以致学生学完了还不会起草合同或公司章程。着重学习的知识不过是一种记忆性的知识,至多是静态的分析理论,没有教会学生实际操作的能力。与此相反,美国的法学教授则

---

[1] C. Stith: Can Practice Do Without Theory? Paper Presented to the Comparative Law Conference at Peking University in April, 1992.

[2] William B. Powers: A Study of Contemporary Law School Curricula, ABA Office of the Consultant on Legal Education to the ABA, 1987.

通过案例法的教学,力图使学生"像律师那样思考"。"他们总是提出进一步的问题,绝不提供'答案'也不认可哪一个学生的回答。""他们学习的目的在于掌握法律辩论的技能"。[①]因此,虽然在不同国家的法学院里开设的课程名称相同,但其内容的设置则可以有很大的差异。

(3)与我国当前努力实行的市场经济的需要相比较,法律课程中涉及市场经济的课程所占的比重不够,有些课程的内容也亟须改进或充实。由于历史的原因,我国的法学教育重视史论课的开设而缺少应用部门法课程的开设;在这些部门法课程中,传统的民商法课程所占的比重就更少;现在所开设的经济法的课程也有很多建立在计划经济的基础上,大部分内容已不适应市场经济的需要。在美国法学院中,民商法的课程开设得很多。这些课也是大多数学生选择的重点课。

(4)我国法学院设置的选修课所占的比重大大低于必修课。在课程表中,必修课一般占到3/5甚至2/3。这种状况的结果是,学生无法根据自己的兴趣和发展方向选择课程,教师也不能充分地发挥主动性,形成竞争机制。美国法学院在1984—1986年期间的必修课占48.2%,选修课占51.8%。选修课的1/6为职业道德和应用技术外,其他部分由商法、比较法、国际法构成。[②]

除了课程设置问题外,教学方法也是需要改进的一个重要方面。虽然我国不是案例法国家,但是运用案例方法进行教学,已经被不少教师的教学实践所证明是行之有效的方法。它能使学生掌握应用法律的技巧,使学生主动地参与教学的全过程,避免被动式的学习。

五、结语

综上所述,我国在取得了法学教育的大发展的同时,法学教育先

[①] 参见《中国法学年鉴》,法律出版社1989年版。
[②] C. Stith: Can Practice Do Without Theory? Paper Presented to the Comparative Law Conference at Peking University in April, 1992.

天不足和不成熟的弱点也已显露,从而构成了发展中的困惑。这些困惑的出现并不是坏事,它标志着我国法学教育已经发展到了一个更高的水平。在此之前,这些问题是不可能出现的,出现了也不可能被认识到。从跟上改革开放的步伐和法制建设的需要看,我国法学教育深化改革的任务已经成为摆在我们面前的一项刻不容缓的现实工作,这一工作完成得好坏,在一定程度上关系着法制建设的前景。

本文认为,法学教育改革的先决条件是转变法学教育中陈旧的指导思想和培养目标,其他方面诸如机构设置、专业划分、课程设置、教学方法的改革都是受它制约的具体方面的改革。

在我们进行法学教育改革的时候,大胆地把眼光投向国外,从中吸取一切对我国法学教育的发展有益的经验和教训,大胆地对中西的教育进行比较,也是我们应当采取的有效方法。本文就是采用比较的方法对法学教育进行分析的一个尝试。由于篇幅和学识的局限,不可能论及法学教育的各个方面。许多本文没有涉及或虽涉及但没有展开论述的方面不等于不重要。例如:法学教育的管理体制也值得认真研究。从业务管理的角度看,美国律师协会这类民间自发的职业团体对法学教育的管理,显然比我国国家行政机构的管理要有效并有益得多。所有这些问题,还有待于更深入和大胆的探索。

第二节 理论与实践:困扰法学教育的难题之一[*]

一、案例教学法在中国的兴起

法学教育应当侧重理论还是实践?教学方法以讲座式为主还是以讨论式为主?恐怕再没有什么问题如同这一经久不衰的争论能引

---

[*] 本文为北京大学法学院在百年校庆时举办的"比较法学教育研讨会"而写,发表于《中外法学》1998 年第 6 期。

起法学教育界的如此关注了。

在我国法学教育有了长足发展后,特别是法律制度的突飞猛进之后,法学教育中单调刻板的理论框架和学院式教学法与日益丰富多采的实践和实用性人才的需求之间的矛盾也愈发突出。不少学者(包括笔者在内)都认为我国的法学教育到了必须进一步深化和改革的关头。①怎样才能使法学院培养的毕业生成为法律实践部门和律师界所需要的人才呢?一种主流意见认为,普通法特别是美国的普通法教学中的案例教学法(苏格拉底教学法)应当成为我国法学教育改革的样板。②在这种意见推动下,国家教委在 1995 年决定在我国进行法律专业硕士学位的试点。③

据笔者的观察和理解,这一实验方向对路,但略显理论探讨和准备不足。④虽然也有学者对此提出质疑,但多为对它与现行的其他学位如何配套,它的课程设置如何安排等"制度构设"层面上的探讨。⑤在实践中,由于对于美国法学教育模式(J.D.学位)了解不够,对于其设立、发展,及其社会、法律、文化背景的了解不够,我国的法律硕士(J.M.学位项目)仅仅是学其皮毛,而无任何教学内容、方法、目标上的更新。

---

① 参见方流芳、苏力、王健等人的文章,载贺卫方编:《中国法律教育之路》,中国政法大学出版社 1997 年版。王晨光:《法学教育中的困惑——从比较视角去观察》,载《中外法学》1993 年第 2 期。

② 美国《基督教科学箴言报》1998 年 3 月 19 日的一篇关于中国法学院的报道谈到某一法学院拟以美国的案例教学法为模式进行设计和运作。该报道称:学生将在美国式的由 12 人组成的陪审团面前进行演练;教员将运用苏格拉底式教学法教授西方式法律推理。该报道是否属实,本文无法查证。引用于此,仅作佐证之用。

③ 参见王健:《中国的 J.D.?——评"法律专业硕士学位教育"》,载《中国法律教育之路》第 81 至 111 页。

④ 作者本人也曾主张以适用案例教学法作为法学教育改革的一个重要方面。参见王晨光:《法学教育中的困惑——从比较视角去观察》,载《中外法学》1993 年第 2 期。故本文的用意并非在于否定案例教学法的必要性和可行性,而在于探讨如何在中国这样一个具有浓厚的大陆法系传统的制度中有效地运用案例教学法,同时又保持自身传统中合理并行之有效的成分。在更广泛的"法律移植"或"本土资源"等意义上,探讨如何使具有我国特色的法学教育乃至法律体系得以发展。

⑤ 参见王健:《中国的 J.D.?——评"法律专业硕士学位教育"》,载《中国法律教育之路》第 81 至 111 页。

说得不客气点,同样的老师在本科生项目中怎样教,在法律硕士项目中也怎样教;在法学硕士项目中讲什么,在法律硕士项目中也讲什么。真不知法律硕士和法学硕士,甚至是法学学士的真正区别在哪里。如果有所区别,不过是学生的年龄不同,工作经历不同而已。许多法律硕士项目仅仅从司法行政部门批准的行业、地区、人员中招生,难免有为在职人员提供学位之嫌。加上学生多为不脱产,学习的时间没有保障,精力不能集中,更谈不上投入。外地的学员还有频繁的车船舟楫之劳、家庭生活之牵涉、工作任务之压力。如此这般,他们是否能够在3年不脱产的"职业培训"中来个脱胎换骨的改变,实在是大可怀疑。不少司法机构领导直言不讳地说,"没有看出这些学员在3年学习后有什么变化"。①

不容否认,这些探讨固然是设定一个新的学位应当考虑的问题。但它们还未涉及由法学教育根本思路的改革所带来的深层的理论问题。这些深层的理论问题不仅涉及制度构设,同时涉及英美法系与大陆法系在形成、运作和知识传授等方面的诸多不同。可以说,法学教育是在一定特定的文化环境中形成的,具有一定的必然性。如果对这些问题和背景的把握和理解不足,就会影响这一新试点的实施,削弱其应起到的效果和意义,弄不好还会导致新瓶装旧酒,甚至东施效颦式的后果。因此,有必要认真比较大陆法系和英美法系的差异、两种教育体制在发展轨迹以及其背后理念等方面的差异,更为自觉地构筑我国的法学教育。

二、大陆法系法学教育的发展轨迹

近代法学教育开创于11世纪晚期和12世纪出现在欧洲的最早的大学中。其代表为意大利波伦纳大学的法学教育。在这一时期,商

---

① 上述评论是笔者在一次座谈会上亲耳听到的司法机构领导的评论。它从一个角度反映出法律硕士项目设立初期,一些院校仓促上马而从教学理念和课程设置上准备不足的状况。

业活动扩大,新兴城市建立并发展,近代国家出现,近代法律随着教会法的系统化而形成。梅特兰称这一时期为"一个法律的世纪"。①法律被作为一种独特的和系统化的知识体,即一门科学来教授。

然而在这个时候,通行的各种法律秩序刚刚开始从政治与宗教中分离出来。学生来自不同的背景和国度。第一批法律教师讲授些什么呢?首先被系统地讲授和研究的法律并不是当时各国实行的法律,而是一种包含于11世纪末在意大利的一家图书馆中发现的一部古代手稿之中的法律。②这一法律被认为如同可以脱离躯壳存在的灵魂一样的东西,是一种真正的、永恒的、理想的法律,是理性的具体化。以此作为一般原理和准则,对零散的司法判决、规则以及当时的各种制定法予以观察、研究和分析。整个法学教育和理想的法律制度均应在这些概念、规则和原理的基础上构筑。法学教育的重心不在当时存在于各个封建王国和领地的五花八门的实在法,而在于超乎于散乱的实在法之上的系统的概念和原理。在这种法学教育的模式中,罗马法中的概念主义得到了充分的发挥。③这些大学中的学生来自欧洲的各个地区,毕业后他们奔赴各自的家乡,从而把罗马法及其概念和理论传向欧洲的各个角落。在这一意义上,意大利注释法学派的教学法成为近代各国法学教育效法的典范。

天主教曾经认为罗马法是异教世界的产物,而非基督文化的组成部分。"13世纪初,圣托马斯·阿奎那(St. Thomas Aquinas)摈弃了这种批评。他的著作重新提出亚里士多德的观点,指出基督前的哲学以理性为基础,在很大程度上符合上帝的意志,从而为罗马法'驱魔'。"④

---

① 〔美〕伯尔曼:《法律与革命:西方法律传统的形成》,贺卫方等译,中国大百科全书出版社1996年版,第143页。
② 参见〔美〕伯尔曼:《法律与革命:西方法律传统的形成》,贺卫方等译,中国大百科全书出版社1996年版,第145页。
③ 同上书,第143至170页。
④ 〔法〕勒内·达维德:《当代主要法律体系》,漆竹生译,上海译文出版社1984年版,第41页。

因此,在欧洲的大学中,所有法学教育的基础都是罗马法,辅之以教会法。"只是过了很长的一段时间后,本国法的教学才在各大学中出现。从 1620 年起,在乌普萨拉大学开始讲授瑞典法,1679 年在巴黎大学设立了法国法讲座,但在大部分国家,直到在 18 世纪才在各大学讲授本国法;1707 年在维藤堡大学(帝国的第一所大学)讲授德意志法;1741 年在西班牙,1785 年在英国的牛津大学,1800 年在英国剑桥大学,1772 年在葡萄牙也都开始讲授本国法。直至 19 世纪各国制定法典时期,在所有的大学,罗马法的讲授是基础教学,而本国法的地位相形之下,完全是次要的。"①

在欧洲各国纷纷通过法典编纂活动制定各自的成文法后,这种以讲授罗马法中放之四海而皆准的规则、原则和原理为内容的讲座式的教学方法仍然被承袭,只不过这种规则和原理更多地以本国法为依托。法国"大学中的讲授方法都以正式的讲座为基本形式。对此,(学生)没有必要每天进行准备……然而近些年,学生要上由助教主持的小组课。在这类课上,学生不仅要出席,而且要进行准备(阅读指定的读物)并完成所要求的作业"。在德国,"依据惯例,这些讲座课不要求学生进行准备。(如果学生出席的话)在上课时(课上也没有考勤),他只是被动的听讲者,而教授则是很少被打断的演讲者"。②

这种讲授方法并不等于不讲案例。实际上,大陆法系教学中也采用案例。罗马法学家对于具体案件具有强烈的关注。但是他们的关注是为"已经发生或可能发生的案件提供解决方法,以及通过观察这些方法在具体案件中的效果来检验和修正他们的主要观点"。③在这一意义上,案例与系统的法律知识(原则、原理等)相比,实在是次要的内容或演示原理的媒体。"这种高度的抽象——排除事实的倾向——是

---

① 〔法〕勒内·达维德:《当代主要法律体系》,漆竹生译,上海译文出版社 1984 年版,第 41,42 页。
② R.B. Schlesinger, H.W. Baade and P.E. Herzog: *Comparative Law*, *Cases-Text-Materials*, The Foundation Press, 1988, pp.150, 169.
③ 〔美〕伯尔曼:《法律与革命:西方法律传统的形成》,贺卫方等译,中国大百科全书出版社 1996 年版,第 154 页。

(大陆法系的)法律科学中最令英美律师感到惊异的特征……法学家对于发展和构筑理论科学体系的兴趣要远远超过解决具体问题的兴趣。他们从事的是对更为深奥的法律真理的探索。在这一使论述更为抽象的过程中,'偶然'的具体细节都被舍弃了。"①

从以上历史发展的轨迹中,我们可以看到:大陆法系中采用讲座形式的原因可以归纳为以下几个原因。

(1) 大陆法强调系统性、抽象性、理论性、概念化、科学性、形式结构和纯粹性。② 因此法学教育也要系统地传授这些系统理论,而不能依靠学徒式的传授方法。

(2) 大陆法律的成文化也为这种系统的教育提供了现成的材料。

(3) 大陆法系的法学教育的性质是一般性的人文科学教育,而非法律职业性训练。

"法律教育不在于提供解决问题的技术,而在于对基本概念和原理的教导。法律教育所要求的内容并不是对实际情况的分析而是对法律组成部分的分析。"③尽管如此,作者在此并不认为大陆法系的法学教育只能固守这种形式,而是旨在指出这种形式产生的背景和理论根基。只有在认识了这种背景和理论根基后,才能谈到自觉的改进和借鉴。

三、英美普通法教育的发展轨迹

与大陆法系相反,英美的普通法则采用了不同的教育方式;而这种不同的方式又源于其独特的法律发展轨迹。在诺曼人征服英格兰后(1066年),封建制度在英国建立。由于原有的习惯法仍然在各种领主法院中适用,国王通过建立皇家法院确立自己的审判权。但是皇家

---

① J. H. Merryman: *The Civil Law Tradition*, Stanford University Press, 1985, p. 64.
② Ibid., p. 64.
③ 〔意〕卡佩里蒂等:《意大利法律制度》,1967年版,第89页,转引自沈宗灵:《比较法总论》,北京大学出版社1987年版,第155页。

法院并不具有对所有案件的管辖权,而只具有对三类案件,即有关皇家财政的案件,有关土地所有权的案件和有关王国治安的重大刑事案件的管辖权。由于皇家法院法官愿意受理更多的案件,当事人也愿意到条件较好的皇家法院诉讼,国王授权这些法官可对某些类型的案件颁发令状,使这些法院的管辖权逐步扩大到令状所涉及的类型的案件。为使案件能够被皇家法院受理,当事人和律师一定要想方设法使案件划归到某些类别之中。普通法就是在这种程序的夹缝中逐步发展起来的。① "由于必须屈从这些程序上刻板的框框,对罗马法各种概念的接收就受到了阻碍……此外,这些程序极为复杂和专业化,只有在实践中才能学到手。以罗马法为基础的大学教育虽能有助于掌握一起案件的正确处理方法,但并不能保证胜诉。英国的法学家和法官至今仍主要是从实际工作中培养出来的;与欧洲大陆各国不同,对于他们从不要求具有大学学历,直到 20 世纪,受过这种教育的律师或法学家还是少见的。"② 虽然从 13 世纪起,英国的大学就同她们的大陆姊妹学校一样讲授罗马法和教会法。牛津在 1758 年才开设了英国法课程;而剑桥在 1800 年才开始。但是大陆的律师是在大学里接受教育,而英国同行则是在四个律师协会中通过学徒方式培训出来的。③

相对而言,英国大学中的法学教育产生较晚。从 17 世纪末到 19 世纪中叶,正式的职业教育和大学法律教育几乎不存在。④ "毫不奇怪,由下院成立的法学教育探讨委员会在 1846 年宣称:'当前,没有必要实行任何在公立大学中设立的法学教育。'"⑤ 从 19 世纪中期开始,戴雪(Dicey)、波洛克(Pollock)、霍兰德(Holland)和撒尔芒德(Salm-

---

① 参见〔法〕勒内·达维德:《当代主要法律体系》,漆竹生译,上海译文出版社 1984 年版,第 289—305 页。
② 同上书,第 305 页。
③ 同上书,第 319 页。
④ David Sugarman: Legal Theory, the Common Law Mind and the Making of the Textbook Tradition, from *Legal Theory and Common Law*, edited by William Twining, Basil Blackwell, 1986, p. 29.
⑤ Ibid., p. 29.

ond)等学者试图证明:法律虽然看上去如一团乱麻,但确实具有内在的统一性。戴雪在其1883年的就职演讲中说:称职的教师应能向学生证明,乱七八糟的案例和条文可以被归纳为一套有序的原则,这些原则可以被纳入清晰的、有逻辑的和系统的形式之中。他认为,学徒式的法律教育不可避免地把学生引入对法律原则的片面和零乱的认识。①

虽然英国的法学教育走了一条与大陆法系不同的道路,但其创建的主旨却与大陆法异曲同工,都是基于寻求法律的科学性、系统性和合理性之上发展起来的现代法学教育体系。同时也必须看到,普通法(判例法)的明确性和系统性要比大陆法(成文法)差得多。在普通法学者中,历来存在一种对纯粹明确和系统的体系的怀疑和抵触。他们认为,普通法的规则如同语法规则,它们不仅在实践中起描述作用,而且起实际的指导和规范作用;它们天生就具有可改变性;它们存在于法律界共同认可的价值和习惯之中,可以被追溯到无法记忆的远古时代。②普通法的思维是不确定的,永远在过去与现时、理性与非理性、历史与非历史、形而上与形而下之间徘徊。如同梅特兰所说:律师所了解的中世纪的法律,要由现代的法官针对现时的案件进行解释。把过去的规则适用于当前案件,就不可避免地会出现歪曲和误解。③在这一背景下,普通法的统一性不断受到质疑。④

虽然普通法的教育也在寻求统一性和合理性,但大量案例的存在和演变,阻碍了完全采用大陆法那样的、通过讲座传播法律知识的讲

---

① David Sugarman: Legal Theory, the Common Law Mind and the Making of the Textbook Tradition, from *Legal Theory and Common Law*, edited by William Twining, Basil Blackwell, 1986, p. 30.

② Brian Simpson: The Common Law and Legal Theory, from *Legal Theory and Common Law*, pp. 10-24.

③ David Sugarman: Legal Theory, the Common Law Mind and the Making of the Textbook Tradition, from *Legal Theory and Common Law*, edited by William Twining, Basil Blackwell, 1986, pp. 37-44.

④ 除哲学、文化和社会原因外,这恐怕也是为什么对规则的确定性持怀疑态度的法律现实主义和批判法学派在英美普通法系国家较为流行的原因之一。

授形式。以案例为主的教学法成为其合乎逻辑的选择。

在美国,独立前的法律教育像英国一样是以学徒方式进行的。在独立后,一些学院开始尝试正规的法学教育。在整个 18 世纪,学徒式教育逐步让位给设立在学院或大学中的正式的法学教育。兰德尔在 1870 年成为哈佛法学院的院长后,开始对美国法学教育进行大规模的改革,包括他首创的案例教学法。有趣的是,他的案例教学法恰巧是他努力学习大陆法系的法学教育的结果。他在哈佛法学院 1887 年的庆祝会上说:在英语国家中,法律是通过实践和管理方式学习的;而在其他的基督教国家中,法律是在大学中讲授和学习的。他的目的是建立一间效法欧洲模式的法学院。① 兰德尔在其著名的《合同法案例》一书的前言中说:"被作为科学的法律是由原则和原理构成的。……每一个原理都是通过逐步的演化才达到现在的地步。换句话说,这是一个漫长的、通过众多的案例得到的发展道路。这一发展经历了一系列的案例。因此,有效地掌握这些原理的最快和最好的,如果不是唯一的途径,就是学习那些包含着这些原理的案例。"② 不难看出,案例教学法的目的正是大陆法追求的目的,它的出现不过是大陆法教学中的系统性理念在普通法教学中的翻版。

但是,在美国法学界,这种对统一性和确定性的追求很早就受到过攻击。霍姆斯大法官首先发起这种攻击。他说:兰德尔式的"法律理想不过是法学家的美好愿望,或对一种体系按照体系模式进行逻辑上的整合。……法律的生命从来不是逻辑,而是经验。在它领地上播下的每一粒新的发展之种,都是被感知到的必然。"③

虽然我们把案例教学法奉为圭臬,美国的法学教育却早已进一步发展。分析美国法学教育的发展过程,其法学教育的发展可以被划分

---

① C. G. Landell: Harvard Celebration Speech, from *Legal Education*, edited by Martin Lyon Levine, Dartmouth, 1993, pp. 29-30.

② From K. L. Hall, W. M. Wiecek and P. Finkelman: *American Legal History*, *Cases and Materials*, Oxford University Press, 1991, pp. 338-339.

③ Ibid., p. 339.

为五种模式:实习模式(早期的学徒形式)、规则模式(早期的学校教育形式)、原则模式(兰德尔所采用的案例教学法)、政策模式(本世纪开始形成的形式)、新模式(包括诊所实习课模式、人本和心理分析模式。反对兰德尔的案例教学法,认为它是非人格化的、机械的和狭隘的模式),以及以正义为中心的倾向(对抗工具主义的法律经济方法,更多地考虑价值问题)。这些不同的模式并非绝对相互排斥,而是经常同时发挥作用。①

20世纪50年代后,美国重新兴起了赋予法学教育更多实践内容的主张。它主要分为两个方向:第一,增加"技术性"课程;第二,实习课式教育的发展。但是也有人担心,这样做是否在某种程度上退回到了早期学徒制的旧途。

四、学院式教育和实践式教育的矛盾及利弊

案例教学法具有不可否认的优点。但是也必须看到,它的出现具有一定的历史背景和制度需求;同时它也并非唯一的、排他性的教学法。即便在美国,上述其他形式的教学法也同时存在。一些法学院教授更直言指出案例教学法被推至极端的现象,并对此提出批评。伯尔曼教授曾指出:"我们一直运用案例作为主要的教学材料。但是我们几乎没有教过先例的原理。我们一直为一年级的学生开设合同和侵权法课程,但是很多教授这些课的老师却花大量的时间去论证:实际上并不存在什么'合同法'或'侵权法'。"②批评者指出:"虽然我们的'判例法'(主要是上诉法院的书面判决)是在19世纪时作为使学生通过归纳法学习理论性'法律科学'的工具设计的,但是我们今天更多地

---

① M. L. Levine: Legal Education and Curriculum Innovation: Law and Aging as a New Field of Law, from *Legal Education*,见 C. G. Landell: Harvard Celebration Speech, from *Legal Education*, edited by Martin Lyon Levine, Dartmouth, 1993, pp. 564-579.

② Harold J. Berman: The Crisis of Legal Education in America, 26 *B. C. L. Rev.* 347, 350 (1985). 转引自 Richard Stith: Can Practice Do Without Theory: Differing Answers in Western Lgal Education, *Indiana International & Comparative Law Review*, Vol. 4 No. 1 Fall 1993.

运用案例去达到摧毁理论而非建立理论的目的。"①"判例方法日益显示出它的或然性,尤其是上完第一年基础课后,它越来越像是一种追求某种效果的方法。""无论法学院在本世纪余下的时期中如何演变,通过不断地冲淡学术内容,是不可能保持其优秀素质的。"②本文在此无意否定案例法在普通法教育中的地位,但注意到另一方面的意见更能使我们进一步思索,尤其在我们准备借鉴它的时候,听一听对它的批评,更能使我们进行全面的考察,以避免不分良莠、来者不拒的盲目做法。

任何法律移植都涉及认真考察要移植的法制度原在国家和接受移植国家的内在因素和外在因素的比较问题,即对法律所依存的社会、文化等环境和法律本身的逻辑、体系等因素的比较。③当我们考虑移植法律教学法时,比较法中的这些基本问题和因素,也不能弃之不顾或视而不见。

虽然两种法学教育具有不同的形式和教学方法,但它们都在努力教授给学生一种系统的和科学的法学知识体系。这一点可以从以上的论述中看得很清楚。11世纪的注释法学派对罗马法的研究是为了借罗马法之躯建立法律的科学体系。这一科学体系成为后世大陆法系国家立法的理论根基。英美普通法系又何尝不是这样呢?英国的戴雪、波洛克、霍兰德等人正是为了从浩繁杂乱的案例中整理出一套科学的法学体系而对判例进行了艰苦的归纳整理,从而奠定了普通法教学的普遍模式。美国的兰德尔也是如此。为了达到同样的目标,两个法系采取了不同的道路。"法律规则可以通过发展它所参与的活动

---

① Richard Stith: Can Practice Do Without Theory: Differing Answers in Western Lgal Education, *Indiana International & Comparative Law Review*, Vol. 4 No. 1 Fall 1993, p. 3.

② 〔美〕伯纳德·施瓦茨:《美国法律史》,王军、洪德、杨静辉译,中国政法大学出版社1989年版,第312、313页。本文在北京大学于1998年5月举行的"法学教育研讨会"上第一次宣读时,也受到几位美国法学教授的非议。除了他们没有弄清本文的真实意图外,也证明了一些美国学者由于长期案例教学法的熏陶,反而不知其创始人兰德尔创立这一方法的初衷和实施这一方法的精义,越来越迷恋于对于单纯效果的追求。

③ 参见王晨光:《不同国家法律间的相互借鉴与吸收》,载沈宗灵编:《比较法学的新动向》,北京大学出版社1993年版,第219—222页。

的结果形成,或者通过发展它事先设定的据有广泛效力的原则形成。"①面对这两种选择时,大陆法学者自然选择后者,而普通法学者自然选择前者。

认识到两种方法目的的同一性及其路径上的差异性,应使我们进一步思考:立足于大陆法的土地之上,我们可以在何种程度上借鉴普通法的案例教学法呢?这要看我们要借用案例教学法达到什么样的目的。

案例教学法的主要优点是它能够为学生提供一种真实的法律环境,提供进行法律分析的素材和机会。这样,通过大量案例学习法律的学生,就能够有更多的律师技巧的训练,"像律师那样思索",使其在分析案件、进行辩论、起草法律文书等技能方面的训练得到强化,在毕业后很快地适应实际的法律操作。相比之下,大陆法重视理论的训练。有时虽然学生有了扎实的理论功底,但可惜的是却不知如何在实践中使用这些理论。因此加强实际能力的训练实属必要。就我国的法学教育而言,我们在教学中很少采用案例进行教学,因此缺乏对学生的律师技巧、实际操作能力、从具体到一般的综合能力、思维的机敏以及雄辩的口才等方面的训练;同时也缺乏教学中的启发性、互动性和试验性。因此更有必要大力加强案例教学法的应用。为了更好地运用案例教学法,还应当看到我国形式主义的教学法的形成有其独特的法律传统、文化、制度和社会等各方面的原因,例如:大陆法系法典化和理论化的传统、判例在我国法律体系中的从属作用、系统的判例编辑和公告制度的缺乏等。案例教学法的应用,不能不考虑这些方面的因素和改进。

但是,我们不能忘记,大陆法是在系统的理论基础上建立的法律体系。达维德称其为"法学家的法"。②从《拿破仑法典》到《德国民法

---

① John H. Meryman: *The Civil Law Tradition*, Stanford University Press, 1990, p.67.

② 〔法〕勒内·达维德:《当代主要法律体系》,漆竹生译,上海译文出版社1984年版,第141页。

典》,以至《中华人民共和国民法通则》,在这些法律出台前,立法者和法学家就已经设计采纳了某种理论或概念。具体法律条文背后的原理、原则、概念在大陆法中占有极其重要的作用。如果在教学中不注意阐述条文背后的理论,不注意大陆法系已有的体系,虽然我们可以找到不少案例,但却难以把大陆法的理论性和系统性统统包罗进去。虽然学生有了更多的提高分析能力等方面的训练,但他们对整个法律体系的了解就难免支离破碎。"法学教育的重点应当是这些有理论的基本法律。"只有掌握了基本法律概念和理论,有了法律分析等基本素质,学生才能举一反三,触类旁通①,成为精通法律的人才,而非机械背诵条文的匠人。案例教学法的采用,应当有利于达到和服务于这一目的,而非用于忽视理论或割裂其系统性。否则,这种案例教学法就很难对我国的法学教育产生积极的作用。

普通法的理论是随着案例的出现和发展而发展的。如果要教授案例法中的理论,不谈历史上著名的关键判例是不可能的。当案例教学忘记了要通过案例法达到的系统化的和科学化的目的时,普通法体系中的一些教授也就自然要对这种案例教学法提出异议了。当我们借鉴普通法的案例教学法时,如果仅仅是为了采用案例而采用案例,就会只见外表而忽视其内涵,即忽视普通法系中案例教学法要达到的系统性目的,就难免会舍本逐末,不但没有学到普通法的系统性和科学性,反而把我们自己的系统性和科学性也打破了。

由于普通法的系统性与大陆法的系统性相差较大,即便我们注意到系统性,也应对系统性的差异进行认真比较研究,不可望文生义,以普通法的系统代替我们现行的大陆法的系统。这种研究需要深入的实体问题的比较研究,从而考察案例教学法在我国成文法体系中的最佳方案及其与我国法学教育和法律制度的协调性。

---

① 参见苏力:《法学本科教育的研究和思考》,载贺卫方编:《中国法律教育之路》,中国政法大学出版社1997年版,第68页;王利明:《合同法疑难案例研究》,中国人民大学出版社1997年版,第4页。

其他一些相关的问题,如案例教学法是要发现法律条文的确定性还是要揭示法律条文的不确定性,是要训练学生"像律师那样思考"还是"像法官那样思考"?① 我们的案例是否具有普通法案例的效力、形式、技巧和理论水平,教学中采用的案例分析是法官所普遍接受的法律分析还是教师自己的学理分析? 大陆法系的法官能否具有普通法系法官那样的立法权和发展法律的功力,案例能否被用来重新组织我们重要法典中的系统理论,能否有效地用来阐述既有的原则和概念,如何解决法学教育以致法律发展中的国际化和本土化的冲突? 等等一系列问题,也应当认真地加以思考和解决。本文因篇幅和能力所限,无力回答所有这些问题。暂且就此打住,留待其他专家学者和实践去解决论证吧。

第三节 模拟法庭教学在我国法学教育中的地位、功能和设置*

导读: 我国法学教育中的模拟法庭教学刚刚起步,与国外一些法学院相比较,我们的模拟法庭教学还有许多要改进的地方。在这一意义上,它是一片未开垦的处女地。为弥补我国法学教育中的短板,消除其中的弊端,文章从法学教育中的学与习之关系、模拟法庭教学的误区和创新、模拟法庭教学的特点和模拟法庭课程的设计这四个方面对模拟法庭教学在我国的应用进行了深入探讨,并认为,模拟法庭教学可以丰富我国法学教育的内容,从而培育出更多国家和社会需要的高素质的、既"顶天"又"立地"的法治人才。"顶天"意味着具有高深的理论素养和国际眼光,"立地"意味着具有处理疑难复杂的社会和法律

---

① 这些问题已经被美国的一些学者提出。一些大陆法系的学者提出,法学教育应当使学生学会如何像法官那样思维。

* 本文中的某些观点,曾分别以"模拟法庭"为标题在 2001 年 7 月 16 日《人民法院报》B01 版,以"学而时习之——法学教育中的模拟法庭训练"为标题在 2007 年 1 月 14 日的《法制日报》018 版发表。

问题的能力和脚踏实地的务实精神。模拟法庭教学将是能够把理论与实践、知识与能力、道与术有机结合在一起的训练平台和路径。

一、法学教育中的学与习、道与术之关系

说到教育,不能不谈及孔老夫子。老先生不愧是"至圣先师",在《论语》开篇首句就点出治学之道的精髓,即"学而时习之",抓住了学与习的关系,首创教育学的知行论。孔老夫子之所谓"习",今人多解为"复习"或"温故"之习。然而据学者考证,其时的学问乃礼、乐、射、御、书、数之六艺,其中绝大多数是需要通过操作演习之技艺。因此除了复习温故之习,还有"练习""实习"和"实践"之习。对于我国当前的法学教育状况而言,先师的教诲仍然具有现实意义。尤其就法学教育而言,她不仅是单纯传授知识和培养学术素养的通识教育,而且更应是一种培养国家急需的高素质法律人才的职业教育。故,先师所论"学"与"习"之关系,对法学教育而言就具有更为强烈的现实意义。可以说,模拟法庭是供法律院系学生学而时习之的一个重要场所。

我国的法学教育自20世纪70年代末重新恢复以来,致力于拨乱反正,使法学真正登上了科学的殿堂,成为高等教育中的一个重要学科。其发展迅速,功绩卓著,不可抹杀。但是,在一定程度上,我国法学教育长期片面强调知识的传授和学术素养的培育,而有意无意忽略了职业技能、道德、能力和思维的培养;过于强调"学",或多或少忽视了"习"。其中一个令人奇怪的现象是:在20多年的法学教育发展过程中,竟然少有像样的模拟法庭训练,更不用说像样的地区性或全国性校际间的模拟法庭比赛了。近些年,有不少法律院系参加各种形式的国际模拟法庭比赛,并进而组织了一些校内、区域性或全国性模拟法庭比赛,但却很少引起法学教育界的正视或重视,有意无意地将其作为学生的"课外活动""自娱自乐",将其作为一种教学"点缀",至多是把参加一些区域或国际性模拟法庭比赛作为提高学校知名度或参加锦标赛获取名次的手段。虽然法学教育指导委员会把模拟法庭列

为法律硕士的必修课,但各院校的实施则是千差万别,真正重视其在法学教育中的地位,认真研究并设计系统化的模拟法庭教学的并不多。

造成这种状况的原因主要有:对法学教育的实质和目的认识不清,把法学职业教育简单地视为通识性教育;片面地割裂了知与行的联系;教学方法和教材陈旧、教师本身素质薄弱、教学行政化管理过于刻板,等等。比如,我国的法学教育过于强调知识的灌输和纯理论的探讨,忽视了分析和处理实际法律案件和纠纷的能力的培养和训练。长此累积,法律实际部门对法学院的毕业生和法学教育模式多有微词,认为法学院系的毕业生大都不能很快地适应实际法律工作,把应当由法学教育机构完成的工作留给了法律实践机构来完成。① 法学教育界也有颇多反思,提出"法学院离法院有多远"的质疑。② 法律实践机构固然有培训新入行的职业者的责任,但是除了一些知名律师事务所(多是国际大所)外,有多少律师事务所或实践部门能够对初入法律实务殿堂的初生牛犊给予系统的实务指引呢?在更多情况下,初入行者往往是手足无措地领受任务,依靠自身的能力去感悟和体验,甚至任其自生自灭。因此法学教育机构不能因此而推卸教授学生了解实务甚至体验实务的责任。确实,法学教育机构不可能教会学生所有技能,也不可能让他们体验所有实务活动,但是作为教育机构,它们应当有义务引导学生正确把握知与行的关系,为其打造必要的连接知与行的基础和能力。在这一意义上,实务界对法学教育脱离法律实践的批评是中肯的。

如何才能改变这种重理论、轻实践的经院教育模式?如何才能弥

---

① 笔者在与法律实务界接触过程中,不断听到律师界、司法界和实务部门对法学教育与法律实践脱节的批评。

② 吕忠梅教授最早提出"法学院离法院有多远?"的质疑。这一质疑随后引起更多讨论。参见田享华、吕忠梅:《法学院离法院有多远》,载《南风窗》2006年第2期下,第19页;周东威:《法学院离法院有多远——对我国法学教育的几点思考》,载《法制与社会》2007年第12期,第738—739页;申卫星:《时代发展呼唤"临床法学"——兼谈中国法学教育第三大转变》,载《比较法研究》2008年第3期,第129页。

补我国法学教育中综合能力和素质训练和培养的不足呢？我国法学教育在认真总结自己的经验的同时，也大量借鉴了国外法学教育的有益经验。越来越多的法律院系不仅在传统的课程中大量地采用了案例教学法，而且还专门开设了诸如"法律诊所式课程""模拟法庭""律师实务""案例分析课"等以能力训练为目的的实践性课程。借用美国法学院的一句格言，这些课程的宗旨是："训练学生像律师那样思考"或"像律师那样执业"。① 换言之，学生应当学会如何像律师那样取证、分析、思考、写作、陈述和行为。听、查、思、写、辩，举手投足都应当表现出法律职业者应有的素质、能力和才智。这些能力和素质的重要性是不言而喻的，但又恰恰是传统的课程设置和教学法所没有涵盖的重要方面；而上述模拟法庭等实践性课程和教学模式的设立，为进一步完善我国法学教育提供了可以依托的路径。

这一把理论与实践紧密结合，把"学"与"习"有机结合的路径，符合现代法学教育的培养目标。参考教育部"卓越法律人才培养计划"的提法，法学院（至少是法律硕士项目）的培养目标应当是培养新时期（高科技、信息化和全球化时代）符合全面推进依法治国要求的"高素质法律职业人才"。为实现这一培养目标，需要准确理解并把握"学"与"习"的内在关系，在法律人才培养过程中科学设置课程体系并改革教学方法。这是一项亟须重视并解决的重大教育课题，为此，需要厘清几个法学教育中往往被界定为"对立的关系"。

1. 基础理论与实践的关系

基础理论和知识当然是法律人的知识基础，没有法律和法学的知

---

① Aliza B. Kaplan & Kathleen Darvil, "Think [and Practice] Like a Lawyer: Legal Research for the New Millennials, Legal Communication & Rhetoric", JMWLD, 2011, Vol. 8, p.161. 该文作者根据两个著名的批评美国法学教育与法律实践脱节的报告，即全美律师协会1992年发布的《麦克瑞特报告》(Legal Education and Professional Development—An Educational Continuum, Report of the Task Force on Law Schools and the Profession: Narrowing the Gap)和卡内基基金会2007年发布的《卡内基报告》(William M. Sullivan et al., *Educating Lawyers: Preparation for the Practice of Law*, John Wiley & Sons, Inc., 2007),总结了美国法学教育如何提出"像律师那样思考"，以及如何进一步发展到"像律师那样执业"的教学理念。

识,当然也就不成其为法律人,这是每一个法律人都必须具备的基本条件,是其法律职业生涯的第一步。但是如果故步自封,仅仅止步于此,不知如何把这些理论和知识用之于社会,显然也不可能成为出色的法律人才。法学基础知识来自法律实践,是实践的高度概括和抽象,与实践有着千丝万缕的内在联系。教师应当把这种理论与实践的内在联系向学生揭示出来;但囿于教学课堂的时空局限,教师又不可能把这种内在联系在每一个法学领域中全面地展现出来,因此在一定程度上又依赖学生自身的悟性和实践体验。关键在于法学教育是否为学生揭示了这种理论与实践的内在联系,是否为学生提供了可以进行实践体验的平台和机会,以及是否培养了学生见微知著,从实践中发掘深层理论问题并深入研究的能力。反省我国法学教育的问题,忽视揭示这种内在联系和提供这种体验的平台,恰恰是我们的一个短板。针对这一弊端,模拟法庭等实践性教学项目恰如在课堂教学的封闭围墙上打开了一扇窗口,利用有限的平台和机会,使学生直观地感受并体验这些内在联系。而实践也会更加激发学生对基础理论和知识的把握和深入探究。

2."素质"与"能力"的关系

很多人往往简单地把素质与能力对立起来看待,以为讲素质就是要讲博雅,素质就是象牙塔中的坐而论道。就哲学或宗教学而言,可能会是如此;但是就法学而言,这种认识就有极大的局限性了。法学教育所论之素质,应当包括法律学识、职业伦理、研究能力和执业能力。这里既有学识、又有道德和动手能力方面的要求。这里的能力不仅仅是处理案件的实践能力,也包括从实践中提炼出深层理论问题并进行深入研究的能力。其实这种研究能力的缺乏,也是对学术素质片面化理解所造成的偏差。随着社会法治水平的提升,法律治理已经深入社会生活的方方面面,因而法律人还要了解其他领域的相关知识,如经济、政治、文化、历史等学科知识,以及通信、建筑、交通、卫生等诸多领域的相关知识(当然每个人的能力都有限,一个人不可能是上知天文下知地理的全才,但是选择一两个对其法律职业实践有关的领域进行一定深入探究,则是必须且可能的)。一个高水平的法律职业者应当具备全面的素质,既有深厚的法律学识,又有高尚的法律伦理和相关领域的知识,还要有出色的职业能力(研究、分析和处理法律问题和棘手案件的能力)和理论研究能力。不顾现实的坐而论道者,并非时代所需要的具备全面素质的卓越法律人才。

3. "道"与"术"的关系

在教育界,如果谈实践教学,有人往往认为这是在讲"术",即技能训练,以为其中没有"道",即深厚的理论和高尚的职业伦理。这种理解,把"术"仅仅作为某些写作或论证的技术,并把术与道当做截然划分的二元对立关系。其实"术",首先不仅仅指技术,而是包括素质和能力,如分析和解决复杂问题的能力。其次,术与道本是水乳交融的两个方面;没有"道","术"会成为雕虫小技;而没有"术","道"则成为无用武之地的空谈。法学教育应当寓道于术,传术弘道。如仅仅津津乐"道",则往往看不到"道"与"术"之间的内在逻辑关系,从而陷入"坐而论道"的歧途。例如法律职业道德课的教学效果一般都不是很好。其中一个重要问题是教学过于教条和理论化。教师往往把有关法律和职业道德规范的条例抽象出来进行诠释和讲解,而学生则是死记硬背完事。其实在现实法律实践中,法律职业伦理是非常现实的问题,法律实践的每一步都会遇到两难的法律职业伦理问题,如是否要对当事人的陈述进行取舍,是否要选择性地采用证据,是否要采用一些渲染性语言,是否要运用情感或经济因素影响甚至左右法律解释,等等。如果把这些问题纳入具体案件中让学生进行判断和决策,然后引导出抽象的职业伦理问题甚至深层的理论问题进行深入细致的分析和讨论,就会对学生职业伦理的形成和培养起到感同身受的影响和作用,也会具体形象地深入了解法律规范与其他社会因素的关系。

4. 学生在学期间"学"与"习"的关系

法学教育界往往认为学生能否在社会中尤其是法律实践中成为出色的法律人,不仅需要他们在法学院接受法学知识培养,而且需要从实践中继续学习,从实践和资深法律职业者那里得到执业培训,因此法学院不负责学生的能力培养。如前所述,一些大型的国际法律事务所有系统的培训年轻律师的项目,法官学院也有初审法官的培训项目,但是这些项目,一般具有时间短、业务领域窄等问题,加之实践工作的压力,难以承担全面培养法律人职业能力和素质的任务。因此,大陆法系国家如德国往往建有系统的法律实践培训项目,对于完成法学院知识培训的学生,即通过第一次国家考试或法学院毕业考试的学生,进行为期一年或一年半的系统职业培训[①];英国法学院毕业生从法学院毕业后则要参加法律职业学院(Law School)为期一年的职业培训(Legal Practice Course),然后再在律师事务所接受两年的学徒培训。[②] 在这些国家,法律职业者的综合素质尤其是执业能力的培训,确实是在法学院毕业以后的专门以实务教学为内容的教育机构中进行。但是即便如此,在这些国家的法学教育中,模拟法庭等实践性教学项目也被广为采用,成为其法学教育中不可分割的组成部分。而我国法学院毕业生在通过司法考试后就进入了实务部门,虽然有"两年实习"之说,但实际上鲜有系统的培训,完全是嫁鸡随鸡、嫁狗随狗式的宿命培训。因此,针对我国法学教育的现状和弊端,尤其有必要在法学院教育中更加强调这种系统的培养法律职业人综合素质的教学内容和项目。

二、模拟法庭教学的误区和创新

在培养上述法律人综合素质的过程中,模拟法庭训练应当起到重要的作用。或许有人说:模拟法庭并非什么新模式,许多法学院早就采用了这种方法。不错,不少院系确实采用了模拟法庭的模式。但是,恕我直言,许多做法并非真正意义上的模拟法庭训练,而是彩排式

---

① Nigel Foster & Satish Sule, *German Legal System and Laws*, Oxford University Press, 2003, pp. 83-86.

② 笔者在英国考察英国法学教育时,了解到英国律师的培养具有通过"学徒制"、师从有经验的律师学习法律的传统。即便在大学教育兴盛的当代,律师公会等职业团体仍然对律师培养具有决定性影响。学生在大学法学院拿到法律学位后,还必须要参加被称为"法律职业学院"的培训机构,学习法律事务课程,再加上其后的学徒式实习,才能具有从事律师业务的资格。

的演练，重形式多于重内容。其缺陷如下：

（1）现行的模拟法庭多为一种跑龙套式的排演，一般安排在诉讼课程中，其目的在于通过直观的程序模拟，使学生了解并记住诉讼程序，而非培养学生的法律思维。

（2）其采用并不普遍，通常是可有可无的点缀，往往用一节课的时间一带而过。

（3）参与的学生数量有限，大多数学生只是充当观众，因而难以得到真正的实战模拟训练。

（4）其案例多为教师从已经公布的判决书或媒体报道的案件中复印而来，缺乏详细的案件事实材料，因此学生在辩论时不得不各取所需，随意增添事实，使之沦为"大专辩论赛"式的打嘴仗比赛，离法律职业者的实际操作相距甚远。

（5）缺乏系统的教学指导，很难使学生通过具体案件的模拟，从中提炼和升华出深层的理论探讨，从而实现认知上的飞跃。

如果我们想通过这种辩论模式告诉未来的律师和法官在真实的法庭上应当如何做，就未免过于幼稚，难免有误导之嫌了。可以说，这些做法并没有认识到模拟法庭训练和教学与传统教学方式的根本区别，没有真正认识到这种以综合职业能力、素质、道德和专业技巧训练为主的教育模式的深远意义，从而难以摆脱依葫芦画瓢或穿新鞋走老路的结局。

为了开辟模拟法庭教学的新路，在台湾理律文教基金会资助下，由清华大学法学院牵头，于2003年开始组织第一个全国性模拟法庭比赛——理律杯全国法学院模拟法庭比赛，至今已有12个年头。举办理律杯模拟法庭比赛就是针对现行法学教育中的缺陷和模拟法庭训练中的误区而进行的一次尝试。它力图纠正现行模拟法庭训练中的偏差，弥补法学教育中的不足，推广模拟法庭这种教育模式；力图以模拟法庭比赛的形式把学生推到前台，使他们经受一次近似实战的训练；力图在较大的范围内推动法律院系之间的交流和相互促进。理律杯模拟法庭比赛的目的不在于决出名次、一比高下，而在于为学生提供难得的机会,使他们得到训练,从而促使模拟法庭这种教育形式得到认可和较大范围的普及。在历次赛后的交流活动中,参赛队员和领队老师的积极肯定和评价,充分证明了该项赛事的成果。此外其他院校和单位也组织了一些模拟法庭比赛,如人民大学法学院根据美国杰赛普(Jessup)国际法模拟法庭比赛赛题在我国组织的模拟法庭比赛、中国国际贸易仲裁委员会根据维也纳国际贸易仲裁模拟法庭比赛赛题组织的贸仲杯国际贸易仲裁比赛等。上述模拟法庭比赛,激发了法学院系师生参与模拟法庭比赛的热情,但是模拟法庭不应仅仅是让少数学生受益的比赛,而应当成为法学教育课程体系中的一门或多门常设课程,不仅让少数学生受益,而且要让所有学生都能够参与并得到训练。

模拟法庭教学不是一种培养雕虫小技的点缀课程,而应当成为每一个法律院校都高度重视、学生积极参与的常设甚至必修课。美国很多法学院都开设有模拟法庭课程,而且要求所有 J. D. 学生都要参加,接受训练,并在由教师组成的法庭面前进行考核。近些年,模拟法庭教学已经在我国法学院校中得到一定程度的重视和开展,也有越来越多的学者对模拟法庭教学的性质、地位和方法进行了研究。[①] 随着这些活动的开展和研究的深入,我国法学教育应进一步把模拟法庭作为一种知与行、学与习紧密结合的教学形式,使其成为我国法学教育中常设的教学内容及重要的有机组成部分。

三、模拟法庭教学的特点

与其他传统的教育模式相比较,模拟法庭教学至少具有以下几个方面的特点:

1. 它使学生成为学习的主体

在模拟法庭的训练过程中,学生必须像律师那样全面接手模拟案

---

① 参见陈兵:《论模拟法庭教学在高校法学教育中的功能及其实现》,载《中国法学教育研究》2015 年第 3 辑,第 44—45 页;田洪鋆:《模拟法庭教学的课程内容设计》,载《中国大学教学》2014 年第 10 期,第 67—71 页;章武生:《我国法学教学中应增设"模拟法庭诊所"课程研究》,载《法学杂志》2011 年第 6 期,第 88—90 页。

件。他们作为当事人的律师、检察官或法官,成为案件的当事人或参与人,因而必须考虑所处角色的利益、设身处地地分析案件,全力以赴地争取最佳结果。他们的角色已经不是学生,而是律师或其他法律工作者,因此必须像律师那样工作。这不仅仅是一个角色的转换问题,而且是学生的地位和视角的转换。它对学生产生的潜在而深远的影响,远远超出了传统经院式法学教育模式的作用。举例而言,当一个人作为乘客坐车时,他不一定会记住行车的路线。但是,当他坐在司机的位置上时,他就必须认路、记路和分析路线。模拟法庭在一定程度上把学生置于司机的位置,成为学习的主体。因此学生必须主动去学,从而在学习效果上也就有根本不同。老师在其中起的作用是辅助性的,即挑选或编写适当的案例材料、提供一般性指导、评价学生的表现,等等。模拟法庭中的老师应当切忌成为正确答案的提供者,切忌用自己的思维模式禁锢学生的思维,而应当成为引导学生自行思考、从而由学生解决法律争议的路标或评论人。

2. 学生不仅要处理法律问题,而且必须处理事实问题

这正是任何一个实际案件都遇到的情况。但是,我们传统的满堂灌式的教学法恰恰忽视了这方面的训练。为达到使学生学会在具体案件中分析事实、灵活运用证据法和程序法的目的,模拟法庭采用的案件不应该是从现行法院判决书中摘录的既定事实。因为法院判决书对于事实的陈述一般都很简单明了,鲜有什么可供进一步争辩的余地。任何有经验的律师和法官都清楚,大多数案件的事实都不会是明确和简单的。不同的当事人往往提供的是相互矛盾的事实材料;即使是同一件事实材料,从不同的当事人和证人的角度,也都会有不同的解释。因此,事实材料应当以当事人为律师提供的素材和诉讼请求为主要形式,即当事人提出的各种诉讼文书和证据材料。当学生接触案件时,他们需要首先像律师那样对这些事实材料进行分析、归纳、筛选和建构,从而形成要向法庭陈述的事实,并在这一事实的基础上形成己方的法律意见。应当承认,我国多数法学院中的模拟法庭的训练,并没有为学生提供真实的或比较真实的案件材料,而仅仅满足于提供

一个现成的判决书中所认定的简单事实。这种做法并非真正意义上的模拟法庭式的教学法，充其量不过是"以例说法"，运用一种事实现象去说明某种法律规范的内涵或构成要件。其着眼点在于对法律规范的分析，而非在于如何在散乱的事实材料的基础上，发现、筛选、认定和建构事实的能力的训练。

3. 学生要学会如何在庭前形成法律意见和策略，如何在开庭时进行法庭陈述和辩论

这种能力不仅依赖于对相关法律知识的了解，而且依赖对于各种相关学科和知识的了解和应用，比如对当事人、诉讼参与人以及法官的心理分析，法庭陈述和辩论的技巧，对于逻辑学的熟练运用，对与案件相关的政治、经济、社会等领域的了解，等等。在比赛时，评委或模拟法庭的法官也会随机提出一些相关问题，以考察学生的反应和分析能力，考察其对知识的掌握和灵活运用。因此，模拟法庭的训练能够为参与者提供一种综合的素质训练。其作用远非其他传统的课程所能达到。

4. 模拟法庭的训练不仅仅局限在法庭上的辩论，而是一种系统的、全过程的训练

如果运用一个案例说明一个法律规范的运用，学生学到的只是有关诉讼中一个环节甚至是一个点上的知识和分析能力。而模拟法庭训练一般持续一段时间。

（1）学生必须从所提供案件的零散材料入手，梳理、分析、归纳事实情况，综合考虑对双方有利或不利的事实，包括新证据的调查获取和证据验证，设计案件证据认证的策略，形成有利于己方的事实建构。

（2）学生还要在此基础上找出有关的法律要点和寻找适用的法律规范，进行深入细致的法律研究。好的案例应当与真实案件一样，需要学生把不同法律部门的知识综合运用到一起，为己方的诉求打造最坚实的法律基础。这里不仅需要简单地适用具体条文，而且需要结合案件情况运用相关的法学理论知识以及相关学科知识，基于法律条文和制度的内在逻辑，令人信服地解释法律条文，从而形成严谨、坚实的

法律框架,即案件的法律策略。这显然不是简单的"术",而是"术"与"道"有机结合为一体的职业能力。

(3)在新的事实建构和法律框架的基础上,学生需要形成自己的辩护或代理意见,书写有关的法律文书,出庭进行代理或辩护。在这个环节上,学生要自己动手进行开庭前的准备,然后要参与法庭辩论。他们需要获得的能力包括法律文书的撰写、事实和法律的综合分析、整体代理或辩护意见和策略的形成、言辞表达和辩论的技巧、说服法庭和公众的能力,等等。可见,模拟法庭是使得学生能够了解并亲身参与案件全过程的综合性平台,使得他们通过亲身参与,在一定程度上把握案件的进程和结局的亲历性训练。它要求学生同时对实体法和程序法、法律和其他社会因素进行综合的考虑,对于整个案件的进程进行全面的筹划和安排,从而填补法学院学生不会梳理运用事实的缺陷,打破传统法学课程设置按部门法为标准所划分的人为藩篱和法学与其他学科相隔绝的壁垒,弥补我国法学教育对学生法律职业能力培养不足的短板。

四、模拟法庭课程的设计

作为一种全过程的训练,模拟法庭课程不应仅仅局限在法庭辩论环节,而应是按照现实法律实践中真实案件的进程而展开的完整训练,有意识地使学生较为系统地学习和把握特定法律职业素质的课程。为此,模拟法庭课程还需要深入探讨更多的课程安排、教学方法、课程评估等一系列问题。限于篇幅限制,本文简略提出以下模拟法庭课程设计和实施的路径:确定课程目标→设计案件材料→准备教案并细化教学环节→精心组织训练→进行有效评估。

(1)梳理并确定模拟法庭课程要实现的目标,不仅要有宏观的课程目标,如培养学生的职业能力和职业素质,而且要有具体目标,即要使学生学到并掌握法律职业能力和提升职业素质,比如综合事实的能力(即搜集、筛选、判断和梳理事实材料的能力,构筑令人信服并有可供采信的证据支持的完整"故事"的能力)、法律适用和解释的能力(即把抽象的法律概念和条文运用于所处理的具体案情的能力、运用法律解释学解释法律的能力以及把不同部门的相关法律有机地建构在一起,形成精密的适用于该案的能力)、说服的能力和技巧(即说服自己的当事人、对方当事人、其他律师、法官和相关人员的能力)、沟通和协商的能力和技巧(即本着双赢或共赢的精神,在错综复杂的关系中与不同当事人和相关方进行沟通形成最大限度共识的能力)、解决问题的能力和技巧(分析、判断和处理问题的能力以及综合考虑不同的社会因素,如经济、政治、文化、历史、伦理等,以实现当事人合法利益最大化和追求公平正义为宗旨,提出可行性方案及落实措施的能力)、职业道德素养,等等。①

(2) 根据上述具体目标,精心设计案件材料。一个模拟案件材料应当是一个完整的案件,即包括从接触案件事实和取证开始,到准备各种诉讼文书和接触有关人员和机构,一直到参加开庭审理等全部程序。因此模拟法庭课程不应是仅仅以法庭辩论为唯一活动的课程,而是按照法律职业人参与和处理真实案件的全过程进行设计。案件材料也应按照真实案件提供没有经过加工的、往往是不完整的案件材料,而非简单地从现成判决中摘录简单的案件事实;模拟案件材料而非判决的设计需要教师投入大量的时间和精力。只有有了精心设计的案件材料,模拟法庭才能够卓有成效地展开。

(3) 准备详尽可行的教案,引导学生进入案件,按照诉讼(或实践)程序处理案件,并可根据学生的表现和案件进展情况提出新的资料和问题。模拟法庭训练不是一次性的辩论,而是模拟真实案件逐步展开的完整训练过程。教案应当根据需要学生掌握的基本能力和素质,具体落实到每一个课程训练环节,比如在首次接触当事人和当事人提供

---

① 全美律师协会 1992 年的《麦克瑞特报告》,提出了法律职业应当具备的 10 项基本技能,即解决问题的能力、法律分析和思维的能力、法律研究的能力、调查事实的能力、沟通的能力、咨询的能力、谈判的能力、诉讼和其他方式解决纠纷的能力、组织和管理法律业务的能力、认识和解决伦理困境的能力。它同时提出了 4 项法律职业的基本价值,即提供高水平的法律代理服务,努力推动正义、公平和道义,努力完善法律职业以及法律职业的自我发展。

的材料时,要训练学生掌握哪些技能,提高哪些能力和素质,从而把能力和素质这些无形的要素通过具体教学和模拟法庭的训练环节传输给学生。

法律职业道德是法律人必须具备的基本素质。现在通行的把法律职业道德作为法理学的一部分或简单的注释有关规范的教学方法收效甚微。而模拟法庭课程应当是培养学生法律职业道德素质的有效平台。因此在每一个环节,尤其要关注如何把法律职业道德的基本要求和素养通过模拟法庭训练的不同环节生动地传授给学生,或让学生在生动的具体案情中体验和形成职业道德。比如在梳理事实材料过程中,探讨是否完全相信你的当事人的说法以及律师与当事人之间的关系问题,在组织证据形成有利于你的当事人的证据链条(故事)时,是否否认不利于当事人的证据等问题。模拟法庭训练应当把职业道德教育有机地融入课程的各个环节,应是使学生根据法律和职业道德规范自行体验和提高法律职业道德的过程。

(4)精心组织课程,即有效组织学生参与,如分组、分配角色、课上教学和指导、课下讨论研究等形式,使学生成为主角,如同真实案件中的律师或其他参与者那样投入案件处理的各个环节中。这就要求教师不仅在上课时要进行组织,而且在上课前或课后也要掌握学生的状况,及时进行调整和组织。

(5)制定可行的评估方法和体系,加强教师对学生的引导和点评,如运用录像、同步视频等技术进行即时或事后点评。这种点评不仅具体直观,而且生动灵活,对学生的触动也大于其他考察和评分形式,能够使学生从切身经历中获得直接的体验和感悟。如果教师能够给予准确的评价和引导,还能够使学生从形而下的具体程序、技巧和操作细节的认知升华到形而上的深层次理论思考和全方位的跨学科思考。这样才能最有效地把实践与理论教学有机结合在一起,不仅培养学生的实践操作能力,同时也培养学生独立发掘和研究理论问题的研究能力,其教学效果也更为显著。

正是由于模拟法庭提供的训练更真实、更贴近实践、更系统和全面,能够把经院式无生气的法学教育变成能动式生动活泼的形式,许多国家的法学院都定期在法学院内部举行模拟法庭比赛或开设模拟法庭训练课程,以弥补传统法学教育中的不足。不少国家还定期在法学院之间组织各种区域性或全国性的模拟法庭比赛。近些年来,不少国际性的模拟法庭比赛也吸引了众多国家的法学院系(包括我国一些法学院系)参加,例如美国杰赛普国际法模拟法庭比赛、维也纳国际商事模拟仲裁比赛、亚洲杯国际法模拟法庭比赛。我国不少法学院校都派学生代表队参加了上述国际模拟法庭的比赛,并取得较好的成绩。

尽管对于模拟法庭比赛的参与日益规范,模拟法庭作为一门教学课程,也已经在不同程度上开设,但是我们仍然清醒地认识到,不少院校过于重视比赛名次,而非比赛对学生整体素质的培养;不少院校模拟法庭的课程仍然没有受到应有的重视,被作为边缘化点缀性的课程;模拟法庭教学的内容亟须丰富,其方法亟须改革提高;模拟法庭教学的体系应当健全和完善,比如根据需要,让学生根据掌握的知识和能力设置模拟法庭的内容、形式和教学方法。尤为重要的是,我们不能把模拟法庭教学简单地看做是一种比赛活动,仅仅选拔几个学生参与,甚至以获得名次为目的;也不能把它视为单纯为了活跃教学的形式,调节气氛,偶尔为之;更不能将其作为一种表演,让学生如演戏般跑跑龙套,走走过场。我们应把模拟法庭作为一种常规化和系统化的正式教学内容和形式,以具体生动的案例参与,使学生了解法学理论与法律实践之间的关系,获取基本的从事法律实践的能力。

五、结语——模拟法庭教学是法学教育中的重要组成部分

本文在呼吁加强模拟法庭课程和其他实践性课程的同时,无意将其绝对化,甚至取代现有的一些法学基础课程。相反,我们要有清醒的认识,模拟法庭教学不过是整个法学教育中一个极为重要的组成部分,是连接理论与实践教学的有效途径,是培养学生法律职业综合能力的实践平台。我们需要恰如其分地认识其重要作用,使其与其他法

学教育课程、模式和方法相互衔接,形成完整的法学教育体系。① 因此,在我国法学教育发展和改革的进程中,我们既要锐意改革,大胆创新,又要精心组织,扎实工作,解决好知与行、学与习的关系,从更高和更新的角度认识并积极开展模拟法庭的教学模式。

我国法学教育中的模拟法庭教学刚刚起步,与国外一些法学院相比较,我国的模拟法庭教学还有许多需要改进的地方。在这一意义上,它是一片未开垦的处女地。为弥补我国法学教育中的短板,发挥其特有的无可取代的作用,我们可以在这片土地上大展身手,培育出更多国家和社会需要的高素质的、既"顶天"又"立地"的法治人才。"顶天"意味着具有高深的理论素养和国际眼光,"立地"意味着具有处理疑难复杂的社会和法律问题的能力和脚踏实地的务实精神。模拟法庭教学将是能够把理论与实践、知识与能力、"道"与"术"有机结合在一起的训练平台和路径。

---

① 美国法学教育改革也强调开发"整合为一体"的课程体系和教学方法。参见卡内基基金会 2007 年发布的《卡内基报告》(William M. Sullivan et al., *Educating Lawyers: Preparation for the Practice of Law*, John Wiley & Sons, Inc., 2007),第 88 页。

第二章　法学教育的实践原理

第一节　实践性法律教学与法学教育改革[*]

一、法律教学方法的改革和培养目标的观念改革

孟子云："入则无法家拂士,出则无敌国外患者,国恒亡。"[①]由此可见,国家的兴衰与是否有一批厉行法度的仁人志士密切相关。我国在高扬法治的旗帜,把建设社会主义法治定为新时期治国方略,全力推进法治进程之时,能否有这样一批高素质的法律人才,无疑是我国法治建设过程中的关键环节之一。而要造就一批高素质的法律人才,法学教育的重要性则是显而易见的。"徒法不足以自行。"如果只有法律规则,而没有适用规则的高素质人才,规则之治就仍然是座空中楼阁。

我国从一开始提出加强法治时,就认识到了法律人才于法治乃至国家兴盛之重要作用。在这一认识下,社会对法学教育倾注了极大的关注。回顾过去二十多年的历程,人们可以感觉到我国法学教育发展的急促步伐和迅猛势头。我国在 1976 年仅有两所大学有法律系;

---

[*] 本文发表在《法学》2001 年第 7 期。当时署名为王晨光(清华大学法学院教授)和陈健民(清华大学法学院副教授)。本文由王晨光主笔,反映了当时从事法律诊所教育老师共同关心的问题。

[①] 孟子:《告知下·十五》。

1978年有6所法律院系,178名教师,1 299名在校生;1987年共有86所法律院系,5 216名教师,42 034名在校生;在1987年恢复招收研究生后,1987年共有在校研究生3 951人。① 到1999年,我国法学教育的发展在规模上更是惊人。据不完全统计,"目前全国有330余所普通高等院校设置了法律院系或法律专业,在校生达6万余人,占全国普通高校在校生总数的2.2%;已建成成人高等政法院校、系(专业)150多所,全国成人高校在校法科学生约为8.6万人,占成人高校在校学生总数的4.6%。中等法律职业教育也得到了较大的发展,目前在校中专法科学生约有2.2万人。"②

尽管我国法学教育随着我国法治的发展获得了长足的进步,但数量的激增并不等于法学教育的成功。这种表面的红火,更应促使我们对于我国法学教育的现状有更清醒的认识,对于深层次的问题有更深入的分析。可以说,我国法学教育仍然处于一种摸索和开创的阶段。无论是在法学教育的指导理念、培养目标、结构设置等宏观方面,还是从教学模式、方法、内容和课程设置等微观方面,我们都还存在很多问题,并没有形成系统的成熟经验和模式。不少法律院系并没有自觉或认真地思考法学教育的指导理念和培养目标等问题,更谈不上有目的地设计自身的课程和探讨有效的教学方法。我们法学教育的种类和项目的繁多、学科设置的紊乱和狭窄,本身就说明我们对法学教育认识上的模糊和设计上的随机性。教学内容的相对陈旧和教学方法上的僵化单一也是有目共睹的现实。相当多的法学教材和教学实践采用机械、僵死和孤立的眼光看待法律,把它作为一种独立于社会之外的、自我封闭的规范体系,这种观念基本上占据着主导地位。这种观念总试图用一种不变的规范体系把生动、变化的生活禁锢住;想当然地认为可以用数理逻辑的推导方法将这种法律规范适用于一切事物、

---

① 参见《中国法学年鉴》,法律出版社1989年版。
② 曾宪义:《十一届三中全会与中国法学二十年》,载《法学家》1999年第1—2期,第144页。

解决一切纠纷;似乎如不如此,就没有教授"知识"。按这种方式训练出来的学生一来到社会上,便会发现在书本上明确的法律规范在现实中竟然会变得如此模糊和具有伸缩性;发现所面对的社会现象如此千差万别,课堂中那些明晰的典型案例很难找到可供套用的具体事实;发现要把法律规范和社会现实相结合,需要如此之多的书本和法律条文以外的真功夫和批判性的创新思维。他们因而手足无措、无所适从。正是由于这一原因,近年来,法律实际部门和社会对于法律院系毕业生的素质和能力颇多微词;而法学院毕业生也对法学院所教授的内容颇多责难。这种状况的产生,不能不归结到过时的形式主义法学观①的潜在影响和现行教学模式的陈旧,不能不使我们反思,法学院到底应当教给学生什么东西。

综观我国法律院系的课程设置,我们历来以传授系统和科学的知识为目的;很少考虑实际操作能力的培养,也很少考虑社会的实际需求,使法学成为一种坐而可论之道。这种课程设置,忘记并抛弃了法学教育的另一个重要功能,即培养学生的职业实践和操作能力。法学教育的这两种目的,历来被中外法学教育所公认。② 而我国法学教育的实践,往往偏重知识传递和学术研究的方面,忽略或抛弃了职业思维训练和能力培养的方面。这种状况显然有悖于法学教育的宗旨。③

我国法学教育的这种弊端,可以从下面三个方面略见一斑:

(1) 法律课程的开设主要以部门法学科的划分或国家颁布的主要法律(基本法)为标准,而以培养和训练学生实际操作能力为主要目的的课程开设得很少。也就是说,这种课程设置主要是以传授知识为主,而不是传授知识和训练学生的能力并重,理论性和职业性相结合

---

① 参见王晨光:《法学教育中的困惑——从比较视角的观察》,载《中外法学》1993年第2期,第69至74页。

② Martin Lyon Levine: *Legal Education*, Dartmouth, 1993, p. xiii. Levine教授说:法学院历来有两种相互对抗的目的,一种认为法学院要为开业律师提供培训;一种认为法学院应当为学生提供法学知识和学术研究的渠道。

③ 参见周汉华:《法律教育的双重性与中国法律教育改革》,载《比较法研究》,2002年第14卷第4期,第389页。

的教育模式。

（2）大多数教师在课堂上所讲授的主要是如何注释现有的法律条文以及论述各门课程的体系和基本理论。其目的在于引导学生掌握系统的知识体系,如学会通过分析条文和逻辑推理得出正确的答案。而这种对于条文的纯粹分析,在现实当中几乎是不存在的。因为在现实生活当中,条文的分析必须与事实的认定、人际关系的处理、利益的冲突、特定的文化和道德风尚以及种种社会状况相联系。如果我们的教学不涉及这些方面,就无异于仅给学生提供利箭,而没有为学生提供良弓。己所不能,无以予人。这恐怕也是我们法学教师队伍构成上的缺陷所造成的现象。

（3）与我国当前努力实行市场经济和对外开放的需要相比较,法律课程中涉及市场经济、比较法和国际商事法的课程所占的比重不够,有些课程的内容也亟须改进或者充实。由于历史的原因,我国的法学教育重视史论课的开设而轻视应用部门法课程的开设;在这些部门法课程中,民商法课程所占的比重就更少;现在所开设的经济法的课程也有很多建立在计划经济的基础上,其大部分内容已不适应市场经济的需要;即便是在所开设的民商法课程中,讲授的也往往重在原理和条文论述,而忽视对于实际操作技巧的训练。讲金融法的不了解金融的操作和运行,讲证券的不知道各种票据的实际制作和使用,讲公司法的不知道公司的具体结构和实际创立。听起来虽然有些夸张,但实际情况恐怕与此也相差无几。

由于社会的批评和学生的责难,越来越多的法学教师认识到了这种教育模式的弊端,对现行的法学教育模式构成越来越大的压力。在这种压力的推动下,我国法学教育界开始探索法学教育方法的改进,并将这种方法运用到法学教育中。在我们已经走过的法学教育的经历中,各种方法并存是我国法律教育的特点之一。例如案例教学方法、讨论式教学法、模拟法庭教学方法,以及法律实习方法等,这种探索和多样化教学方法的运用对法学教育的改革起到了推进作用。近些年来开展的法律硕士项目,更是一种明确地以美国法学教育为蓝本而开展的教育模式。虽然这些方法与传统的课堂讲授方法有所不同，但更多的则是换汤不换药，新瓶装旧酒。形式上虽然有较大的变革，但在实质内容和讲授方法上却没有重大的改变。即便是以培养职业型人才为目的的法律硕士项目，其课程设置和讲授内容及方法也并没有什么明显的改革。所有这些方法的运用，基本上是为了达到一个主要目的，即帮助学生了解和理解法律原理和概念，从而知道法律条款的含义。在更多的情况下，教师是以自己对法律的学理认识去影响学生，甚至依照自己对法律的理解去选择合适的案例，指导学生进行讨论，然后以达到统一认识为圆满结果。于是，每一位教师都会因为把自己的知识传授给了学生而沾沾自喜，而学生也会以自己对法律的认识最终与教师的相吻合而感到高兴。也就是说，我们虽然在不断努力进行法律教育方法的改革，但在根本上，我们没有改变"以理解法律含义、传授法律知识为宗旨的教育模式"；因而我们的法律教育忽略了一个重要的问题，即培养学生成为法律职业者。为此，本文认为，课程设置和教学方法的改革必须以法学教育宗旨的改革为前提，即法学教育不仅要传授法律知识，同时也要培养和训练学生的实际操作能力。能力的培养应当提到与知识的传授同等甚至比它更高的地位。在明确了上述目标后，课程和教学改革的必要性和方向也就清楚了。

　　因此，一些法律院系先后有针对性地借鉴了美国正在推行的"实践性法律教育"的模式，力图把"经院式"的法学教育转变为理论和实践融为一体的培养高素质的法律人才的教育模式，即不仅要教给学生必要的、精深的法学原理和基于现行规范的法律知识，而且要使学生掌握如何在现实生活中灵活使用法律的各种技巧、方法、能力和素质，学会如何与各种人物和机构打交道的能力，学会如何分析、查证事实的能力。这些能力和素质，恰恰是陆游在论述做诗的诀窍时所说的"功夫在诗外"，借用到法律教学上，我们不妨把它称为"法外之功"。

　　美国法学教育的同行早在三四十年就注意到了传统的案例教学

模式的缺陷,尝试进行以训练法学院学生实际能力为宗旨的实践性法学教育模式。① 它包括以"诊所式法律课程"(Clinical Legal Education)和"法庭辩论课"(Trial Advocacy)为主的一系列实践性法学教育课程,意在重塑法学教育的模式。这种尝试不仅仅是吹皱一池春水的乍起微风,也是形成了一股强劲的改革之风,且愈吹愈烈,引起了美国法学教育上的又一次改革(如果尚不足以称其为革命)。

如今,正在努力探索新的法学教育模式的中国法律院系,把目光投向了美国法学教育中的改革动向,在一些美国法学院和机构的支持下,努力把这种改革引入我国的法学教育之中,正对我国法学教育改革起到积极的推动作用。② 作为中国首批进行"诊所式法律课程"(Clinical Legal Education)的法学院之一,我们已经意识到了它对于我们的法学教学改革的积极作用,而这种改革对于我们实现培养目标的观念的改革,具有重要的意义。

可见,实践性法律教育模式的引用并非一种单纯的教学方法的引进,而是一种全新的教育观念和教学内容的引进,是对传统法学教育模式的挑战和改革。从引进实践性法律教学模式之初,我们对此就有了较为清醒的认识。

二、实践性法律教育的模式及其与现行法学教育模式的区别

虽然我们认识到了现代法学教育不仅要求我们交给学生必要的、系统的和理论性的法律知识,而且要使学生学到大量超乎于传统法学教育范围外的"非法学的知识"(上面提及的大量交叉学科的知识),并训练学生掌握法律职业特有的技巧、能力和素质,但是正规大学法学院能够教授所谓的游离于法律条文之外的"法外之功"吗?又应当如

---

① The American Bar Association Section of Legal Education and Admissions to the Bar, Report and Recommendations of the Task Force on Lawyer Competency: The Role of the Law Schools, 1979, p. 9.

② 美国福特基金会在 2000 年对我国的 7 所法律院校给予支持,帮助其建立和开设法律诊所课程。

何教授这种"法外之功"呢?这就使我们不能不具体考虑并设计实践性法律教育的内容和方式。

确实,在实践性法律教育模式刚刚提出的时候,不少怀疑就被同时提出了。比如,传统的教育观点认为,只有讲授现行法律条文的"知识"才是法学教育,否则就不是学问;训练和教授学生运用法律的技巧和能力不过是雕虫小技,入不得主流;研究型大学中的法学院要培养一流的研究人才,实用型和职业型的人才,不是我们培养的方向,其成果更算不上研究成果;等等。即便是在以教学为主的法律院系内,实践性法律教育模式往往被视为旁门左道,不算是正规的、教学行政部门认可的法律课程。

面对法学教育界的传统惯性,我们应当采取"解放思想,博采众长,少做争论,大胆试验,认真总结,勇于创新"的态度。本文认为,在各种形式的实践性法律教育模式中,"诊所式法律教育"和"模拟法庭训练"是我们可以努力借鉴的模式。

诊所式法律教育如同医学院学生在诊所实习一样,设立某种形式和内容的法律诊所,使学生在接触真实当事人和处理真实案件的过程中学习、运用法律的教学训练。在福特基金会的资助下,我国现有7所法律院校开展了诊所式法律教育的实验。清华大学法学院,作为7所法律院校之一,采取了与海淀消费者保护协会合作的形式,开设了以消费者保护为主的"法律诊所",使学生接触有关消费者保护的有关实际投诉、调解和诉讼案件,学习如何像律师那样处理案件。目前,这一诊所虽然才开办半年,但已经获得了消费者和社会有关部门的好评,帮助不少消费者维护了合法权益,取得了较大的社会效益和影响。参加诊所课程的同学不仅学到了有关知识,而且也学到了传统课堂以外的技巧、能力、职业道德,学会了如何把抽象的法律条文运用到具体的实际案件之中。

模拟法庭训练课程是以较为复杂的案件为素材,组织学生在一定范围内通过比赛,获取如同律师那样处理、分析实际案件以及出庭辩论等经验和技巧。在英美等普通法系国家,它包括两种形式:"模拟法庭"(Mooting)和"辩论技巧"(Advocacy)。模拟法庭一般是低年级学生的必修课,即所有法学院学生都要参加模拟法庭的训练。辩论技巧课,则是为那些有意成为出庭律师的法学院学生开设的高级训练课程。我们在清华大学法学院,已经在全院范围内组织过两次模拟法庭的比赛,并在亚洲地区国际法模拟法庭比赛和北京地区国际商事仲裁比赛中得到了较好的名次。一些参加模拟法庭比赛的同学深有体会地说,一个案件做下来,真的像律师那样工作,虽然累得很,但是学到的东西比一个学期的课还多。目前,我院正在积极总结经验,把模拟法庭的比赛制度化,使我们的学生都能在不同的比赛中得到参与和锻炼,以此作为法学教育改革的一个形式。

可以说,我国法学院系中系统的、制度化的、以训练能力为主的实践性法律教育课程的开设仅仅是刚刚开始。经过一段时间的摸索和实践,我们对原来认识不清的问题也有了较为清楚的看法,体会到诊所式法律教育和模拟法庭训练与现行法学教育中采用的"案例式"教学和以训练学生实际工作能力为主的"毕业实习"是有较大区别的。我们初步归纳诊所式法律教学和模拟法庭训练与传统法学教育模式的主要区别,从而也就能对传统法学教育针对实践性法律教学提出的问题进行有说服力的回答。

诊所式法律教学和模拟法庭训练与传统法学教育模式的主要区别包括以下几个方面:

1. 实践性法律教育模式要教会学生如何学习和运用法律

传统法学教育模式主要是对学生灌输某种既定的知识。在现代法治社会中,法律条文的数量以令人震惊的速度在不断增长,其修改和变化的速度也同样令人目瞪口呆。如果要把所有这些基于现行法律条文之上的知识都灌输给学生,我们的学制就会成为名副其实的终身学制,这不仅是不现实的,而且是不可能和不必要的。其实,法学教育的真谛应当是使学生学会如何学习和使用法律,而不是单纯地灌输某种既定的、凝固的知识。① 即便是我们老师,我们现在教的东西中有多少是我们当时在课堂上学到的呢? 二三十年前的法律课程与现在根本无法同日而语。如果我们现在要给学生灌输这种凝固的知识,在他们毕业后,这些知识的实用性就会大打折扣。与此相反,实践性法律课程则致力于训练学生如何在解决具体案例中寻找法律、分析法律、解释法律和使用法律,课程的目的是培养学生持续学习的能力。经过这种训练,学生掌握的是如何找到和使用法律的方法,而不是单纯的背诵几条法律条文。也就是说,学生学到的是能动的方法,而不是机械的公式。法律运行的内在规律和特点,要求我们必须教给学生这种自我学习、自我更新、自我发展的能力,而不是几条现行的法律条文。

2. 实践性法律教育模式以主动性学习为基础

"纸上得来终觉浅,绝知此事要躬行"。法律是一门实践性极强的学科,没有经过法律实践是无法真正学好法律的。但是传统的法学教育在很大程度上忽略了这一实践过程,轻视实践中的实际技能。实践性法律教育要解决的正是这一问题。这里需要指出的是,这种实践课程使学生当主角,由学生通过实际动手操作,解决实际案件中的问题的实践学习法律和技能。它与以往的"社会实习"或"毕业实习"不同。这种不同包括:

(1) 实习是学生作为旁观者去听、去看、去跟随,而实践课是学生当主角,成为法律运行的核心,因而必须主动去做。

(2) 实习不是一门正式的课程,往往缺乏教师必要而有效的指导;而在实践课程中,老师的指导则是有针对性的、经常性的和深入性的并具有理论高度;指导的设置是有规律的,和正规的课程设置一样。

(3) 实习往往是随机案件,学生也往往在案件没有结束时就离开

---

① J. L. Pottenger, Jr.: Baker Lecture, (Copy of the Manuscript), 10/5/95, p. 6.

Anthony G. Amsterdam: Clinical Legal Education—A 21st-Century Perspective, 34 *Journal of Legal Education*, 1984, p. 615.

了;而实践课程的案件则是有针对性和一定范围的,学生也能够自始至终地办完案件。总之,实践性教育课程模式给学生的主动性更大,从而使其收获也就更大。如同一个人到一个新的陌生的城市旅游,如果他乘坐别人的车观光,他就不可能真正认识该城的道路和地理状况。如果他自己开车或走路,他就会更明确、更切身地了解该城市的地理和道路状况。实践性法律课程就是采取后一种途径,使学生通过自身的经历了解法律的运行,在办理具体案件的过程中,主动地去学习法律,从而学会运用法律。[①]

3. 实践性法律教育模式使法学教育更具实战性和真实性

传统法学教育模式把法律分门别类进行教授,有机的法律体系和融会为一体的法律实践被人为分割为相互脱离的板块,任课老师仅仅讲授一门特别划定的部门法,练习、案例分析和考试也都预设好了范围。因而学生难以在近乎实战的情况下学到法律的综合运用。实践性法律教育把学生置于真实或近乎真实的环境中,有许多法律问题可能是学生尚未学到的或学生无法在隔离开的部门法教学中学到的东西。因此学生必须像真正的律师那样分析解决从未碰到过的问题和从未学习过的法律。有些东西虽然可能在课堂上讲过,但学生(甚至是老师)则从未想到过如何在实践中使用它。这就犹如学习武术。任何人都可以学习几招固定的武术套路,什么四八式、八八式;但是这并不等于学会了这几个固定套路就能够上阵实战。真正的武术高手是那些能够把套路拆开、随机应变、灵活运用,从而达到出神入化、随心所欲的境界的人。如果我们不提供给学生这种融会贯通的实战机会,学生就只能学到零散的、片断的、割裂的凝固知识。这显然无法适应生动变化的法律实践对现代法学教育的要求。实践性法律教育要给学生提供的恰恰是这种传统课堂教学忽视或无法提供的机会和训练。

[①] 其实,培养学生的动手能力,使学生在实践当中取得真知灼见,已经成为大学教育的共识,而不仅仅限于法学院教学改革。参见夏卫红:《世界一流大学有什么——"伯克利理念"的启示》,载《新华文摘》2000 年第 11 期,第 145 页。

4. 实践性法律教育模式将使学生成为真实案件中的角色

传统法学教育模式不可能使学生进入真实的角色境界，从而无法使学生真正体验律师应负有的社会责任和应当遵守的职业道德。现代教育心理学认为：当成年人在负有一定责任的角色中学习时，他学习的动力就更大，也就更为主动。当一个人在课堂上被动地接受被灌输给他的知识的时候，他的学习是被动和消极的，因而学习的效果也不显著；如果他认识到他负有一定责任，他的学习会影响到其他人的利益和前途时，他的学习就是主动的、积极的，其学习的效果也就十分显著。实践性课程，特别是其中的诊所式课程，给学生赋予了一定的责任，因此他们在这种责任的推动下，会以超出一般课堂上百倍的注意力和细心来处理案件。这种负有责任的学习过程，也会使学生学到如何在实际案件中把握职业道德标准的经验和要求。我们在教学实践中也验证了这一理论。

5. 在实践性法律教育模式中老师和学生的关系是平等的同事关系

传统法学教育的模式是一种训政式的、由上向下的灌输式的模式，学生和教师的关系是不平等的关系。长期以来，教师在讲桌前居高临下宣讲标准答案的教学模式已成为教育的典型模式。从我们前面的分析看，这种呆板的讲授模式不仅缺乏生气，而且给学生灌输了一种居高临下的等级观、灌输形式和训政式的环境。要改变这种方法，就要改变教师和学生的关系，在诊所式法律教育课程中，我们要和学生建立起真正的平等关系，学生和教师不应仅是教和施教的关系，还应该建立起真正的学友般的交流关系。只有这样，教师才能真正了解到学生的需求，而不仅是教师自认为的需求。要真正地做到这一点，对于长期以教师为课堂中心进行教学的我们是多么的不容易。但是我们从事这门课程的教师正在努力做着这种尝试，在建立这种关系中，我们才能真正得到启发，从教学中不断地得到学生真正的反馈，开始感受真正的教学相长。教师要更加注重学生的感受、学生的需要和学生面临的问题，而不是主要关注自己，关注自己准备的教案和希望达到的教学效果。这就要求教师改变与学生交往和沟通的方式,不能只关心自己的教案,而必须要考虑学生的需求、实际案件事实和教案的关系,要关心教案最后是否会达到让学生真正学有所获的目的。

6. 实践性法律教育模式启发学生的思路,从中找出最佳的可行方案是课程要达到的重要目的

在现行的法学教育方法中,教师是教育的中心,学生是被授教的对象,教育的结果大多以统一到教师的认识上为圆满。学生很少坚持自己的观点,他们生怕因自己的观点与教师的有出入而不能通过考试。久而久之,学生便习惯于服从教师给予的真理,而不去考虑"真理"的多样性和现实生活的丰富性和变化性;他们习惯于被动思考而不是主动思考,习惯于寻找"标准答案",而不会想到所谓的"标准答案"并不存在。而诊所式法律教育课程为主导的实践性教育课程则强调以学生为中心,教师的教案不能随意改变案件的实际情况,教师的分析也不一定是最好的方案,因此以教师的想法为唯一正确答案的传统思路也就不可能行得通,学生要做的是将千变万化的事实始终结合有关法律条文和原理寻找答案,这种答案显然不可能预先存在于教师的教案中。学生们在办理案件过程中所遇到的问题,往往会超出原先教案计划中的问题,教师是按照准备好的教案按部就班的继续授课,还是针对学生的需要随时调整教学计划,这对于课程的教师来说,也是一个必须面对的问题。另外,为了使学生真正能够开动脑筋发挥主角作用,教师也要采用启发式、引导式、提问式的方法组织教学,而不能简单地给学生一个标准答案。如此一来,这种教学模式显然也会改变根深蒂固的形式主义的、经院式的法律思维的模式。

7. 实践性法律教育模式力图使学生学到各种法律条文以外的实际知识、能力和技巧

法律条文的运行并非是在真空中的逻辑推导,它涉及如何与法律运行中的各种人物和机构打交道,如何收集、分析、判断和确认事实,如何运用心理学、语言、行为分析的方法,以及经济、文化、社会、道德等分析方法分析法律的实际运行和操作。传统法学教育模式无法提

供这种能力、技巧和素质的系统训练,而实践性法律教育模式则主要注重这些综合素质的培养,系统而又有针对性地制定教案,运用"角色扮演""分组讨论""大组反馈""教师归纳"和"个别指导"的方法对学生进行较为系统的训练。

8. 实践性法律教育模式的课程对老师提出了更高的要求

担任实践性法学教育课程的教师,如诊所式法律教育的指导教师,除了要具备一般法学教师必备的法律专业知识外,还需要有办案的实际经验;除了在课堂和指导中传授专业知识外,还要讲授专业技巧、职业道德、关注学生的实际能力的培养;除了认真备课授课外,还要具有充分的想象力、创造力和表现力,富有爱心、细心和耐心[①],发挥亲和力、感召力和鼓舞力。

三、实践性法律教育课程采用的主要方法

实践性法律教育课程在教育学生如何学习法律,如何掌握法律职业技巧、能力和提高综合素质的过程中所采用的教学方法与传统的教学模式有很大的不同。这种不同,恰恰是上述实践性法律教育课程的本质和特点所要求的。在借鉴国外有益经验的同时,我们在诊所式法律教学中有选择地尝试了如下的方法:

1. 充分发挥学生的主观能动性,充分运用启发式教学方法,引导鼓励学生通过自己的思考和分析得出最佳的答案

作为教师,我们在很大程度上受到传统教学方法的"传道、授业、解惑"的影响,总想在学生提出或碰到问题时立即给出答案,而在实践性法律教育课程的教学中,学生成为课程的主体,老师的作用与传统的课程中的作用有极大的不同。我们在教学实践中也发现,在碰到问题时,老师不断提出问题,引出各种可能性,引导学生发现有关的法律规范、事实材料、有关因素,及其各种因素之间的关系,引导学生自己

[①] 上述"三心"的提法,是人民大学法学院甄真老师提出来的。对此我们也深有同感,故引用在此,作为从事诊所式法律教学教师的共同经验。

开动脑筋思索,学生掌握的知识更为牢靠、更加深入,并通过这种思考和分析,学到了法律思维的方法,获取了各种技能,并使其综合素质得到了锻炼和提高。

2. 以学生和当事人为中心,使学生直接接触真实的当事人和案例,直面各种社会冲突和纠纷,把理论与实际真正综合在一起运用

教师在指导学生办案的过程中,与学生成为平等的讨论者和分析者,学生真正成为学习过程中的主人和责任者。教师对具体案件的指导大多采用一对一的个别指导方式,从而使学生得到更多的具体关注和实际指导,有利于因材施教。

3. 运用角色扮演、模拟案件等多种方式,对真实或模拟的案例进行课堂分析和讨论,使学生们能互相学习

因为学生在实践中得到的案件类型和情况是不同的,利用学生在课程中得到的实际案例为素材,通过模拟演示,让更多的同学通过观察、评论、角色转换和辩论等方式,从中学到有用的知识,并使更多的学生参与案件的分析,群策群力,寻求多种方案,从中找出最适当的方案。这种方法不仅能够使课堂的案例分析深入、实用,而且使学生之间的关系以及学生和教师之间的关系更加融洽。教师不再是单纯的教育者和大案的提供者,而是平等的案件参与者和学生的帮助人。

4. 个别辅导(面谈、书面汇报、问题分析等方法)、小组讨论、讨论课和课堂讲授等多种形式相结合

在有些案件中,为了使学生能够在接待当事人、提供咨询、调解、出庭等活动中提前做好准备,我们还在学生参与这些活动前进行演练,准备几套方案,以保证办案质量,并通过这种方式使学生增强责任感和社会正义感。

5. 打破课上与课下的界限,书本与现实的分割

教师的指导不仅局限在法律条文的范围内,而且包括职业技巧、职业道德、事实分析等各个方面。教师对待当事人和案件的态度将直接影响到学生,因此实践性法律教育课程的老师一定要随时随地为人师表。

在实践性法律课程的教学中的老师不仅对于学生承办的案件起指导、启发和把关的作用,而且是学生的现实样板,老师的一言一行都会对学生产生潜移默化的影响。比如对待当事人和各类有关人员的态度,处理有关问题的方法,对待各种不正之风的反应等,都对学生的办案作风和态度起着极大的作用。因此指导老师不仅仅要对学生进行说教,而且要身体力行,为学生作出好的示范,有利于学生树立良好的法律职业意识。

四、实践性法律教育课程对现行法学教育的挑战和需要思考解决的问题

虽然我们进行诊所式法律教育课程为主导的实践性教育模式才刚刚开始,但是我们已经比较深刻地感受到了这种教学模式或方法对现有的、我们已经习惯的教学模式和方法的挑战,我们正面临着这种挑战,并努力地适应和开展。我们感到以下方面是需要解决的问题,对于这些问题,我们在现行的法学教育中并不能找到答案:

1. 在法学教育中,以学生为主体与教师的作用还需要进一步探索。学生办案的效果与教师的责任也需进一步研究和明确

在现有的法学教育方法中,教师是教育的中心,学生是被授教的对象,教育的结果大多以统一到教师的认识上为圆满。而以诊所式法律教育课程为主导的实践性法律教育课程,则强调以学生为中心,教师要更加注重学生的感受、学生的需要和学生面临的问题,而不是主要关注自己,关注自己准备的教案和希望达到的教学效果。而我们已经习惯了事先准备教案、按照教案教学的方法。要改变这种方法,就要改变教师和学生的关系,在诊所式法律教育课程中,我们要和学生建立起真正的平等关系,学生和教师不应仅是教和施教的关系,还应该建立起真正的学友般的交流关系。只有这样,教师才能真正了解学生的需求,而不仅是教师自认为的需求。

但是,以学生为中心的教学,会不会造成教学上的任意性和过分的实用性?对于这门课程的指导教师来说在掌握上有一定的难度,这

种以学生为主体的教学方法,能不能被现有的教学评估体系所承认、被学生所认可,以及如何处理好实践性法律教育课程独特的授课方式和体系的设置与其他法学课程之间的关系,也是我们认为应当考虑并解决的问题。

2. 缺乏系统的教学大纲,能否算是一门真正的课程?

我们理解的诊所式法律教育课程,提倡的是从实践中学习法律和掌握法律,而不仅仅是从书本和课堂中学习法律、掌握法律。我们理解的诊所式法律教育课程是主要服务于培养合格的法律职业人员的,因此学生们要接触真正的案件和真正的当事人。学生们在办理案件过程中所遇到的问题,往往会超出原先教案计划中的问题,我们是按照准备好的教案按部就班地继续我们的教育还是针对学生的需要随时调整我们的教学计划,这对于我们来说也是一个挑战。在现有的法学教育模式中,考察一名教师是否在认真教学,很重要的一方面是考察其准备的教学内容和教案。所以在传统教学中,教师要事先提交教学计划和教学内容安排,有关部门会根据实际得到的教学计划和安排,对教师的教学进行考察以便作出评估。

而在诊所式法律教育课程为主的实践性法律教育的教学模式中,由于教师应当真正与学生讨论所遇到的问题,以便探索和得到解决问题的方法,便要求教师随时改变已经拟订好的教学计划,重新拟订每一堂课的教学计划和内容,这必然使原来拟订的教学计划不能完全得到实施。这种没有严格的教学大纲的课程,算不算真正意义上的课程,这种课程是否真正对学生有帮助,时常让我们产生困惑。

3. 没有标准答案的开放性教学,是否能培养学生从事法律职业的素质?

在现有的法学教育模式中,教师习惯于经常向学生提供自认为是正确的答案,但这种答案是否真正的符合标准呢?在实践中,这种标准答案是否真正存在呢?我们从未对此抱怀疑的态度,而我们正在尝试着的诊所式法律教育课程的教学模式中,要求学生更多的是通过真实的案例和办理这些案件来学习和理解法律,培养自己将来从业的能力。在这种教学中,是否需要教师向学生提供标准答案呢?学生遇到的问题也许是教师都没有遇到过的,教师究竟能否给出所谓的标准答案呢?

在诊所式法律教育课程的教学模式中,我们试图不给学生以标准的答案,尽量启发学生自己去寻找答案,尽力启发学生去自觉地意识"法律的生命从来不是逻辑,而是经验",但是这种做法显然和现行的教育方法和教育目标的设立是不相同的。我们也注意到美国耶鲁大学的鲍廷格教授说:"因为诊所式法律教学是把学生放在首要地位,学生坐在驾驶席上,因此他们是在主动、负责地进行学习。"[1]但我们对不提供标准答案的开放性的教学是否能培养学生从事法律职业的素质时,会发生怀疑并感到信心不足。

4. 如何评价教学效果?

教学结果的评价是教师和学生都注重的问题。在现有的法学教育模式中,评价学生的标准往往是唯一的,即以学习成绩进行评价,同样这个标准也适用于对教师的评价。近年来,一些学校开始注重对教师教学内容的信息含量和学识水平的评价,但是对学生的评价标准却没有得到改变。因为在现有的教学模式中,也确实无法找到除学习成绩之外对学生进行的更加客观的评价方法。

而以诊所式法律教育课程为主的实践性法律教学模式,使我们不可能再沿用已经形成的教学评价体系和方法,需要我们根据教学目标创造出针对学生的新的评价方法,这种新的评价方法对教师来说,同样是需要的。这种评价方法的确立,同样是对传统评价方法的挑战。

我们面临的问题是:这种评价的体系应当如何建立?应该从哪些方面来评估我们的学生?显然我们缺少经验。在实践性法律教育模式的课程中,我们发现学生对自己评价的重视远远要超过教师对他们

---

[1] Pottenger 教授 2000 年 11 月在清华大学法学院讲课时,着重论述了学生在诊所式课程中的角色变化对学生学习的影响。

的评价,他们更加关心他们所承办的案件的成与败,他们更加关心当事人对案件结果的感受,也更加注重自己的案件承办的感受,于是我们认为学生们的关注焦点也应当是教师对他们进行评价时的关注焦点。因此,我们努力地使学生们理解,案件的成败固然是评价教学结果的重要指标,但是更重要的是他们在承办案件中是否真正成长了,是否得到了他们所想得到的方法、技能和知识?如果得到了,即使案件没有成功,他们仍应得到好的评价,而这种评价方法,在传统的教学模式中是无法实施的。

5. 如何建立对教师的教学成果的评价标准?

从事实践性法律教育课程,如诊所式法律教学的教师需要指导学生办理具体的案件,如教师编写模拟法庭的案例和组织评判比赛,需要花费大量的时间,而这些时间往往在课堂讲授的时间之外,其工作量很难用传统的课时计算。同时老师精力的投入也会更多些。因此如何客观、公平地计算参加课程的教师的工作量,是一个不可回避的实际问题。同时,由于其指导学生办理具体案件的责任重大、案件类型和数量多,其潜心研究的时间受到一定影响。长此以往,势必影响其研究工作和成果。从美国大多数法学院现行的对教师的评价体系来看,把从事实践性法律教育课程教师的评定标准与其他老师的标准是加以区分的,此做法可以作为我们建立对从事实践性法律教育课程教师评定标准的参考。

6. 实践性法律教育课程的学分如何计算和课时如何安排

目前,实践性法律教育课程在大多数大学的法学院中,尚未被定为正式的课程。加之选修此课程的学生大多是跨年级选课,选修此课程的同学由于要办理真实的案件,必然要花费更多的课余时间,有时也会与一些学校规定的必修课发生冲突。因此,对于选修实践性法律教育课程学分应当以什么标准确定,学生的课时应当如何安排,如何避免与其他课程冲突等问题,也是我们设立实践性法律教育课程所遇到的新问题。而实际上,实践性法律教育课程的正式设立,必然会促使现有的课程设置、学分计算等方面的制度改革,因为它要求给予学生以更大的选课自主权和选择课程的空间。

五、实践性法律教育对我国法学教育改革的启迪

尽管我们刚刚开始进行实践性法律教育方法的尝试,其范围也很有限,但是我们已经看到了运用这种方法产生的益处。这种益处体现在这样几个方面:

(1) 我国传统法学教育受我国传统教育"传道、授业、解惑"和大陆法系重视理论体系和原理的影响,历来把法学教育作为纯粹的知识传授性的教育,虽然使学生具有较为扎实的理论功底(所谓理论也是值得进一步探讨的问题),但可惜的是,它没有告诉学生或没有提供机会给学生学习如何在实践中使用这些理论。传统大陆法系教育模式固守系统性,割断了文本与实际的联系,忽略了学生实际应用法律条文的能力的训练。实践性法律教育将法律条文及其理解和运用放在一种真正的事实环境之中,从而能够使学生掌握如何使法律文本与社会现实结合的分析方法。学生得到了进行法律分析和运用法律解决实际问题的机会。通过承办真正的案件和教师的课堂启发式指导以及面授指导,学生能够得到更多的技巧训练,以便他们真正地"像律师那样思索",使其在分析案件事实、收集证据、更好地进行人际交往和沟通、起草法律文书等技能方面的训练得到强化,从而真正培养学生从事法律职业的能力。

(2) 就我国的法学教育而言,我们在教学中很少注意对学生的律师技巧、实际操作能力、从具体到一般的综合能力、思维的机敏以及雄辩的口才等方面的训练;同时也缺乏教学中的启发性、互动性和试验性。而实践性法律教育课程的尝试,可以大大调动学生参与教学的积极性,我们的课堂变得如此的活跃和生动,学生和教师开始真正体会到互动式教育所带来的好处,学生成为教学的主角。

(3) 由于学生可以接触真正的案件和真正的当事人,使他们不得不独立地解决实际问题;他们不能再单纯地依赖教师给予的答案,而注重亲自动手和自我培养。他们会更加注重所承办案件对当事人的影响,努力维护当事人的合法权益;同时他们的责任感也会加强,独立性也大大增强了,而这些素质正是法律职业人员所需要的。

正如本文所述,以法律诊所式教育和法庭辩论课为主干的实践性法律课程,作为对案例教学法的补充或挑战,曾在20世纪六七十年代的美国,掀起了一股法学教育改革的浪潮。这种改革虽然刚刚开始影响到我国的法学教育,但它所表现出的积极效果已经不容忽视。

在我们所进行的诊所式法律教育的探索中,我们真正感受到了学生的学习主动性和积极参与的态度,他们并不期待得到所谓的标准答案,他们和教师真正平等地进行交流。在我们的课堂教学中,教师听到的最多的话是:"我不同意这种看法……""我认为应当如何如何",以及"我保留我的看法"等,表明了学生在课堂上的主体和主动意识。这在以往"师道尊严"维持的教学模式中,是甚为罕见的。正是由于学生对诊所式法律教育的肯定性反馈,才使我们认识到了实践性法律教育的模式和方法对传统教学方法带来的挑战,坚定了开展诊所式法律教育的信心。我们逐步体会到并相信,实践性法律教育的真谛在于"从实践经验中学习"或"学习如何从实践中学习"。

当然我们深知,法学教育改革的道路漫长,改革的方法也会多样化。实践性法律课程的方法和模式并非唯一的改革路径,它对于传统教学模式的挑战和冲击并非要完全取消或取代传统的教学模式,特别是其中行之有效的部分;而是要在其基础上对其进行改造和完善,不拘一格,兼收并蓄。因此,在引进实践性法学教育模式的过程中,我们切不可以偏概全,或矫枉过正,把实践性法学教育模式与传统的法学教育模式完全对立起来。即便在实践性法律教育相当发达的美国法学院中,它也没有取代理论性的教学和传统的案例教学法,而是与其他教育模式和方法相辅相成,相得益彰。此外,也应当防止把实践性法律课程程式化和教条化的倾向。在这一点上,一些美国学者已经提出了有益的忠告,即不能把诊所式法律教育看成另一种灌输知识的模式,而应当用它来开发学生的智力和法律思维能力,使其知道如何在实践中学习法律和应用法律。① 如果学生学会了这样一种能力,他们就能够在未来的法律实践中,人生的法律诊所中,得心应手,游刃有余。

我们也意识到,任何一种改变人们惯性思维和社会惯性运动的改革,都不会轻而易举地得到认可,法律诊所式教育作为一门正式的课程得到教学行政部门和法学教育界的承认,也必将是一个长期的过程。但是,借鉴国外和我们已经开始的实践性法律课程的成功经验,探索改革我国现有的法学教育模式之路,培养高素质的法律职业者,切实实现法学教育的理论培养和职业训练这两种功能,逐步形成我国法学教育新格局,开创新局面,应当是我们锲而不舍的奋斗目标。

第二节 探索法律实践教学的新路径
——评"模拟法律诊所实验教学"和"个案全过程教学法"*

导读:法学教育改革是个经久不衰的话题,但如何根据法律人应具备的基本素质设计课程体系及如何在具体教学中按照这些要求培养学生,却是长期以来被忽略的问题。本文认为,法学教育除了传输法律知识外,还应当更加重视培养学生的法律思维、法律技能和法律职业道德;应当在教学的每一个环节都有意识地培养学生的上述能力。为此,不仅要有以知识传输为主的传统课程,而且要开设单独的法律实践课程。这已成为世界各国法学教育的趋势。复旦大学法学院创设的"模拟法律诊所"以"个案全过程教学"为重要方法,为我国法学教育提供了一个新的路径和模式,值得认真研究和推广。

---

① Henry G. Miller: Role of Advisor to Law Schools, American Bar Association Section of Legal Education and Admissions to the Bar, February 16, 1985, p. 15.

* 本文发表在《法学》2013 年第 4 期。发表时的标题被编辑改为"'个案全过程教学法'是探索法律实践教学新路径"。此次改回原来采用的标题。

自 20 世纪 70 年代末恢复法学教育以来，改革一直是个经久不衰的话题。从体系和内容，到项目和方法，法学教育无时无刻不处在不断的改革和发展之中。贯穿其中的一个主题则始终如一，即法学教育如何培养法治所需要的人才，并通过培养法律人才塑造和推动法治中国的发展。作为一门与社会实践紧密联系的学科，法学与哲学、历史等人文学科有较大的区别。为培养能够在社会中发挥独特作用的法律人才，法学教育不仅要传授法学知识，而且要培养学生的法律职业能力和素养，培养推行法治的主力军。

在这种改革氛围中，法学实践教学受到广泛重视，模拟法庭、法律诊所、案例课、谈判课等各种形式的实践教学得以长足发展。复旦大学法学院近年来大胆尝试的"模拟法律诊所实验教学"，以及从中提炼出的"个案全过程教学法"，无疑是具有创新性的教学改革，契合法学教育的规律，值得认真总结并推广。

一、法律诊所教学的新模式

作为培养具有综合法律职业能力和素质的实践教学主要模式之一，法律诊所教学在 2000 年被介绍到我国，并逐渐被众多法学院校采纳，有力推动了法学实践教学的开展。[①] 复旦法学院提出的"模拟法律诊所实验教学"的特色又何在呢？本文认为其特色有以下三点。

1. 扩大教学规模，使更多学生受益

法律诊所是以学生在教师指导下办理真实案件为主要内容。这就带来了一个在更大范围普及的内在结构问题，即法律诊所采用的是小班教学，师生比一般是 1∶8—12。由于从事诊所教学的教师数量有

---

① 我国法律诊所教育发展的介绍和分析，参见王晨光：《在中国诊所法律教育十周年庆典暨诊所教育论坛上的致辞》，载"中国诊所法律教育委员会网站"http://www.cliniclaw.cn/article_view.asp? id＝774＆menuid＝20036198507592＆menuname＝%D7%EE%D0%C2%B6%AF%CC%AC。访问时间：2012 年 2 月 20 日。

限,诊所教学工作量又大于讲授式教学①,导致一些综合性大学法学院系很难大规模地开展诊所教学。针对这一困境,复旦法学院开展的"模拟法律诊所"课提出了新路径,可以在较大规模的课堂上进行体验式教学;从而有利于更加充分地利用教师资源,使更多学生受益。

2. 精选教学案例,形成稳定的教材体系

法律诊所课程往往以在课程开设期间能够找到的真实案件为内容,因此学生能够接触到的案件实际上受到一定局限;其随机性和局限性亦难以避免。而"模拟法律诊所"则可以从众多类型的案件中精选最能够使学生得到训练的一些案件,扩大了学生能够接触到的案件类型,适于学生从中获取较为全面的信息,得到更多的训练。

3. 有利于教师专心教学和研究,提升诊所实践教学的水平

法律诊所课的教师往往面临一个棘手的难题,即教学科研与处理实际案件的关系。如果在处理实际案件上投入太多的时间和精力,其科研与教学势必受到一定影响;如果对处理实际案件不予关心,则给学生直接造成对当事人权益不予重视的不良影响,不仅是对当事人不负责任,而且对学生的培养(尤其是其职业道德的形成)不负责任。美国许多诊所教师是单独编制的法学院教师,其职称和待遇有相对特殊的标准,或是聘请有经验的法律职业者兼职任教,以保证其投入诊所教学。而我国则很少有专门编制的法律诊所教师,在综合性大学法学院系就更难,聘请专业律师又受到各种条件的限制而流于形式。因此带来从事法律诊所教学的教师同时还要承担其他法学课程,造成负担大、科研精力不足,从而不安心进行诊所教学的问题。而"模拟法律诊所"则有可能根据我国现有条件,在一定程度上解决或缓解这一难题。"模拟法律诊所"的教师可以免去与当事人、对方律师和其他诉讼参与人接触的工作,不受法院时限要求的局限,较为专心地投入课程材料

---

① 诊所法律教学需要教师寻找适合学生的真实案件,指导学生办理涉及具体当事人权益的案件,组织课题教学,参加案件审理的每一具体步骤。如果一个班有 12 位学生,2 人一组,那就要同时处理 6 个案件。其工作量和投入的时间远远不止在课堂上的学时。

编写和课堂组织的工作。而这些工作与科研工作也并行不悖,有利于调动教师的积极性,并吸收更多教师参与其中。

尽管有这些特色,"模拟法律诊所"也还是有一定的局限性,如很难使学生体验到真实案件中当事人的感受、获得与各种诉讼参与人打交道的经验、感受在真实社会环境中法律运行的复杂和艰辛,以及法律人的真实压力和责任。在岸上学习游泳,甚至是在浅水池学习游泳,与在江河风浪中游泳还是有很大不同的。因此它不应取代以真实案件为内容的"法律诊所"课程。不同院校也应当根据自身条件和所处的社会环境选择采用哪种形式的法律诊所教学,或是二者同时开展,分开主次。对于综合院校的法学院系而言,"模拟法律诊所"无疑是一个很有现实吸引力且具有特色的"法律诊所"教学模式。

二、案例教学的新模式

案例教学是英美普通法教育的特色。在 19 世纪中叶之前,英国的法律教育基本掌握在以学徒方式通过实践传授法律的律师学院(律师团体掌控的"四大律师学院")手中。剑桥和牛津等大学的法学院则以教授罗马民法和教会法为内容。此后,大学的法学院开始以布莱克斯通的《英国法释义》为架构,讲授英国判例法。美国则由于在 18、19 世纪难以直接获得英国当时的司法判例,而早于英国采用了布莱克斯通的讲义,在大学法学院中开创了普通法教学。[①] 在 19 世纪下半叶,针对当时普通法散乱、无序的状况,哈佛法学院的兰德尔开创了"案例教学法",使得体系化的案例教学法得以盛行。在 20 世纪 30 年代,现实主义法学对这种"形式主义"的教学法发起猛攻,指责它忽略了初审法院查证事实的训练,把法律视为逻辑严密且脱离社会的封闭的规则体系;同时大力提倡要把社会科学引入法律实践和教学,倡导学习医

---

① 参见〔英〕F. H. 劳森:《圣殿:1850 年至 1965 年的牛津法学教育》,黎敏译,法律出版社 2010 年版,第 2—8 页。

学院开设法律诊所教育。① 此后在美国法学教育中盛行的法律实践性（包括法律诊所）教学，成为进一步深化案例教学的催化剂和新模式。

　　大陆法系的法学教育历来以罗马法体系为主干，从12世纪意大利的"注释法学"开始，直至19世纪末德国的"百科全书派"（潘得克顿学派），以罗马法为体系，构建其民法典②，形成了以体系化讲座教学为显著特点的法学教育模式。但是在全球化进程中，英美普通法在国际贸易、海商、融资、公司兼并等领域的强势地位，迫使大陆法系国家日益重视英美普通法的教学，同时也大力借鉴了案例教学法来改革其传统的讲座式学理教学模式。例如德国法学院在教授主讲大课的基础上，开设了要求学生必须参加的案例辅导课；案例辅导课以案例为主要内容，与大课进度相一致。比如合同法的大课讲到"合同成立"的内容时，案例辅导课就把案例中缔结合同的有关文件和资料交给学生进行理论结合实际的分析。这在一定程度上把德国"潘得克顿"学派的传统和德国法律方法的训练与普通法的案例教学法紧密结合在一起，起到了良好的教学效果。③

　　中国法学教育也历来重视案例教学，尤其在实践教学得到重视后，许多老师在教学中采用了案例教学方法，甚至开设了专门的案例分析课。但绝大多数案例教学或案例分析课都是在具体部门法课程中采用的，主要是服务于部门法教学的目的，很少有以专门培养学生法律实践能力为主要目的的案例课程。针对这一问题，复旦法学院在"模拟法律诊所课"中开创的"个案全过程教学法"独具特色，拓宽了案例教学的疆界，更加贴近法律执业者的实践，形成了一种新的案例教学思路和模式，从而值得大力推广。其特色如下：

----

① Jerome N. Frank, "What Constitute a Good Legal Education", *American BAR Association Journal*, Vol. 19, 1933, pp. 723—728. 中译本见《法学杂志》，2012年05期，第168—174页。

② 参见〔德〕迪特尔·梅迪库斯：《德国民法总论》，邵建东译，法律出版社2000年版，第22—23页。

③ 上述情况是作者于2004年10月参加中国法学教育考察团在德国考察时了解到的信息。

(1) 它力图纠正部门法课程中案例教学只关注具体部门法问题的偏向,突破了部门法划分的壁垒,从法律职业者的角度综合各个部门法(如实体法和程序法、不同的部门法)的知识,贴近法律实践,对具体的案件进行全方位的法律分析。这种个案分析能够统合被人为分割为相互脱离的板块的部门法内容,培养学生把法律融会贯通的系统观和整合能力。

(2) 它把纠纷和案件处理的全部程序都展现在学生面前,使学生犹如身临其境,像律师或其他法律职业者那样参加案件处理的全过程,而非仅仅对案例的部分法律问题进行分析。从与当事人接触和采集有关证据阶段开始,一直到二审甚至判决后的申诉阶段,学生都要以案件的发展为主线,参与取证、质证、陈述和答辩等全部法律运行环节。这种训练,能够给学生提供真实的案件环境,培养其具有案件全局观念和诉讼策略规划能力。

(3) 它以学生为主,使学生独立分析和处理案件,学习和体验各种法律实务能力。与部门法的案例分析不同,它要求学生发挥能动性和自主性,独立制作从委托书、起诉书到答辩状等全套的法律文件,独立研究并根据分配的角色提出相应的法律对策,不追求"唯一正确答案",并在老师的指导下从法学的角度认真分析问题和总结经验,真正"学而时习之",从实践教学中获取真知。

"个案全过程教学法"是首次开发出来的系统的、以培养学生法律执业能力和素质为目的的案例教学模式,有利于改革那种简单地把案例作为注释法律条文或原理的工具的现行案例分析课。如果它能够更为深入地把握案例教学法在不同法系中的地位和作用,尤其是积极借鉴大陆法系国家法学院(如德国)开拓的与讲座课程有机结合的新型案例教学法,将有可能在更高层次和更广的范围上推动我国法学实践教学的发展,为法学教育改革提供新的模式。

三、"个案全过程教学法"的目的和必要性

为使"个案全过程教学法"超越一门课程的范围,在更高的层次和更广的范围上为我国法学教育提供改革的新模式,还应当进一步明确其目的,拓展其功能,完善其具体操作方法。

法学教育的目的在于培养能够胜任法治国家需要的高素质的法律职业人才。① 高素质的法律人才应当具备下列三大基本素质:① 法律知识体系;② 法律精神、价值、伦理等构成的法律道德素养;③ 法律职业技能。②

我国现行法学教育体系一直在努力改革其课程体系、教学方法和资料,但其教学的中心仍然偏重于第一大基本素质,即法律知识体系的传输,而没有把法律道德素养和职业技能的培训包括进去。比如法学教育指导委员会指定的 16 门"核心课",基本上是按照法律职业人需要的基本法律知识体系构建的。这种设置,本身并没有错(尽管哪些课程应当被纳入"核心课"仍然有争议),但却在无形中传达了一个信息,即一个合格的法律毕业生必须要掌握这些核心的知识体系,其他教学内容则属"非核心"部分。围绕这 16 门核心课,各个院校均增加了一些根据各自特点开设的"必修课",这就使得必修课在整个培养方案中占据了最为主要的地位。再加上按规定必须要完成的"公共课",选修课的范围和比例依然很小。在公共课、必修课和选修课之外,实践性课程才找到发展空间。实际上,法学院校对实践性课程的开设,都没有给予应有的重视;这类课程的设计和管理都处于可有可无或无认真组织的状态。这种课程体系和实践性课程设置的现状,已经很清晰地向学生传达了一个信号,即毕业的要求主要是掌握法律知识体系即可。

上述分析很容易引起质疑,即这不过是一种表面分析。确实,如果教师在专业课(包括必修课和选修课)中就能够开展实践性教学,单独设立所谓法律"实践性课程"也似乎没有太大的必要。几乎无人否

---

① 法学教育的目的主要是培养应用型法律人才,其中也包括培养学术型法律人才,但这类人才的社会需求并不大,而且他们也应当对法律实务有深入的了解和体验。

② 参见霍宪丹:《法律教育:从社会人到法律人的中国实践》,中国政法大学出版社 2010 年版,第 51—52 页。

认，法学教育是一门培养和塑造人的艺术，法律知识与道德素养和职业技能应当有机地结合在一起。但是，现实情况是：各个专业课的基础知识已经占据了各门课程的大部分时间，实践教学部分充其量是运用案例对一些知识点的解释；而且这些点缀性的实践内容，根本无法涵盖法律人素养和技能的培训，也没有法律实践全过程的训练。这种课程设置体系已经非常清楚地向学生传达了一个毕业生（法律人）应当符合哪些条件的信息，即法学知识是唯一重要的标准，容易产生误导。因此单独设立实践性课程，在我国法学教育改革中就有了特别重要的意义和必要性。法律实践性课程在各个国家法学院都占有越来越重要的地位，这也是一个普遍性的趋势。[①]

也有学者认为，法学院的培养就应该是以知识传输为主，其他法律道德素养和职业技能训练应该是学生毕业后进入法律职业界之后的事情，因此法学院不应越俎代庖。这确实有一定的道理。有一些大型法律事务所、检察院和法院确实有较为系统的培训入门者的项目，但对于大多数毕业生而言，这种机会很难得到，且这些培训项目也多是根据机构需求而设立的特定题目或领域的短训，而非以培训法律人的职业道德和技能的完整培训。因此，以实务部门有培训为由来取消法学院在高层次法律人才培养上（尤其是在法律职业道德和全面技能培训方面）的独特作用，并非明智和有充分道理的选择。

模拟法律诊所课程和个案全过程教学法是非常好的尝试，它提供了一个以培训学生法律职业道德和技能为明确目的的坚实教学平台，对于完善和改革现行的课程设置和培养方案具有重要价值，有可能成为法学教育改革应当关注的一个重要模式。

四、法律教学模式如何承担培养高素质法律人的任务

"授之以鱼，不如授之以渔"，这是所有教育者都认同的道理。由

[①] 参见王晨光：《法学教育的宗旨》，载《法制与社会发展》2002年第6期，第34—40页。

于我国社会的急剧变化和立法的快速发展,法学院所教授的法律知识的内容不是永恒的;因此,即便是以讲授法律知识为主要内容的课程,最为重要的目的也不限于具体知识的传输,而在于培养学生的法律思维。美国卡内基研究会于 2007 年提出了一份关于法学教育的报告,提出法学教育不仅是要教"学生像律师那样思考",而且要教"学生像律师那样执业"(lawyering);并指出美国法学院的判例教学忽略了法律人的职业伦理和技能的培养。① 对此,我国法学教育也应当有进一步的考虑,把法律思维、职业技能和职业道德都纳入法学院教学的范围内。

(一)法律思维的培养

法律思维是法律职业者运用法律规定的标准、程序和逻辑观察、分析和解决问题的思维方式。概括而言,法律思维有其运行的三个主要平台,即事实平台、法律平台和综合权衡平台。

(1) 在事实平台上,法律人按照法律规定观察、采集、分析、认定和运用事实。这是任何法律人从事法律实务时首先遇到的问题。而现有法律课程则很少关注如何观察、采集、分析和认定事实;案例分析课甚至是模拟法庭训练都是在给定的特定事实的基础上进行法律分析。因此,法律毕业生在面对真实案件或社会纠纷时发现,没有任何人给他们提供现成的既定事实,从而感到事实错综复杂而无从下手。法律课程的设置很少考虑如何培养学生运用法律确定和分析事实的问题。

(2) 在法律平台上,法律人要针对特定的案件事实选择和适用相应的法律规定。现有课程体系中的多数课程都会把系统的法律知识传授给学生,但是不少教师仍然满足于法律概念、结构和体系的理论

---

① 参见胡晓进:《我们需要更加职业化的法学教育——美国卡内基基金会的法学教育改革报告》,载《中国法学教育研究》2009 年第 3 期,第 114—116 页。William M. Sullivan, Anne Colby, Judith Welch Wegner, Lloyd Bond & Lee S. Shulman, *Educating Lawyers: Preparation for the Profession of Law*, John Wiley & Sons, Inc., 2007, p. 87.

解读,而忽视了把这种知识运用到具体案件的环节,因而造成学生手中握有大把的好箭,却不知如何射出的现象。

(3) 综合权衡平台为法律人提供了一个综合各种社会因素对具体案件和法律难题进行权衡的舞台。任何案件或纠纷都会处于一个特定的社会环境之中,而与案件有关的历史、文化、人际、经济、政治等因素都会影响问题的解决。一些国家要求法学院学生应具有其他专业学位,其道理也在于此。

法律课程如何在上述三个平台上对学生进行法律思维的培养呢? 似乎还没有见到在设置课程体系和设计教学方法时对这一问题给予足够的认真思考和明确回应的院校;很多教师在教学过程中,似乎也很少考虑如何通过课程在上述三个平台培养学生法律思维的问题。这已经成为法学教育中亟须面对和解决的一个问题,即多数教育者并没有真正自觉地从培养法律人应具备的基本素质的角度设计课程和培养学生,而只是简单地从传道角度传授知识。

在模拟法律诊所课上,通过"个案全过程教学法",可以根据法律思维的三个平台,有意识地提供训练学生法律思维的素材、机会和场合。比如以合同纠纷为例,交给学生分析的案情不应是简单地从法院判决书中摘取的认定事实,而应包括合同缔结过程中的主要原始资料(传真、信件、谈判记录、备忘录、协议等一系列文件)、合同成立后合同履行的资料(如汇款凭证、交货凭证、验收凭证等一系列文件)、纠纷产生的有关资料(如信件、通知、质检证明、催告信、仲裁申请、答辩书等一系列文件),以及其他证人证言等证据材料。在教师的指导下,学生分成不同的角色(如买卖双方、原被告、仲裁员或法官等),首先要独立地从这些错综复杂的材料中发现事实;其次要根据案件的进程,在不同的阶段(如仲裁或诉讼的立案、调查取证、提交法律文书、出庭质证、辩论、庭后提交材料等各个环节)找出并分析相应的法律问题;其三要综合市场变化、行业政策、社会影响等综合因素确定相应的立场和法律意见(决策)。从这一角度看,复旦法学院创设的"模拟法律诊所"和"个案全过程教学法",还需要进一步进行完善和提高,即按照法律运行的实际状况和规律,确立培养学生法律思维的明确目标,提供更为全面的学习资料,在事实、法律和社会综合因素的平台上有步骤地训练学生"像律师那样思考"。

(二)法律职业技能的培养

法律职业技能是法律人的基本能力和技巧,主要包括:

(1)发现和确认事实的能力(如调查、取证、分析证据、根据掌握的资料构筑事实等动手能力和技巧)。

(2)撰写法律文书的能力(如起草合同、法律意见、诉讼文书等法律文件)。

(3)进行沟通的能力(如与己方和对方当事人、对方律师、证人、法官和其他人员进行交流和沟通)。

(4)进行辩论和说服的能力(如通过讨论说服合作伙伴、庭审调查、陈述和辩论等)。

(5)解决疑难纠纷和处理案件的能力。

(6)参加和组织有关法律活动的能力(如组织工作团队、提供咨询或法律服务、参加谈判、进行调解、解决纠纷等)。

(7)统揽全局,提出法律对策或方案并予以实现的能力(如形成法律判断、设计法律策略、规划和实施操作方案、把握时效节点等)。

在不同类型的法律关系和社会情景中,还会需要有其他一些技能,例如心理分析、电脑操作、通讯等技能。[①]

在"模拟法律诊所"中,教师应当有意识地为学生提供较为全面地获得体验和从事上述技能的机会,并以学生能否运用上述技能为考核学生的标准。由于教学时间的限制,不可能做到每个同学都有体验上

[①] 美国"缩小法学院和法律职业之间差距研究课题组"和"全美律师协会法学教育和律师资格委员会",共同于1992年发布了"法学教育与法律职业发展———一种继续教育"为标题的研究报告。该报告提出:合格的法律人应当具备十种技能,即解决问题的能力、法律分析和思维的能力、法律研究的能力、调查事实的能力、沟通能力、提供咨询的能力、谈判的能力、诉讼和纠纷解决的能力、组织和管理法律实务工作的能力及认识和解决伦理困境的能力。参见 *Legal Education and Professional Development—An Educational Continuum*, West Publishing, 1992, pp.121-124。

述所有技能的机会,因此教师应当有意识地进行讲评,至少要使所有同学都有了解这些技能的机会;有些重要技能,如写作、沟通、辩论、策划等,则应当要求所有学生都独立参与,通过作业的形式使其得到训练。

(三)法律职业道德素养的培育

没有道德就没有法律的社会基石,没有具备良好职业道德素质的法律人也就没有健全的法制。法律职业道德的重要性已然为法学教育界所认识。尽管如此,真正有效开展法律职业道德课的院校仍然是少数;即便是开设,也多采取请校外律师或法官举办讲座的形式,或是作为一门法理学类型的理论课开设。本文不反对开设单独的法律职业道德或法律伦理课,但重要的不是教与不教的问题①,而是如何教的问题,即要解决把法律职业道德的内容有机地融入相关课程特别是实践性课程中的问题。

法律职业道德可以包括:

(1)对当事人负责的服务意识和相应的责任(包括维护当事人合法权益、对当事人负责、竭诚服务、保护当事人隐私等意识)。

(2)尊重法治、依法办事的自觉意识(包括遵从法律规定、意识、精神和价值的自觉,维护法律权威的自觉,依法服务的自觉,以及在法律规范缺失时主动完善法制的自觉)。

(3)维护社会良知和正义的热忱和责任感(包括维护正义的勇气和决心、把社会效果与法律效果有机结合的眼界、用社会良知引导法律解释和适用的悟性等)。

(4)对法律职业的公共性和社会性的深刻理解和认识(没有对自身地位和作用的深刻认知,就不会有自觉和具备良好操守的法律人)。

上述内容似乎较为空洞和抽象。但是如果把它们与具体案件和

---

① 本文不赞成那种认为学生的道德是无法培养的天生禀赋的观点。人的脾气禀性与道德水准不是一回事。虽然禀性难移,但道德观念是可以通过教化被人接受的。关键是不要通过僵化的说教,而要通过生动的事例来传授。

法律实务的每一个具体步骤结合起来，它们就构成鲜活、变动、复杂的具体问题。例如，作者在法律诊所教学中曾经遇到一个人身损害赔偿案件。原告（农民工）与被告（一家公司经理）发生争执，受到被告的殴打。学生在受理案件时，对原告给予高度同情并积极提供法律服务。在代理原告出庭时，却意外地发现：尽管原告人身受到伤害，但在争执中却是原告先动手。这里不仅涉及法律人在出庭辩论中的应变能力问题，而且涉及如何对待当事人提供的信息以及是否完全信任当事人的职业伦理问题。及时组织学生对此类问题进行讨论和分析，能够使学生从职业伦理的高度来认识律师与当事人之间关系等法律实务中的诸多棘手的问题。再如，一位房屋业主与开发商因房屋质量发生纠纷，业主在维权无果的情况下采取在开发商销售会上散发小广告的形式诋毁开发商的信誉，被开发商起诉到法院。业主的律师运用一系列证据规则和诉讼技巧，成功地驳回了开发商出具的小广告有诋毁内容、且是其当事人散发的证据，导致开发商败诉。① 这也涉及一个极为棘手的职业伦理问题，即为了帮助处于弱势的当事人，律师能否在明知事实存在的情况下运用证据规则和诉讼技巧在法律上否定这一事实的存在？律师能否运用对当事人弱势地位的同情等情感因素来左右法律的适用？其他如律师是商人还是天使、法官是否应当对弱势方当事人提供法律建议等问题的讨论，都涉及深层次的法律伦理问题，也需要在具体案件中提出相应解决方案。

类似的法律职业伦理问题存在于法律实务的每个环节。如果能够在"模拟法律诊所课"上，通过"个案全程教学"来揭示其中的伦理问题，就能使法律职业道德培养有机地融入教学过程中，并通过鲜活的事例，启发学生深入思考和指导具体的法律活动。

五、进一步完善的建议

"模拟法律诊所课"和"个案全过程教学法"确实是一个非常有意

---

① 参见杨昌平：《帮业主赢官司 律师斗智》，载《北京晚报》，2013年1月30日第40版。

义的改革尝试,如果能够设定更明确的培养目标和教学规划,将会成为一种新型教学模式和教学法。为此,本文提出如下建议:

(1)课程资料不仅仅局限在法院判决书或法律文书上,而且应当进一步扩大,把案件的原始资料包括进去,让学生体验作为法律人如何接触案件、分析案件和处理案件。在真实案件中,律师或法官都不会在案件开始受理时就收到一份确认的案件事实说明。

(2)在一门课的框架中,可以选择一两个较为复杂的案件,按照案件进展的程序,使学生循序渐进地参与案件的全过程。如果选择过多的案件,反而使学生关注不同类型的案件的法律问题,从而忽视他们应当从中得到的法律知识、技能和伦理素质的全方位训练。

(3)培养学生举一反三的自我探索的学习精神和能力,培养他们从具体个案中发现问题并提升到理论层面上进行分析的能力,培养他们主动参与的动手意识和能力。运用个案作为教学资料一定要有超越个案、发现普遍规律的能力。此课程的主体是学生,而成功与否的关键则在于教师的视野、投入和能力。

(4)处理好"模拟法律诊所课"与其他课程的关系,正确定位其在整个课程体系中的地位和作用;处理好"个案全过程教学法"与其他教学法的关系,借鉴其他教学法的经验,充分发挥"个案全过程教学法"的优势。

(5)从我国法学教育改革的大局出发,认真设计具体课程和教学步骤,积极探讨如何通过这一新的教学模式卓有成效地培养"卓越法律人才"应当具备的基本法律知识、技能和道德素养。

(6)教学成败的关键在教师。他们是塑造法律人心灵、素质和能力的工程师。再好的课程体系和教学方法都要通过他们来付诸实施。因此要重视对从事实践教学的师资的培养,提高其从事实践教学的待遇和地位,提高其教学的积极性和自觉性。

第三节　法学教育目标设定、课程设计与教学安排刍议[*]

导读："卓越法律人才培养计划"，为我国法学教育的改革提供了整体思路和契机。计划虽好，担忧仍在，其落实更需要大量的投入和精心的设计。为此，首先要抓住其"质量工程"的属性和主要精神，即鼓励法学教育的多元化、职业化和创新性；其次，要明确其"培养高素质的法律职业人才"的教育目标；其三，要根据学校的特点、项目要求和社会需求，科学地设计课程体系和培养方案；其四，要关注细节，深入研究并采取行之有效的教学形式、方法和课程表等问题。各个院校的创新精神和具体方案设计，将决定其卓越计划实施的成败。

一、担忧与思考

冒昧而言，可以用两个不甚恰当的词来形容中国的法学教育，即"雨后春笋"和"泥沙俱下"。经历三十多年的快速发展，法学教育规模庞大，项目层出，堪称显学；同时它又良莠芜杂，低层次重复，距现代社会主义法治国家的要求差距仍大。当前，法学教育既面临发展的瓶颈和挑战，又面临新的机遇和更高的社会期待。打通瓶颈，抓住机遇，推动法学教育适应社会发展和时代要求，是法学教育界不可推卸的责任。

当下正在推行的"卓越法律人才培养计划"（简称"卓越计划"）适逢其时，应运而生，为下一步法学教育的发展提供了一套整体思路和契机。它明确提出"以提高法律人才培养质量为核心"。

该计划一经推出，确实推动了众多院校的积极申报和实施。在这种热潮下，本文作者仍然有三个担忧：

---

[*] 本文为根据作者在 2012 年 10 月召开的"卓越法律人才培养模式论坛"上的发言稿整理而成，发表于《中国大学教学》2013 年第 3 期。

担忧一,重视申报"基地",忽视深层探索和创新。不少院校在积极申报的热情背后,难免怀有争取资源和争抢前几把交椅的冲动,把"卓越计划"的申报简单地当成一次资源分配或重排座次的机会。形成竞争并不错,但如果以争取到"试验基地"为目标,而非以认真研究法学教育改革和高素质人才培养方案为目标,难免会造成一旦"基地"到手,一切运行照旧的局面。这就偏离了"卓越计划"提升法学教育水平和创新教学模式的初衷。

担忧二,重视宏大议事和概念探讨,轻视操作层面的中观和微观设计;重视宏大口号,轻视实际操作;想法层出不穷,办法虎头蛇尾。重视宏大概念探讨并不是错误,但是如果大家都在讨论什么是"卓越""国际型法律人才"等概念,而不去设想如何通过具体的课程设计、教授方法和学生指导等一系列措施实施,将会表面上十分热闹,实际上却很容易陷入换汤不换药的窠臼。听闻有些院系以"卓越计划"为借口,把课程都压缩在几周内讲授,说是给学生更多"实践"的时间,实则缺乏认真、细致、负责的实施规划和措施。

担忧三,重视"基地"院校,忽略其他院校的创新性和主动性。获得基地和经费者当然会洋洋得意,未获得者则难免垂头丧气。这就可能造成"小众"的积极性,而非大众的积极性;可能变"万马奔腾"的初衷为"万马齐喑"的意外局面。故本文建议教育部和法学教育指导委员会充分考虑到这种可能性,为此轮评审未争取到经费和"试点基地"称号的其他院校创造足够的发展空间,并提供一些激励机制,比如评选几所在一些领域(如为基层培养大量学以致用的法律人才、培养新型跨学科人才)具有创新或作出一定成绩的非试点基地院校,给予一定表彰和支持。

希望上述担忧是多余的。而最有效消除这些担忧的办法,就是要真正理解"卓越计划"的宗旨和主要精神。宗旨是上文已经说到的"质量工程",即以提升中国法学教育的水平和质量为目标。主要精神则是实现这一宗旨的指引。它包括下列三项:

1. 建立多元化的法学教育模式

"卓越计划"打破了现行"千人一面"的单一培养模式,立足于我国社会发展因区域、领域和所处环境极不平衡的现状,实事求是,提出了"分类培养"的思路,设立了三种卓越法律人才培养模式,即"国际型法律人才培养""基层应用型法律人才培养"和"复合型法律人才培养"模式。在实践中,还有不少学校提出了跨学科人才培养和跨区域联合培养等其他模式。我国法学教育应当具有哪些具体的培养模式并无定论,"卓越计划"也不会穷尽培养模式,而是立意鲜明地推动法学教育的多元化。多元化不仅应当包括培养模式的多元化,而且也应包括教学手段、评价标准和评价体系等多方面的多元化。目的是为日益多元化的社会培养多元化的卓越法律人才。

2. 明确法学教育的职业化

法律职业人才培养是法学教育的主流,绝大多数的法学院学生将从事法律职业或其他相关职业,而当前众多法学毕业生不适应其将要从事的法律工作。从这一现状出发,就要求法学教育重视法律职业的特点,重视其教学与法律职业实践的关系。法学本身就是一门实践性非常强的社会学科,法学教育应当与法律职业的社会实践密切结合,因此法学教育的教学内容、方式以及评价机制都需要进行改革,不仅要以发表高水平文章为标准,更要以是否能够解决重大和现实的社会及法律问题为标准。"卓越计划"不再片面纠缠于"研究型""博雅型"或"应用型"的空洞争论,明确提出了以"培养高素质法律职业人才"的目标,这不啻为一次法学教育观念上的突破。法学教育、法学研究和法律实践应当是紧密联系的"三位一体",如果把它们对立起来,就很难打造一流的适应社会需求的法学教育。在教育界,如果谈实践教学,人们往往认为这是在讲"术",即技能训练,以为其中没有"道"。其实这两者不可能截然分开,应当寓道于术,传术弘道。如仅仅津津乐"道",则往往看不到"道"与"术"之间的内在逻辑关系,从而陷入"坐而论道"的歧途。

3. 鼓励法学教育创新

创新性不应仅简单地看是否有新东西,而应当考察所谓新东西是否符合法学教育的规律、社会需求尤其是法治发展的未来需求,是否是认真和科学设计出来的。创新应当包括培养模式、课程设置、教学方法、教学评估标准和手段、就业模式等多方面的创新。三十多年来,我国法学教育经历了逐渐恢复和急剧扩张的阶段,期间不乏对外国经验的借鉴和应对市场需求的设计,但总体上则缺乏对法学教育内在规律的自觉思考,不少项目(如专升本、二学位、在职法硕等)都多少具有随机和应急的色彩;有些项目虽然是借鉴而来(如法硕),但由于没有摸清其规律,没有把握本土特有制度和环境特点,设计失之毫厘,结果"差之千里";有些做法(如本科大三就参加司考)则急功近利,违背教育规律;在片面追求规模和经济效益的驱动下,法学教育体系庞大而又杂乱。"卓越计划"提出要"形成科学先进、具有中国特色的法学教育理念,形成开放多样、符合中国国情的法律人才培养体制",提出"创新人才培养模式,优化法学课程体系,改革教学方法手段"的改革思路,其精神在于鼓励探索我国法学教育的新理念和新模式,重视法学教育的创新性。因此,"卓越计划"不是要固化现有或已提出的模式,而是意在鼓励大家的创新性,不断探索适应中国社会和法治发展的动态法学教育理念和模式。如果看不到这一点,而仅仅以争实验基地和经费为目的,没有创新思路,卓越人才计划也可能变成另一种僵化模式。教育的根本在于培养人;而培养人尤其是人才是百年大计。百年树人,按照教育规律和社会发展需求,以培养人才为根本,这就需要法学教育界尤其是法学院系的领导要具备战略思维,具有整体性和系统化的思考,切忌"政绩工程"的思路,杜绝急功近利。

上述三个方面的归纳并不全面,法学教育界的看法也并不一致,但是"卓越计划"能够对过去和现状进行积极反思,针对我国法学教育的问题和短板,提出系统的法学教育改革和发展的规划和思路,这本身就是一个突破和提高。但是整体思路的提出并不意味着其必然成功。"细节决定成败",也就是说,法学教育界要破除热衷"宏观理念讨论",轻视"现实研究",忽视实施过程中"中观和微观层面设计"的倾向,认真研究和制订各个院系的具体实施方案。这是每个院校尤其是院、校长们能够发挥能动性的广阔舞台。我们希望"卓越计划"播下的是龙种,收获的不是跳蚤。

二、法学教育的培养目标

法学教育应当培养什么样的法律人才?众说纷纭,答案从未统一过。每个观点从其自身角度而言都有其道理。但从法学教育的整体而言,尤其是对其主要构成部分——法学本科教育(对有些院校则是法律硕士教育)而言,其培养目标应当以"高素质的法律职业人才"为主。

主张培养"学术型"人才的观点强调法学理论知识的重要性和法学研究的先导性;如果仅仅把眼光局限在应用型人才的培养上,就会导致法学研究的退步乃至学术声誉的破产。这种观点对于某些高层次学位项目(如博士项目)和某些学科(如法理学和法史学)而言,确实很有道理,但是否应当推而广之,适用于所有法学项目,甚至是主要项目呢?

(1)一个国家的法学教育要培养高层次的法学学术人才(所谓"学术大师")

对于少数以培育高层次教学和研究性人才为主要目标的院校尤其如此;但是,如果整个国家的法学教育都在致力于培养法学学术大师,这个国家的法治肯定不会在社会生活中扎下坚实的根基。"学术型"人才在任何国家和领域都是少数群体而非大多数群体。因此就整个法学教育(主要指法学本科、法律硕士和大部分法学硕士)的培养目标而言,应当以法律职业人才为主,而非以学术人才为主。少数高层次法学院系坚持以学术人才培养为主也未尝不可,但是也要实事求是地分析一下到底有多少毕业生能够从事法学研究和教学工作,合理分配其教学资源和设置课程。如果仅仅为了标榜是"层次高"或"一流",而不顾社会的实际需求及其毕业生的就业现实,不考虑法律人才培养的一般规律,就难免有些不知魏晋、自我陶醉的味道了。

(2) 学术型人才的培养不应泛泛而谈,而应结合法学教育的具体项目而谈

在所有培养项目中,法学博士项目应当是培养学术型人才的主要途径,把对博士的要求用于所有其他法律人才培养项目,难免有些不切实际。博士要少,要精,要出思想。博士应当从具有学术潜力的本科生和硕士生中百里挑一或千里挑一精选出来,不可大规模批量化生产。尽管有否博士点成了衡量一个法学院系是否为优秀法学院最明显的标志,但是应当客观如实地评价博士生项目在一个法学院系各种项目中占据的实际分量和地位。如果为了培养几匹千里马而把所有的马匹都按照千里马的模式培养,初衷是很好,实际上不仅无法实现,效果更令人置疑。

(3) 全国有六百多所法律院系,如果大家都按照几个"一流"法学院的模式培养"学术人才",效果则无异于邯郸学步

前些年,全国法学教育都按照一个模式办学,都在追求各种"博士点"和"硕士点",而不考虑学校自身条件、所处区域和社会现实需求,导致表面上热火朝天,而实际上方向缺失、评价标准僵化、法学教育和法律实践严重脱节、忽视社会效果的虚假繁荣。这个后果值得法学教育界认真反思。

(4) 把学术与应用、理论与实践严格划分甚至对立的态度也是较为片面的看法

法学属于实践性非常强的应用社会科学,实践性对法学研究和法学教育的重要性尤为突出。如果不了解法律执业的基本知识或不具备实际操作能力,大师也就空有其名,其精心构筑的学术成果恐怕也会流于"屠龙之术"。美国从具有实践经验的律师和法官中培养法学研究和教学人才的路径,非常值得我们认真研究和学习。实际上,法律实践的每一个环节都为深层次的理论研究提供了丰富的素材和多元化的课题。法学研究和教育应当具有强烈的现实关怀、问题意识、深入解剖和理论升华的视野和能力。

(5) 法律人才应当具有广博的人文社会和历史哲学基础,甚至科学技术基础

由美国创设被很多国家效法的培养研究生层次的法律人才(J.D.)的培养模式,就是要解决这个问题,即法律人才知识结构和通识性基础的塑造问题。我国法律硕士的设立无疑也有同样的初衷。但是对于把本科教育作为主流的我国法学教育而言,这种把学术训练和通识教育都融入法学教育框架的做法,则是想鱼和熊掌兼得的不切实际的设想。不排除个别天赋很高的学生能够成才,但却很难作为普适性的模式普及。解决的方法不外乎两个:或是改革法学本科培养方案,在一年级甚至二年级第一学期主要学习各种通识性课程(人文社科等),在高年级开始学习法律课程;或是在适当时机把法学教育变为研究生教育(如同加拿大、澳大利亚、日本和韩国正在进行的改革)。

主张培养"博雅型"或"通识型"法律人才的观点,强调综合人文社科知识的基础性;如果法律人没有坚实的人文社科和历史哲学等知识,就难逃"法律匠人"的泥潭。这一观点很有道理,但是以此来否定法学教育的职业性和应用性,则未免失之偏颇。除了上面谈到的理论与实践不可截然分隔、通识与职业教育可分阶段进行的理由外,还应当看到法学教育的培养目标不在于填鸭式的知识灌输和背诵,也不在于对天文地理的简单通晓,而在于培养法律人才独特的法律思维和处理法律疑难问题的综合能力;而高层次法律职业人才也包括能够从现实法治实践中发现并致力于解决其深层理论问题的学术敏感和研究能力。这种基于法治实践而产生的学术人才是社会急需的人才。知识结构和基础固然重要,但是张嘴夸夸其谈,遇到实际问题束手无策、只会"屠龙术"而不懂"杀鸡法"的半成品,绝非法学教育培养的目标;反之,仅仅会办理案件却不具备上升到理论层面提出新思想和创新观念的实用性人才,也称不上"高层次的法律职业人才"。为了培养真正能够解决社会和法律难题的医国之手,仅仅知识储备远远不够,而应当在理论知识学习的基础上,培养法律人才精到的法律思维、处理问题的综合能力和全方位的大视野(简而言之,可称为"思维、能力和视

野")。为此,我国法学教育应当明确培养目标,改革教学模式,加强实践性教学,从实务界吸收具有丰富实践经验的职业法律者参加教学,注重培养学生独立发现和解决问题的能力。

　　基于上述分析,本文认为,卓越法律人才培养计划提出的培育目标,即"适应多样化法律职业要求,坚持厚基础、宽口径,强化学生法律职业伦理教育、强化学生法律实务技能培养,提高学生运用法学与其他学科知识方法解决实际法律问题的能力,促进法学教育与法律职业的深度衔接",具有对现实问题的准确把握和深入分析,具有强烈的改革意识和现实指导意义。它对我国法学教育的主要培养目标作出了准确的判断和明确的定位,并在此基础上,提出了符合我国法治发展实际需求的分类培养法律人才的设想。

三、具体操作方案的设计与实施

　　如果上述培养目标能够确立,下一步需要推动的就是法学教育的课程设置。这一环节恰恰是我国法学教育的短板,即过于注重宏观教育理论和概念的分析与争论,忽略操作层面上对课程设置等问题的深入研究和精心建构。所谓法学核心课程不断增加,几乎面面俱到;但其确立学科地位的功效往往超过了探究法学教育规律的功效。本文旨在通过对课程设置问题的探讨,研究培养高素质法律职业人才的规律,并按照这一规律和各类培养模式的需求,确定不同培养项目的核心课程,科学地设置各类法学课程体系。

　　1. 课程设置不应仅仅按照法学学科分类或部门法的划分标准,简单作出对应性的课程设置;更不能把一门课程的学分多少或是否是必修课作为衡量某个分学科或部门法是否重要的标准

　　法学课程的设置应当以培养高素质的各类法律职业人才必备的知识、素质和能力为指引,即根据应具备的知识、素质和能力设置相应的课程体系。其中的核心课应当是对培养这些基本素质和能力具有基础作用的课程,围绕这些课程建立相应的不同类型的法律人才的课程体系和培养方案。现在很多核心课程的设置(不论是在法学教育指

导委员会层面,还是在各个院系层面)并没有按照这种培养思路和教育规律进行设置,而是成为标榜某一分学科或部门法是否重要的标志。这种状况造成的结果是各个分学科或部门法努力把自己的课程列入核心课,而很少考虑这些核心课对培养高素质法律职业人才有哪些实际作用。再加上实际操作的教务办或教务员往往缺乏对法学教育内在规律的深入了解和研究,院系领导也往往不认为这是什么重要问题,缺乏科学务实的态度,从而形成了核心课不断扩大,课程因人设置,法学院学生的必修课学分远远超过选修课学分,学生选课的空间日益压缩,难以有效进行分类培养的局面。可以说,这种课程设置的做法缺乏对法学教育规律性的研究,从而缺乏科学性,对法学教育质量的提升也鲜有帮助。

2. 课程设置不应追求千篇一律的局面

各个法学院系所处的区域和面临的就业市场不同,其办学条件和优势也不一样,其具体的培养目标和类型也有所差异,因此其培养方案和课程设置也应当各有特色。即使在一个学院内,不同类型的项目也有不同的培养目标,其培养方案和课程设置也应有所区别。例如国际型法律人才的培养与西部基层法律人才培养的方案和课程设置就应当有所不同。卓越法律人才培养计划的一个亮点,就是承认发展的差异性和法学教育的多样性。但是成为某类培养模式的实验基地,确实能够带来实际的经费支持和知名度的提升,因此要防止出现以往竞相争取"博士点"和"硕士点"那样的只重形式而忽略实质的攀比和公关。

3. 课程设置是一门学问,需要投入精力和时间进行研究

作为教师,应当了解一些教育学;作为法学院教务部门和院系领导,应当了解法学教育的规律和高层次法律职业人才培养的路径。我国法学教育正处于大发展的阶段,但对于法学教育规律尤其是操作层面上课程设置和培养方案的深入研究则非常缺乏。这一反差暴露出我国法学教育的短板。凭借卓越法律人才培养计划的实施,弥补这一短板的时机已经到来,需要我们潜下心来,补上这一课。

4. 在形成高层次法律职业人才应当具备的基本素质和能力的共识基础上，应当按照这些素质和能力的要求设置核心课程和整个课程体系

就卓越法律人才培养计划提出的三类培养模式而言（当然，各个院系也应当根据其具体条件和社会需求设立其他类型的培养模式的权力），每一类模式的具体培养目标和就业出路都有所不同，其基本素质也应有所不同。课程设置和培养方案作为实现某一具体培养目标的路径也就因此而有所不同。

以涉外型法律人才培养模式为例，此类培养模式是为了"适应世界多极化、经济全球化深入发展和国家对外开放的需要，培养一批具有国际视野、通晓国际规则，能够参与国际法律事务和维护国家利益的涉外法律人才"。为实现这一培养目标，不能简单地认为多开设一些"法律英语"或"国际法"课程就万事大吉了，而应当做好以下工作：

（1）应当认真研究能够在国际法律舞台上担当主角的涉外法律人才需要具备哪些基本素质和能力，比如熟练运用外语从事法律工作（咨询、谈判、制作法律文件、仲裁、诉讼以及其他法律服务）的能力、国际法或外国法律知识的深入把握和运用能力、国际形势的综合视野和分析能力以及国际法律事务所需要的独特法律思维能力。

（2）根据这些素质和能力要求设计其课程体系（包括核心课程、必修课和选修课以及相关课程）和培养方案。涉外型法律人才也必须对我国法律有较为全面和精深的把握，因此其核心课程和其他课程，也应与其他类型培养模式有所交叉和互通，比如那些培养基本法律思维的核心课程和中国法律的基本课程。在此基础上，核心课还应当包括外语课、国际法（基本理论和制度）等课程。必修课则应当根据具体院系和具体培养目标的设定而设置。如果是主要为国际组织和国家涉外部门提供人才的院系，就应当把国际组织法、国际关系、国际贸易法等课程列入必修课系列，把国际私法、国际投资法、国际金融法、比较法和跨国公司法等课程列入选修课系列。如果是主要为涉外经济贸易界提供法律人才的院系，则应当把国际贸易法、国际金融法列为必

修课,国际组织法等列为选修课。此外,一些相关的课程也应当纳入课程体系,如世界历史、国际经济、国际政治、外语法律写作、外语模拟法庭和谈判等课程。至于实践型教学和实习,则要根据具体情况,安排学生到有关部门进行实践和国际交流。

(3)根据涉外法律人才的类型,还应当在就业环节进行相应的安排。如果以在国际机构中从事法律事务为毕业出口,我们还应当更加具体地研究这些机构中从事高层次法律事务的职业人才的发展渠道和规律,通过国家和国际有关部门有针对性地安排实习或工作。一般而言,这类高层次人才的培养需要一个很长的时间过程,需要国家的支持和个人的不懈努力及机遇。作为后续培养的设计,不仅需要院系的研究和投入,还需要国家有关机构的大力支持和投入。

(4)西部基层法律人才培养模式则是为了"培养应用型、复合型法律职业人才",适应西部跨越式发展和长治久安的需要,结合政法人才培养体制改革,面向西部基层政法机关,培养一批具有奉献精神、较强实践能力,能够"下得去、用得上、留得住"的人才。此类培养模式所需要的课程设置和培养方案显然与前一种不同,应当根据其应当具备的独特素质和能力,设计出不同的课程体系和培养方案。从中国法治推进的艰巨性、复杂性和长期性的角度看,法治观念和机制的建立不是以城市、发达地区和社会中上层为唯一标准,而是应当看它是否真正在社会各个领域和层面,尤其是广大农村地区、中西部地区和基层民众和政府机构中得到确立。在这个意义上讲,如果一个法学院系为西部或基层培养了大量的高水平的法律职业人才,使法治的根基深深扎入社会的土壤之中,它对我国法治发展推动作用就是不言而喻的,就应当成为一流的法学院,其地位不亚于培养了几十个能够在国际层面上提供高水平法律服务的法学院。

在课程设计方面,我们可以参考国外一流法学院的做法,其课程设置往往都是经过深入研究、精心设计的结果。为了参照比较,特把哈佛法学院和耶鲁法学院J.D.项目的课程设置附后,以供参考。

总之,课程设置和培养方案的制订是一门科学,需要在研究具体类型的法律人才所应当具备的基本素质和能力的基础上,有目的地进行科学设计和实施,不可拍脑袋决策,也不可没有顶层设计,因人设课,放任自流。

四、教学形式、方法和课程表安排

教学方法的讨论已然不少,但却基本上局限在"理论讲述""案例教学"和"实践教学"的模式讨论,或"灌输式""启发式"和"亲历式"教学法讨论的范围内。这些讨论都十分必要,也比较丰富,本文无意在此重复。相对这些仍然较为宏观的讨论,本文试图在具体教学形式、方法和课程表安排上进行微观层面的探讨。

1. 教学规模大小的安排

大家都知道,启发式、互动式和亲历式教学都是在小规模教学的基础上最为有效,而培养高层次法律职业人才所必须具备的法律思维的最佳渠道则是小范围的案例分析课、互动讨论课、模拟法庭训练课或亲历式的实践课。文后附录的耶鲁法学院法律博士(J.D.)课程设置就明确要求,一年级的学生必须选择一门小班上课的课程,在老师指导下分成小组进行讨论。本文作者在美国几所法学院中都看到法庭辩论课、模拟法庭课、法律文书写作课等实践性强的课程,都是以小组甚至单个学生的形式接受老师的指导和训练。小规范的教学当然成本更高,对教师数量和工作量的要求也更多,教学效果尤其是对法律学生法律思维的培养效果也更好。

但是由于师资的缺乏和教育成本等因素的考虑,很多法学院认为无法完成这一"无法完成的任务"。对此,不妨借鉴德国法学院教学模式改革的经验。德国不少法学院对大陆法系传统的讲授"潘得克顿"式理论的讲座课程进行了改革,一方面保留大课堂的理论性讲座课,另一方面开创了与大课堂配套的小组案例讨论课。大课由教授主讲,听众有几百人之多。同时,大课之后还有相应的以 10 至 20 人为单位的小组讨论课。小组讨论课根据大课的内容和进度,以讨论在真实案例基础上改编的案例为主要内容。学生要根据大课讲授的内容,对相应的案例进行实际操作和分析。比如在合同法大课上,教授讲的是合同的缔结,讨论课就以案例中相关的事实和文件为素材,具体分析该案例中的合同是否已经缔结。如果下一次课讲合同的效力,讨论课就以同一案件的相关事实和材料跟进讨论合同缔结后的效力问题。讨论课一般由多个年轻的专任教师担任辅导老师。尽管大课相当松散,没有人查看出勤,但是小组案例讨论课则要求必须出勤,并要在学年年底完成一篇很长篇幅的综合性案例分析报告。这种大课与小组讨论课、以法学原理为内容的讲座课与以案例为内容的讨论课紧密结合的教学法,在一定程度上把德国潘得克顿学派的传统和法律方法的训练与普通法的案例教学法紧密结合在一起,收到了良好的教学效果。难怪德国教授不无自豪地说,德国法学院的学生到英国和美国去,虽然没有学过英美的普通法,但是比英美学生的分析案例能力还强。

再比如,在美国和其他发达国家的法学院中,法律文书写作课都是一项基础性课程。学生都以小班规模上课,在教师指导下不断练习各种法律文书的写作;教师则负责对学生的文书习作逐篇批改。在这样的反复练习下,学生的法律文书写作水平在理论和实践层面上都得到了极大提高,而且训练了他们法律思维的习惯和方式。虽然我国法学院系也都开设了法律文书写作课,但是很少有院系像国外一流法学院那样投入如此大的精力和资源,认真为每位学生进行辅导和培养。孔老夫子提倡的"因人施教",未在我国高等法学教育中实现,却在国外一流法学院中得以实施。这不能不说是令我国法学教育界汗颜之处。

在大多数法学院,小规模的教学并非唯一的模式。如果每一门课都小班上课,每一门课都像德国合同法的教学模式那样安排小组讨论课,大多数法学院都是无法承受的。因此把一些核心课程或挑选出来的课程安排小班上课,达到培养和训练学生法律思维能力的目的就可以了,而不必把每门课都做如此安排。

2. 除了上述教学规模因素外,教学方法也需要认真研究和落实

前述德国法学院把大课与小组讨论课结合在一起的方法,就是一

种具体的教学方法的改革。我国法学教育虽然不断在呼吁改革教学方法,但并没有把培养学生的法律思维能力作为培养的重点,仍然是以理论化的话语在上小班课,或是由教师主导分析案例的案例课,因此教学方法的改革往往停留在表面的形式上,并没有从实质上改变老师主导和学生被动听课的局面。学生在学习过程中没有独立分析案例和处理实际问题的训练,其法律思维就难免缺乏创新性和独立性,其职业能力的欠缺也就不足为怪了。

在实施卓越法律人才规划的过程中,法律院系不仅要明确过河的目标,而且要设计出过河的舟桥,即不仅要热衷于争取试验基地的权限,更应该认真考虑通过何种课程安排的形式和渠道培养学生精到的法律思维,设计出具有创新意义的课程体系,编写能够贯穿课程始终的案例,精心安排课程并探索教学方法的创新。如果能够把上述德国理论讲授课与相应案例讨论课组合在一起,设计出课堂讲授与案例讨论的体系化教材,循序渐进,逐步培养和训练学生的法律思维,卓越法律职业人才的培养目标才会落实到实处,才会真正实现其初衷。

3. 法学院的课程表安排也是需要认真研究的问题

先举一个小例子。本文作者曾在美国法学院讲授一门每周3学时的课程。我原打算按照国内的通常做法,一周上一次课,每次3小时。这样虽然每次上课累一些,但却可以得到其他四天的空闲。不成想,原本每周3学时的课程被法学院安排成每周三次,每次一个学时。这样一个看似不经意的授课日程安排,却带来了意想不到的效果。首先,我每周要连续三天在备课和上课,对于课程进度和效果的关切无形中提高了很多;其次,由于每一个课时都成为一个独立的授课单元,原来的讲课计划也要变更,实际上增加了许多内容;其三,学生也要每天都阅读相应的资料,参加课题讨论,他们对该课程的投入也增加了很多。"细节决定成败",此言确实不假。这种课时安排在很多一流法学院都是常态安排。一门课在一周内集中一次上完的情况则是例外,那种集中几周就完成一门课的情况更是特例。学习是有规律的,如果违反学生学习的规律而随意安排课程,其科学性就值得质疑。

回头来看我国法学院系的课程安排,很少有法学院系的授课日程安排是根据学生培养和教学规律精心设计安排的。不少院系教学日程安排的决定性因素往往出于教学规律以外的考虑(例如学生的选择、对教师日程的迁就、教室可利用的时间、学生的其他活动安排、司考和就业等因素);或者排课完全由电脑或不了解法学教育规律的行政人员来进行。这就像把一个设计精巧的图纸交给不理解设计理念的泥瓦匠去施工一样(本文绝没有贬低教学行政人员的意思,且对他们的贡献深怀敬意,并希望通过开展对法律教育规律的研究,提高其工作的水准,使他们成为高水平的教育职业家)。本文强调的是法学院系的主要领导应当高度重视对教学活动的安排和改进,而不要把这一重要环节简单地留给教务人员完成。

概括而言,卓越法律职业人才培养计划的实施需要每一个法学院系发挥自主创新意识,认真加以落实。其需要考虑的步骤如下:

(1) 类型确定(根据自身情况,因地制宜,确定本院的卓越法律人才培养目标)。

(2) 研究并确定培养该类型法律人才应当具备的素质。

(3) 根据确定的具体素质,设计出为培养这些素质应当开设的课程及其体系(需要整体考虑公共课、专业基础课、专业方向课、法律实践课等内容)。

(4) 教学模式设计和安排(如课程规模、实施进度、资料编纂、课时安排、教学方法、考核形式等内容,即考虑教什么、如何教)。

(5) 以培养高水平法律人才为导向,设计包括教学、考核、实践和其他活动的全过程培养方案。

(6) 根据培养类型的要求,实事求是地安排就业出路。

总之,卓越法律人才培养计划的实施,既需要整体性和系统化的思考,又需要一系列相互关联的中观和微观制度和程序设计。

五、结语

卓越法律职业人才培养计划是在对我国法学教育的回顾和反思,

对其他国家法学教育发展和改革比较研究,以及对我国法治发展的实际需求和未来走向客观、深入考察的基础上,提出来的法学教育改革和创新计划。尽管它需要在实践中得到检验、修改和完善,其创新性和整体性的思考是值得充分肯定的。但是,如果我国法学院系不能用创新、改革的魄力和心态来接受并科学和实事求是地实施这个改革计划,不在具体实施的举措和路径上下工夫认真研究,精心设计,努力推进,而是把它看成简单的经费申请和提升法学院系排名的手段,再好的改革计划也都会付诸东流。

既然过海成仙的目标已然确定,那就看各个法学院系如何各显神通,渡过波涛汹涌的海峡,到达彼岸的蓬莱仙境了。设计渡海方案和实施举措任务的艰巨性不亚于计划本身的设计,甚至较之更为艰巨和关键。创新精神和具体方案设计将决定改革的成败。借用英语中的一个谚语:The devil is in the details(细节决定成败)。

附录　哈佛法学院和耶鲁法学院课程设置

"一年级课程:哈佛法学院最近全面修改了一年级学生的课程设置。新的课程回应了21世纪法律实践的需求,为传统的以民事诉讼法、合同法、刑法、财产法和侵权责任法构成的课程体系增设了立法和规制、国际法和比较法课程。现在,所有一年级学生都要修一门'实务训练课'(a problem solving workshop);学生在该课中要应对涉及复杂事实和多部门法律的真实法律挑战(real-world challenges)。学生还要参加法律研究和写作课,以获取法律实践必不可少的重要技能。学生还从哈佛提供的国际法领域课程和范围宽广的其他课程中选修课程。一年级学生被分成以80人为单位的7个班(Section)。一般由承担一年级基础课的资深教授担任班的领导(Faculty Section Leaders),为该班的学生提供指导和支持,并安排与法律有关的课外活动。在班级活动外,学生可以参加一年级阅读小组——10—12人一组;这为学生提供了在课外非正式场合与教师进行交流的机会。该活动没有学分;通常是在教师指导下,学生对教师个人感兴趣的领域中的课题进行探讨,其范围广泛,如法律和文学、恐怖主义的法律对策、气候变化的规制,以及生命伦理问题。

高年级课程:在二、三年级中,哈佛法学院学生从众多选修课中自行选择并规划其课程,学生通常根据兴趣从法学院课程和全校课程中选择不同班级学生混合在一起的课程、法律诊所课、法律写作课和跨学科学分课。法学院教师开发出来的五个研究方向(Programs of Study)——法律与政府、法律与社会变迁、法律与商业、国际和比较法、法律与科学和技术——为高年级课程设计提供了选择路径。研究方向引导学生在其选择的领域设计课程结构,并使其广泛研习这一领域的法律、政治、理论和实践。对学生而言,具有特殊重要性的课程是法律诊所课和跨学科课程;它们使学生获得法律的实践经验,使他们理解到从其他领域和视角如何看待法律。法学院鼓励学生在其第三学年参与高级研究活动,如需要学生充分运用其知识、技能和方法手段来解决当前最令人着迷、复杂和疑难的法律问题的高级讨论课、法律诊所实践以及法律写作课。"①

耶鲁法学院课程设置:"为获得法律博士(J.D.)学位,学生必须在所有时间内满足对学位候选人的要求,必须令人满意地完成全部83学分,必须达到法律写作的要求,必须完成六个学期或相等时间的住校研习,并必须由教师推荐申请学位。在学位要求的83学分中,可以用不超过10学分从事获得批准的独立研究和研习。83学分中的至少64学分必须是耶鲁法学院教师指导下的学分。如果学生没有满足这些要求,将不会得到学位。"……"无正当理由,如生病,而缺席安排的课程,将构成被法学院除名的充分理由。"

"第一学期:每个学生都必须选宪法、合同法、诉讼法和侵权责任法课程。在这些课程中的任何一门中,学生会被分配到一个小组。这

---

① 选译自2012年9月30日从哈佛法学院网站 http://www.law.harvard.edu/academics/degrees/jd/index.html 下载的资料。

是讨论形式的课(seminar-style course),一组约 18 位学生,以课程资料为内容接受法律研究和写作的基本训练。所有第一学期的课程都以通过/不通过进行考核。

第二学期及其后的课程:第一学期后,学生必须圆满完成至少 67 学分。学生可自由选择自己的课程,但是在毕业时必须完成工作:(1)刑法或刑法与行政的基本课程;(2)一门至少 2 学分的讨论法律职业道德或职业责任的课程;(3)对 2012 年 6 月 30 日后入学的学生而言,一门至少 2 学分的在严格指导下获取职业技能的课程或项目;及(4)下面规定的法律写作要求。"学生必须在任何一个学期中,包括最后要求住校的学期,选择不少于 12 学分并不超过 16 学分的课程。""在第一或第二学期末,一位院长会与任何学习吃力的学生面谈,并与其讨论如何在法学院继续学习的方法。""在每个学年末,助理院长和教务会给所有法律博士候选人发一份学位进展报告,包括哪些学位要求以满足哪些正在进行中或哪些尚未开始的通知。一位院长将会与任何不能圆满完成学业的学生会面,制订一份学业计划和完成学业要求的正式时间表。""在第一学期后,学生必须选择至少 51 个学分的课程。至少 9 门这类课程要在法学院第二学期选择。在学业项目中,任何超过总共 5 学分的考核课(以通过/不通过为考核标准)都不会计算在学位认可的学分内。""法学院要求每个学生都要选修 3 学分的教师指导法律分析写作和至少 2 学分的论文写作项目。至少一项写作要求必须在其第五学期前完成。"[①]

[①] 选译自 2012 年 9 月 30 日从耶鲁法学院网站 http://www.yale.edu/printer/bulletin/htmlfiles/law/academic-requirements-and-option-s. html # academic _ requirements_and_options 下载的资料。

第三章　中国法学教育剖析

第一节　中国法学教育的结构失调及对策*

改革开放以来,在建立法治国家的大环境推动下,我国法学教育空前发展,焕发出前所未有的活力,从以往备受冷遇的小学科一跃而成为世人瞩目的显学,为我国法制建设提供了大批亟须的法律人才,为我国法制建设的快速发展作出了巨大贡献。

一、法学教育规模已超出市场接纳能力

但是急剧的扩张也容易掩盖发展带来和将会出现的问题。其中之一就是令人忧喜交加、毁誉参半的法学教育规模问题。之所以喜,是因为这样大的规模表明了社会对法治的认可和推崇,表明法律职业这一曾被打入另册的"非我族类"可以登堂入室,在社会发展中大展身手。之所以忧,则是因为其规模之大,已经超过了现有法律人才市场可以接受的数量,造成了一定程度的教育质量下降和就业难的问题。可谓喜也规模,忧也规模。

为什么说现在的规模已经超出了现有法律人才市场的接纳能力

---

* 本文发表在《法制日报》2008 年 6 月 1 日第 009 版。

呢？不妨先看一下我国现有法律职业群体的规模，即14万名律师、21万名法官、18万名检察官，总计53万多人。

按照我国法学教育现在的规模，如果现在全部在校法科学生4年后全部毕业，可以把我国现有法律职业者中的80%更新一遍；而研究生的培养是2至3年，如果把将要入学的研究生数量考虑进去，就意味着很有可能在4年后把现有法律职业者统统更换一遍。显然现在不可能出现在未来4年中全部更新现有法律职业者的状况。

即使假设我国法律界的规模将进一步扩大，由于法院和检察院的编制限制，这种有限的扩大，似乎也不可能容纳所有的法科毕业生。因此法学院系毕业生从事非传统法律职业的比例将会非常大，甚至一半以上的法科毕业生将无缘从事法律职业。当然，学过法律的人从事其他行业的工作或自行创业也有利于法治国家的建设。但是这已经足以促使我们反思一下现在法学教育的规模和毕业生的出路问题。

无独有偶，在我国近代法学教育的发展史上，曾经也出现过法学教育大发展的经历。据记载，在清末民初，随着变法维新和废除科举的推动，法学教育从无到有，风靡一时。在1912年，法政专科学校一度达到60所，学生有30 803之众；在1916年，则减少到32所，学生8 803人。潮涨潮落，到1926年，法学院系的数量回落到25所。我国法学教育是否会再出现落潮？

法学教育的兴衰与涨落，显然与法治在社会中的地位和社会对法律人才的需求息息相关，而非仅仅是法学自身的问题。

法学教育的兴盛得益于变法图强的社会需求、科举制度的废除和政府对法律人才的吸纳。而连年战乱、社会制度变革缓慢、政府和社会对法科毕业生需求的减少，又直接导致了法学教育的式微和衰减。我国当前法学教育的规模问题，也不能仅仅从法学教育的内部找原因，而需要从社会发展和社会需求的角度来分析。

改革开放以来，法制建设被提到了十分重要的地位，建设社会主义法治国家已经成为我国社会发展的目标之一，全社会对法律人才的需求也出现了前所未有的高涨。我们有充分的理由说，随着社会转型、市场经济的建立、现代化的进程和全球化的影响,走向法治和需要更多法律人才这一大趋势,将进一步得到加强。这一社会发展的大趋势,也将保证当前的法学教育不会像民国初年那样出现大规模的缩减。

二、适当调整法学教育的规模是当务之急

从上述数字分析看,我国法学教育的规模确实有明显超出现有法律职业规模和大于现阶段法律就业市场需求的现象,因此下一阶段应当适当地调整法学教育的规模,从以往数量扩展为主的办学模式过渡到提高办学质量为主和以质取胜的发展模式。

为了有效地精简和控制法学院系过快的发展,有必要分析当前法学教育盲目扩张的原因。

首先,我国进行大规模的法制建设,而法制建设又的确需要大量法律人才。20世纪八九十年代法院、检察院和律师事务所的重建和发展,为受过专门法学教育的人才提供了大量的就业平台,带动了大办法学教育的热潮。

其次,不少高校为了提高学校地位,建成多所综合性大学,急于开设法学院系,并不断扩大办学规模。

其三,在高校"扩招"的背景下,一些学校认为法学不像其他学科那样需要有较大的投资和专业性很强的师资队伍,门槛低,学生毕业后容易就业,因此未经充分论证,甚至办学条件也不完备,便东拼西凑,匆忙开设了法学专业。

其四,办学盲目,缺乏对未来就业市场的客观分析。许多高校在开设法律专业之前,并没有对社会到底需要多少法科毕业生进行调研,更没有对所办的法学院系的定位进行清醒的分析,缺乏明确的办学目标,也不清楚其毕业生的未来走向,盲目上马,一哄而起。

其五,利益驱动,把办学当成创收的手段,只要有人报考,就来者不拒,照单全收。

其六,某些地方的教育行政管理机构缺乏全盘考虑,仅仅从政绩或规模角度出发,在审批环节没有严格把关。

由于上述种种原因,各级教育主管部门和法学院系缺乏对法律人才市场的认真调研和对法制发展的全局分析,被当时特殊背景下法律就业市场的繁荣所诱导,造成了鱼龙混杂、泥沙俱下的盲目发展局面。

针对上述原因,各级教育主管部门应当承担起严格把关,慎重审批设立新的法学院系的申请的责任,并对现有法学院系的办学质量进行认真的检查和评估,对于毕业生难以进入法律职业的院系,必须缩小其办学规模,甚至停止其办学资格。如果教育主管部门和高校不主动采取行动,法律就业市场也会迫使法学教育进行自我调整。

三、优化法学教育的结构是根本

虽然对法学教育的规模进行调整是必要的,但最根本的问题是如何优化和调整当前法学教育自身结构的不合理问题。如果再深入进行调查,我们就会发现,一方面,相当多的法学毕业生难以进入法律职业群体,另一方面,在一些法律职业机构中又难以找到合格的高水平的法学毕业生。在我国法律职业市场上,"过剩"和"短缺"同时存在。所谓"过剩",不过是大家都挤在一起,把人才培养和就业的眼光仅仅局限在有限的领域,在大城市的基层法院中,书记员都要具有硕士学位,而在基层尤其是西部,则缺乏受过系统法学教育的毕业生充实法官队伍。所谓"短缺",并非真正意义上法律人才的过剩,反而恰恰揭示出我国法学教育存在的短板,说明我们培养的毕业生缺乏从事上述"短缺"领域工作的能力和主动性,我们现有的法学教育体系,也没有有意识地进行调整,从而弥补这一短板。

因此,这不仅仅是规模过大或发展过快的问题,而是揭示出我国法学教育结构不合理的深层问题。这个结构问题是片面强调法学办学模式的单一化造成的。当前中国的社会发展却是千姿百态,法学教育应当因地、因时、因需而分成不同的层次。

而这里所说的"分层次"办学,并非简单地分成"一流""二流"和"三流"的法学院系,也不是要简单地套用"精英教育"和"大众教育"的分类，而是主张按照所培养的学生的未来走向和办学宗旨找准自身的定位，分成不同的"层次"或"类型"，从而合理地调整法学教育的结构。

一些院系应当是"研究型的院系"，有些则应当是"应用型的院系"；有些是以培养基层司法人员或法律服务人才的院系，有些则是以培养国际型法律服务人才为目标的院系。每一个层次或类型的法学院系，都可以按照相应的评价体系进行评估，从而评价其办学的水平。如果一个法学院把自己定位在培养基层、应用型法律人才的层面上，使毕业生成为当地司法和法律界的骨干，这个学院就是为我国法治作出了巨大贡献的一流法学院，其毕业生也是法律界的"精英"。

我国法学教育的单一化，暴露出当前法学教育结构的不合理性、教学内容与社会现实的脱节和贫乏、培养目标上的狭隘性和盲目性。

其一，要解决上述结构失调的问题，需要教育主管部门设立科学的分类评估指标体系，为各类法学院系提供有关的办学信息，建立合理的评估机制和程序。评价和评估指标体系是一根指挥棒，而表面化的单一评价指标体系和评估程序对法学教育的分类和分层极为不利。可以说，各种民间、半官方和官方的评价和评估体系没有看到我国法学教育应当具有分类和分层的客观需要，缺乏对我国社会和法制发展的深入了解，脱离了社会和法治内在的规律和需求，以从单纯的学科角度进行引导和管理。这些是造成当前法学教育结构失调的主要原因之一。

其二，中央和地方教育行政管理部门要为高校提供法律人才市场实际需求的客观分析，帮助法学院系找准自身定位、办学宗旨和培养目标。在办学审批和评估中严格把关，推动从"数量为主"到"质量优先"的办学模式的转变，从宏观上引导法学教育结构的调整。

其三，要发挥各个法学院系的主动性，减少盲目性，明确定位，办出特色。

其四，要发挥人才市场的调整作用，把各个院系的招生和培养与社会和市场需求紧密结合在一起。

如果我们及时认识到我国法学教育规模过大的问题，并由此认识到其深层的结构失调的问题,以及由此而造成的在学校定位、办学宗旨、培养目标和教学内容上的种种现实存在或潜在的问题,及时进行相应的结构调整,在"全面推进法治国家建设"的背景下,我国法学教育进一步发展的空间将会进一步拓展,并将推动我国法学教育新一轮的改革和发展。

第二节 蓬勃三十载 展翅向未来
——中国法学教育展望*

中国法学教育发展之迅速令世人瞩目。从"文革"后仅存的两所法律系一跃扩展为当前的600多所法学院系;从当时区区几百名在校法律学生激增到当前40万左右的学生规模;从当时单一的本科教育发展到当前多样性的学位培养模式;从当时以"阶级斗争"理论为主的教学发展到当前多姿多彩、门类齐全的课程内容;从当时封闭僵化的研究拓展到当前开放创新的研究;法学教育在过去的30年间,为社会培养了大量法律人才,为我国法学的繁荣和法治的发展作出了突出贡献。

30年的风风雨雨,推动了法学教育的蓬勃发展。总结30年的成就无疑是十分重要的,但是更为重要的,则是清醒地看到现有的问题和国外法学教育发展所带来的新挑战,在以往的基础上推动我国法学教育更上一层楼,为社会主义法治国家的建设提供坚实的人才和理论支撑。

从国际范围看,各国法学教育都在进行涉及法学教育的结构、内容、方法和宗旨等重大问题的改革和创新,形成了一轮新的法学教育改革的浪潮。在美国,卡内基基金会于2007年发表了一份针对美国法学教育的批判性的综合报告,提出不仅要使学生"像律师那样思考",而且要"像律师那样执业",要有正确的职业道德和价值观;建议

---

* 本文发表在2008年8月31日《法制日报》006版。

把传统的原理和分析型教学与实务型教学和以职业伦理为内容的教学有机地结合在一起。哈佛、耶鲁、斯坦福等法学院纷纷改革其课程体系,加重法律诊所教学、国际法或外国法教学、其他学科教学的分量。日本和韩国则借鉴美国以职业教育为宗旨的教育模式,设立研究生层次的法学院,大规模地改革其法学教育的结构。澳大利亚、英国等国家的法学教育也在孕育着新的改革。德国等大陆法系国家的法学教育在传统的理论教学的基础上,大力推行理论与案例分析和实务训练相结合的教学模式。全球化的趋势也给各国法学教育的改革注入了更多开放性和国际性的元素。

我国法学教育也面临着新的改革机遇。除上述国际性的法学教育改革浪潮的影响外,改革的主要动因在于我国法学教育现有的问题和缺陷。这些问题和缺陷的存在,固然在迅猛发展的过程中难以避免,虽然也不会掩盖已经取得的成就,但是从另一个方面看,它们的存在不应被忽视,更不应被"理所当然"地接纳。尽管仁者智者众多,对法学教育的主要问题有不同的解读,本文不揣冒昧,将其归纳为以下几点:

(1)在蓬勃发展的过程中盲目看重数量、规模、速度、学位项目和物质条件等形式因素,缺乏对我国社会和法治发展实际的客观和科学分析,造成规模与质量的落差、培养目标与社会需求之间的错位。

(2)评估标准单一,办学模式趋同,现有法学教育结构不适应我国社会和法治不平衡发展及多样性的现状。

(3)在法学大发展的同时,"经院化"倾向导致教育宗旨与法治现实渐行渐远,教学内容与社会生活和法治实践脱节。

(4)在办学过程中受市场化和利益的驱动,过于追逐经济效益或其他利益;在一些项目中,对效益的追求取代了对教学内容、方法和宗旨的科学分析与设计。

(5)在课程设置上,缺乏科学深入的研究,缺乏在明确培养目标指引下的统一规划和有机结合的课程体系;教学方法没有根本性的改进。

（6）在教学内容上，积极引进有余，以中国问题为导向的创新发展不足；即使是引进，也是"囫囵吞枣"式的介绍多于深入和中肯的分析。

上述问题的存在，为我国法学教育的进一步发展提供了极大的空间和机遇。"江山代有才人出"。谁能够在新一轮的改革浪潮中勇于创新，谁就能够占有发展的先机，提供最新的经验，推动中国法学教育的发展。本文认为，具体的改革可以考虑以下几个方面：

（1）法学教育结构的改革。法学教育需要为社会和法治发展提供学以致用的合格人才。我国社会发展的不平衡性，决定了法学教育模式和培养目标的多样性。不能把所有院系都纳入单一的评估体系，都以学科点、学科基地和研究生数量的多少作为评估和经费分配的唯一标准。应当按照社会需求对现有法学院系进行分层、分类、分特色的管理和考核，根据社会发展和市场需求合理确定法学教育的规模和结构。

（2）学制体系改革。世界范围内法学教育的发展有一个提高法学教育层次的趋势，即把法学教育提高到研究生层次，在通识教育的基础上建立法律职业教育。尽管我国当前法学教育仍然以本科和通识性教育为主，但是社会和法治发展对高层次法律职业人才的需求，迫使我们不得不考虑对现有学制结构进行改革的可能性，解放思想，允许进行新的改革尝试，比如在通识教育的基础上开展职业教育，采用六年本硕贯通的改革设想。

（3）课程设置改革。课程设置应当综合考虑必修课与选修课、理论课与实务课、国内法与外国法、知识性课程与职业伦理课程、法学课程与其他学科课程、课堂内教学与课堂外教学等一系列关系，在明确的培养目标指引下，设计出各具特色的、系统的、有机组成的课程体系。

（4）教学方法和模式的改革。尽管很多法学院都引进了启发式、讨论式、案例式和诊所式教学，但是囿于大陆法系原理主导的成文法体系和教学传统，案例和讨论成为一种活跃课堂气氛的补充甚至是点缀；教学方法的改革并没有提升到培养模式和宗旨的层面上进行深入探究。在这方面,我们不妨更积极地借鉴外国的有益经验,推进深层改革。比如德国法学教育就在发扬大陆法系的传统原理性教学基础上,有机地借鉴了普通法的案例和实务教学的经验,推出了培养高层次法律人才的本国特色教学模式,即在教授为数量众多的学生提供讲座的基础上,把学生分成10人左右的小班,结合讲座的内容和进度,以具体案例为内容为他们开设案例分析和实务训练课。比如在合同法课程中,教授负责讲授合同法的原理与制度,教师则在随后的小班教学中指导学生分析具体案例中的相关问题。在这一基础上,学生既学习了体系化的合同法原理和制度,又学会了如何在具体案件中运用这些原理和制度处理具体合同问题。

(5)教学内容的改革。各个法学院系的定位不同,培养的目标也不尽相同。在此基础上,应当以中国问题为导向,结合自身特色和条件,有针对性地确定各自的教学内容。有些院系应当针对当地的社会和法治发展需求,增加更多实用性的教学内容;有些院系应当以培养研究型人才为主,更多开设一些理论性和跨学科的课程;有些院系应当考虑国际化趋势,结合自身条件开设更多外国法、比较法和国际法的课程。课程设置不仅应当考虑法学知识和原理的传授,而且应当考虑法律实践的技术和能力的培养,以及法制观念和职业道德的确立,把"道德和文章"的培养有机地结合在一起。如果我国法学教育不能为人才稀缺的基层和西部地区培养足够的合格法律人才,不能为国家急需的国际性法律服务提供高层次的人才,都以培养"大路货"为目标,就不能说我国法学教育是成功的法学教育。

上述改革不仅需要建立在中国社会和法治发展的现实基础上,科学地界定法学教育的宗旨和目的,更需要进一步解放思想,允许进行深层的改革尝试。30年的发展为我们提供了坚实的基础,而中国法学教育的创新与未来又向我们提出了更艰巨的挑战。

第三节　回顾与展望:诊所式法律教育在中国①

中国的老话说:十年树木,百年树人。诊所式法律教育进入中国法学教育领域已有10年了。这一新的法律教育模式是否已经成长为一棵根基扎实,枝繁叶茂的大树了呢? 它是否已经承担起百年树人的重任了呢? 值此十周年之际,我们一方面要为它的扎根和成长而庆贺,另一方面,或许是更重要的一个方面,则是认真地对它进行回顾和总结,尽可能地在法学教育的本质和理念的层面上回答它所面临的一系列问题,推动它的长远的可持续发展。

一、诊所式法律教育在中国的发展和委员会的工作

中国法学教育自20世纪70年代末80年代初重新恢复后,可谓波澜壮阔,席卷而来。从1977年的两个半法律系到如今的六百多所法学院系,从单纯的本科教育到如今的大专、本科、法学硕士、法律硕士、博士等众多学位项目,从传统的"知识性传授"甚至是"灌输",到如今的案例式、启发式、讨论式和诊所式教学方法,从"最畅销的专业"到"最难就业的专业",其跌宕起伏令人眼花缭乱。其中鱼龙混杂,泥沙俱下的局面也孕育着危机和困境,令人不无担心和忧虑。法学教育改革的呼声几乎是与生俱来,于今愈加强烈。诊所式法律教育模式的引进和发展,是过去十年法学教育改革的一个重要舞台,它作为改革举措所带来的对于中国法学教育的反思和冲击,已远远超出了一个单纯模式的引进。

在新的历史时期,中国法学教育一直致力于规模的发展,改变法学教育规模过小和不受重视的局面;致力于摆脱"文革"造成的法学附

---

① 本文为在2010年法学教育研究会法律诊所教育分委员会年会上的讲话。其中有关法律诊所教育委员会的工作状况和具体数据,是根据该委员会秘书长陈建民副教授提供的素材整理而成。本文发表于《法学教育研究》2011年第2期。

属于政治的尴尬地位。这是历史的要求,也是正确的选择。随着法学被确立为独立的学科体系,即国务院划定的一个"一级学科",一种用机械和僵死的眼光看待法律,把她作为一种独立于社会之外的、自我封闭的规范体系的观念也随之而生,乃至成为主流意识。

面对急剧变化的社会,这种"注释法学"和"经院法学"的教学模式,脱离具体社会环境和情景的规范解说或论证,显然已不能应对丰富多彩和变动不居的社会现实。在这种压力下,中国法学教育开始重新思考其定位,即法学教育是"通识教育"还是"职业教育"。当越来越多的法律学人和职业者认识到法学不仅仅是书斋中的僵化和抽象的文本知识,而且是影响着社会中每一个人的实践理性和人类智慧时,在一些法律院校在2000年开始借鉴国外的"诊所式法律教育"(Clinical Legal Education),有7所院校在同年9月开设了最初的诊所式法律课程。在2002年7月28日,11所院系发起成立了中国法律诊所教育委员会(隶属于中国法学教育研究会)。

委员会成立后,对诊所式法律教育在中国的开展起到了关键性的作用。其工作主要包括:

1. 积极推广诊所式法律教育的拓展

截至2009年12月31日,中国诊所法律教育委员会共有118个会员院校,其中已经有76个会员院校开设了诊所课程,共计开设不同主题诊所课程120个,诊所的内容涉及:民事诉讼、行政诉讼、谈判和调解、公益诉讼、消费者保护、弱者权益保护、农民工法律服务、农村法律服务、妇女权益保护、未成年人权益保护、青少年违法行为矫正、地方立法、社区法律服务、婚姻家庭、知识产权保护、环境保护、刑事诉讼、艾滋病患者权益保护等领域。

2. 培训师资,提高诊所式法律教育课程的水平

在委员会的组织和协调下,几乎每年都会组织3—5次各种类型的师资培训或教学研讨会;每年都举办诊所课程教师的年会和论坛;也组织了多次中外诊所教育的国际会议,并积极联系并推动诊所教师到国外进修,积极引进国外好的经验。

3. 组织诊所法学教育的科研活动

为了推动对诊所式法律教育的深化,委员会每年都组织专项研究课题的申报、批准和检查工作,推动了一批很有开创性的专著、教材和文章的问世,如李傲的《互动教学法——诊所法律教育研究》、王立民的《诊所法律教育研究》等。

4. 积极开展对外联系与合作

如前所述的中外研讨会、培训班、出国留学、与太平洋大学麦克乔治法学院合作进行诊所法律教育的师资培训;委员会还积极参加有关的国际活动,有的老师(如陈健民)还参加了培训国外诊所老师的工作,推动国内院校与国外院校建立对口合作关系,积极开展交流活动。

5. 与国际司法桥梁合作,继续顺利开展"刑事诊所法律教育项目"

从 2007 年到目前为止,委员会资助的刑事法律诊所的院校总数已达到 16 所。委员会与国际司法桥梁还多次举办了以刑事诊所为主题的培训。

6. 开展公益律师的培训、选拔和实施工作

该项目在 2008 年开始准备,2009 年 9 月开始实施,现已将近一年,效果良好。

7. 开展了网站建设和各种宣传方式

委员会设立了自己的教育网站,为推动诊所式法律教育提供了信息平台,为诊所教师和项目提供了一个非常好的交流渠道。在各种学术会议上,诊所教师都会大力宣传诊所法律教育的意义、性质和效果,提高了其社会影响,为其进一步发展打下了良好的社会基础。

8. 制定规划,追求可持续发展

委员会在推动诊所式法律教育的深入发展上进行了积极规划,不仅每年提出工作计划和安排,而且在 2008 年开展了可持续发展的专项课题研究。该项研究提供了两个主报告,深入进行了调研,对今后诊所式法律教育的可持续发展提出长远规划。为诊所式法律教育的长远发展,积极进行研究。该项目提交了两个报告,一是"对未来实践

教育体系报告——从诊所角度看",二是"诊所法律教育专业委员会发展与建制报告",此外,项目还将提交"中国诊所法律教育专业委员会可持续发展项目"运行情况报告。

9. 规范诊所法律教育,提高教学水平

委员会在 2009 年作出决定,制定了有关诊所式法律教育课程开设的基本规范和教学大纲参考本。这些规范和大纲,将挂在委员会的网页上供所有老师和打算开设诊所课程的院校参考。

10. 加强自身建设,提供更好的服务

委员会的历届常委会都重视自身制度的建设,建立了行之有效的秘书处;在资助资金的分配上、培训班的举办上、科研课题的筛选和资助上都建立了良好的制度;委员会还承担了大量的项目审查和实地考察的工作。

二、诊所式法律教育的特色

这一改革与其他改革措施一起,丰富了中国法学教育的内容和形式,积极推动了中国法学教育方法和观念的探索和转换。它把学生放在教学的主要地位,充分发挥了学生的主动性。诊所式教育模式改变了传统课题教学中的被动性接受为主的教学模式,推行以学生为主的主动性学习和实践;变学习他人经验为亲力亲为的参与式学习;变分门别类的知识传授为综合素质培养。更为重要的是,它把法学院的培养目标直接定位于"培养健全的法律职业者"。可见,实践性法律教育模式的引用,并非一种单纯的教学方法的引进,而是一种全新的教育观念和教学内容的引进,是对传统法学教育模式的挑战和改革。诊所式法律教育作为中国法学教育的一种新模式,不仅获得了长足发展,不断扩大自己的影响,而且在很大程度上弥补了我国法学教育的短板,改变了法学教育的理念和教育模式。

诊所式法律教学和模拟法庭训练与传统法学教育模式的主要区别包括以下几个方面:

（一）传统法学教育模式主要是对学生灌输某种既定的知识，而诊所式法律教育则是要教会学生如何学习和运用法律

在现代法治社会中，法律条文的数量以令人震惊的速度在不断增长，其修改和变化的速度也同样令人应接不暇。如果要把所有这些基于现行法律条文之上的知识都灌输给学生，我们的学制就会成为名副其实的终身学制。这不仅是不现实的，而且是不可能和不必要的。其实，法学教育的真谛应当是使学生学会如何学习和使用法律，而不是单纯灌输某种既定的、凝固的知识。授之以鱼不如授之以渔。即便是教师，现在教的东西中有多少是当时在课堂上学到的呢？二三十年前的法律课程与现在根本无法同日而语。如果现在要给学生灌输这种凝固的知识，或者灌输给学生一种固化的学术观，在他们毕业后，这些知识的适用性就会大打折扣。与此相反，诊所式法律课程则致力于训练学生如何在解决具体案例中学习寻找法律、分析法律、解释法律和使用法律。经过这种训练，学生掌握的是如何找到和使用法律的方法，而不是单纯地背诵几个法律条文。也就是说，学生学到的是能动的方法，而不是机械的公式。法律运行的内在规律和特点要求我们必须教给学生这种自我学习、自我更新、自我发展的能力，而不是几个现行的法律条文。

（二）传统法学教育模式的基础是被动式学习，而诊所式法律教育则是以主动性学习为基础

"纸上得来终觉浅，绝知此事要躬行"。法律是一门实践性极强的学科，没有经过法律实践是无法真正学好法律的。但是传统的法学教育在很大程度上忽略了这一实践过程，轻视实践中的实际技能。实践性法律教育要解决的正是这一问题。这里需要指出的是，这种实践让学生当主角、由学生实际动手操作、解决实际案件，它与以往的实习课不同。这种不同包括：

（1）实习课是学生作为旁观者去听、去看、去跟随，而实践课是学生当主角，成为法律运行的核心，因而必须主动去做。

（2）实习课往往缺乏有效的指导，而实践课中老师的指导则是有

针对性的、经常性的和具有理论高度的。

（3）实习课往往是随机碰到的案件，学生也往往在案件没有结束时就离开了，而实践课的案件则是经过老师挑选的，学生也能够自始至终地办完案件。总之，实践性教育模式给学生的主动性更大，从而使其收获更大。如同一个人到一个新的陌生的城市旅游，如果他乘坐别人的车观光，他就不可能真正认识该城的道路和地理状况。如果他自己开车或走路，他就会更明确、更切身地了解该城市的地理和道路。实践性法律课程就是采取后一种途径，使学生通过自身的经历了解法律的运行。

（三）传统法学教育模式把法律分门别类，有机的法律体系和融会为一体的法律实践被人为分割为相互脱离的板块；而诊所式法律课程则打破了这种人为的藩篱，使法学教育更具实战性和真实性

在传统的课堂教学中，任课老师仅仅讲授一门特别划定的部门法，练习、案例分析和考试也都预设好了范围。因而学生难以在近乎实战的情况下学到法律的综合运用。诊所式法律课程是把学生置于真实或近乎真实的环境中，有许多法律问题可能学生尚未学到或学生无法在隔离开的部门法教学中学到的东西。因此学生必须像真正的律师那样分析解决从未碰到过的问题和从未学习过的法律。有些东西虽然可能是课堂上已经讲过，但学生（甚至是老师）则从未想到过如何在实践中使用它。这就有如学习武术。任何人都可以学习几招固定的武术套路，什么四八式、八八式；但是这并不等于会了这几个固定套路，就能够上阵实战。真正的武术高手是那些能够把套路拆开，随机应变，灵活运用，从而达到出神入化、随心所欲的境界的人。如果我们不提供给学生这种融会贯通的实战机会，学生就只能学到零散的、片断的、割裂的凝固知识。这显然无法适应生动变化的法律实践对现代法学教育的要求。实践性法律教育要给学生提供的恰恰是这种传统课堂教学忽视或无法提供的机会和训练。

（四）传统法学教育模式不可能使学生进入真实的角色，从而无法使学生真正体验律师应负有的社会责任和应当遵守的职业道德。而诊所式法律教育则使学生进入实际角色

现代教育心理学认为：当成年人在负有一定责任的角色中学习时，他学习的动力就更大，也就更为主动。当一个人在课堂上被动地接受被灌输给他的知识的时候，他的学习是被动和消极的，因而学习的效果也不显著；如果他认识到他负有一定责任，他的学习会影响到其他人的利益和前途时，他的学习就是主动的、积极的，其学习的效果也就会十分显著。这就如同把一个人置于汽车司机的位子上和把他置于乘客的位子上的情形一样，虽然他都处于同一辆车中，但因实际上的角色不同，因此对汽车驾驶和路途状况的注意和了解程度也完全不同。实践性课程，特别是其中的诊所式课程，实际上把学生置于驾驶员的地位，赋予其一定的责任，因此他们在这种责任的推动下，会以超出一般课堂上百倍的注意力和细心来处理案件。这种负有责任的学习过程，不仅可以使他们学习到了相应的法律知识及其实际应用，也可以使学生学到在实际案件中如何处理各方面的关系和如何把握职业道德标准的经验和要求。我们的教学实践也验证了这一理论的正确性。

（五）传统法学教育的模式是一种训政式的、由上向下的灌输式的模式，学生和老师的关系是不平等的关系。而诊所式法律课程中，老师和学生的关系是平等的同事关系

长期以来，老师在讲桌前居高临下宣讲标准答案的教学模式已成为教育的典型模式。从我们前面的分析看，这种呆板的讲授模式，不仅缺乏生气，而且给学生灌输了一种居高临下的等级观、灌输形式和训政式的环境。要改变这种方法，就要改变教师和学生的关系，在诊所式法律教育课程中，我们要和学生建立起真正的平等关系，学生和教师不应仅是教和施教的关系，还应该建立起真正的学友般的交流关系。只有这样，教师才能真正了解学生的需求，而不仅是教师自认为的需求。要真正做到这一点，对于长期以教师为课堂中心进行教学的

我们是多么的不容易。但是我们从事这门课程的教师正在努力做着这种尝试,在建立这种关系中,我们真正得到了许多启发,从教学中不断地得到学生真正的反馈,开始感受真正的教学相长。教师要更加注重学生的感受、学生的需要和学生面临的问题,而不是主要关注自己,关注自己准备的教案和希望达到的教学效果。这就要求教师改变和学生交往和沟通的方式,不能只关心自己的教案,还必须考虑学生的需求、实际案件事实和教案的关系,关心教案最后是否会达到了让学生真正学有所获。

（六）传统法学教育力图引导学生达到一个唯一正确的答案;而诊所式法律课程并不追求一个唯一正确的答案,而是力图引导学生对案件和问题中的各种可变因素进行深入具体的分析,启发学生的思路,从中找出最佳的可行方案

在现有的法学教育方法中,教师是教育的中心,学生是被授教的对象,教育的结果大多以统一到教师的认识上为圆满。学生很少坚持自己的观点,他们生怕因自己的观点与教师的有出入而不能通过考试。久而久之,学生便习惯于服从教师给予的真理,而不去考虑"真理"的多样性,他们习惯于被动思考而不是主动思考,习惯于寻找"标准答案"而不会想到其实"标准答案"并不存在。而诊所式法律教育课程为主导的实践性教育课程则强调以学生为中心,教师的教案不能随意改变案件的实际情况,教师的分析也不一定是最好的方案,因此以教师的想法为唯一正确答案的传统思路就不可能通行,学生应将千变万化的事实始终结合有关条文和原理寻找答案。这种答案显然不可能预先存在于教师的教案中。学生们在办理案件过程中所遇到的问题,往往会超出原先教案计划中的问题,我们是按照准备好的教案按部就班地继续我们的教育,还是针对学生的需要随时调整我们的教学计划,这对于我们来说也是一个挑战。另外,为了使学生真正能够开动脑筋发挥主角的作用,教师也要采用启发式、引导式、提问式的方法组织教学,而不能简单地给学生一个标准答案。如此说来,这种教学模式显然也会改变根深蒂固的形式主义的、经院式的法律思维的

模式。

（七）传统法学教育要灌输的是一种既定的、凝固的知识体系；而诊所式法律课程则力图使学生学到各种法律条文以外的实际知识、能力和技巧

法律条文的运行并非在真空中进行逻辑推导。它涉及如何与法律运行中的各种人物和机构打交道，如何收集、分析、判断和确认事实，如何运用心理、语言、行为分析，以及经济、文化、社会、道德等分析方法分析法律的实际运行和操作。传统法学教育模式无法提供这种能力、技巧和素质的训练，而实践性法律教育模式则主要注重这些综合素质的训练。

（八）诊所式法律教育课程对老师提出了更高的要求

从事实践性法学教育，如诊所式法律教育的教师除了要具备一般法学教师必备的法律专业知识外，还需要有办案的实际经验；除了在课堂和指导中传授专业知识外，还要讲授专业技巧、职业道德，关注学生的实际能力的培养；除了认真备课授课外，还要具有充分的想象力、创造力和表现力，富有爱心、细心和耐心，发挥亲和力、感召力和鼓舞力。

当然，诊所式法律教学模式并非唯一的模式，它对传统教学模式的挑战和冲击并非要完全取消传统的教学模式，特别是其中行之有效的方法，而是要在其基础上进行改造和完善，不拘一格，多样并举，逐步形成中国法学教育的新格局，开创新局面。

三、诊所式法律教育所面临的问题

尽管诊所式法律教育已经取得了不少成绩，但它的发展也面临许多亟须深入探讨和认真解决的问题。概括而言，这些问题既有外部问题（如院系领导、其他教师和学生的认可，与其他法律课程的关系），也有内部问题（诊所课程自身的提高、教材的规范化、教学方法的完善）；既有客观条件方面的问题（如师资、办公条件和教学经费），也有主观条件的问题（如诊所的教学内容设计，与对口机构的合作）。中国诊所

式法律教育尚未成为法学教育正式认可的主流课程,而是往往被视为可有可无的点缀;从事诊所式法律教学的教师也往往被认为是主流师资以外的分支。

任何新的尝试都难免出现各种质疑和不同意见,其本身的发展也难免出现一些不足和问题。面对诊所教学数量和规模上的扩展,当前中国法律诊所的发展似乎遇到了一个瓶颈,其教学内容、方法、受理案件的管理和服务质量上似乎停滞不前,因而其社会反响也相对沉寂下来。其原因主要有以下几个方面。

(1) 作为一项仅仅有 10 年之久的改革尝试,与现有的法学课程和教学模式有许多需要磨合之处,因此不少院系和教师对法律诊所课程的开设持有怀疑态度,对其支持的力度还有许多不到位之处。

(2) 由于诊所式法律教育发源于其他国家,其形式和内容都带有其他国家固有的特色,因此在中国的环境下,难免出现不少"水土不服"的症候。

(3) 诊所式课程的开设,需要考虑各个学校的特点和条件,其形式必然各有特点:一方面,一些院系还没有找到适合自身条件和特点的诊所形式;另一方面,诊所式课程也缺乏较为一致的理念、宗旨和评价标准,因而难以在法学教育中起到更大的作用。

(4) 诊所式课程开设的理论和操作准备不足。无论是课程教案、诊所内容和模式、受理案件的程序和操作模式,还是师资力量的准备和理论的探讨,都显仓促。从事诊所教育的教师对于诊所式课程的宗旨的认识也有不同。

(5) 学生接受当事人代理的法律地位、身份和权限仍然具有较大的争议。尽管在中国,任何公民都可以作为民事、行政和刑事案件的代理人,但他们在处理案件的过程中与律师的地位仍有较大差距。这就带来了学生是否能够卓有成效地处理案件的问题。

(6) 诊所式法律课程所需要的投入相对较大,也许需要教师的大量课外时间和精力的投入,因而各个学校面临的资金和设备的投入问题、教师的待遇(尤其是职称问题)也逐渐成为制约诊所法律课程持续和扩大的因素。而目前除少数学校外,尚无更好的办法来应对这些问题。

尽管这些问题难以避免,但不等于我们可以等闲视之。如果我们不充分重视这些问题的存在,忽视对诊所式法律教育理论的深入探讨,不努力改善其开设条件,诊所式法律教育就难以得到持续发展。本文试图对其中的一些主要问题进行分析,并提出相应的对策。

四、需要进一步明确诊所式法律教育的宗旨

促进诊所式法律教育在中国开展的直接动因有二,一是出于对法学教育状况的反思而产生的改革要求;二是国外经验的引入和国外机构(如福特基金会)的支持。

就国内改革而言,虽然有改革要求,但对改什么和怎样改却有不同的认识。因此法学教育界对是否采用诊所式教育模式的认识并不一致,甚至有不少不同的意见,例如认为诊所式教育不过是小打小闹,可有可无;认为诊所式教育的投入太大,受益面小,因而得不偿失;认为让学生过早接触实际尤其是社会黑暗面,容易使学生对法治产生怀疑;等等。这些不同意见都有其合理的成分,需要我们认真思考和对待。但同时也需要通过讨论进一步明确诊所式法律教育的宗旨,探索和完善中国诊所式法律教育的模式,坚定诊所式法律教育的信心。

就国外机构的支持和资助而言,它们确实起到了刺激和推动它在中国开展的作用。但从另一个方面看,它也带来一个负面效应,即为了得到资助经费而开设诊所式课程,而非真正认识到开办诊所课程的必要性,故师资准备和领导重视都有所不足,尤其没有认真考虑和规划今后应如何发展的问题。因此诊所式法律教育虽然在中国开展起来,但也有不少现实或潜在的问题。

可见,上述两个直接动因虽然促进了诊所式法律教育在中国的开展,但并没有促使法学教育界认真思考为什么要开展诊所式法律教育的问题。是否仅仅为了标新立异,为了改革而改革?是否仅仅是因为国外或别的学校有诊所式课程,中国就需要效仿?这些问题都涉及诊所式法律教育的宗旨问题。为了进一步发展和完善中国诊所式法律教育，诊所式法律课程必须回答这些问题。

自古以来，中国教育的作用就被定位在传道授业解惑之上。道之所在，师之所在。尊师崇道，是中国优秀的文化传统。但从现代教育的规律和培养目标看，这种观念也有其局限性。

其一，它把教育的主动性完全赋予教师，而学生则不过是被动接受和尊崇。

其二，它把教育的内容局限在知识体系的传授和领悟的范围内，而没有看到除了知识外，教育还承担着对学生全面素质的培养，其中包括职业能力、技术和道德的培养。现代法学教育不仅要求我们交给学生必要的、系统的和理论性的法律知识，而且要训练学生掌握法律职业特有的技巧、能力和道德等综合素质。这些素质与单纯的知识掌握相比，可以说是游离于法律条文之外的"法外之功"。

其三，它把知识的内容简单地束缚在较为狭窄的专业知识的范围内。其实除了专业知识，法学院系的学生还应当了解经济学、政治学、心理学、历史学等超乎传统法学之外的"非法学的知识"，即大量相关和交叉学科的知识。

其四，它把理论和实践完全区分开。寒窗苦读，一日三省。这种内省式的教育，对于现代法学教育而言已经远远不能适应法学这一职业性教育的需求。中国传统的教育观念对法学教育的象牙塔化或经院化起了相当大的作用。

除了上述中国传统教育观念对于现代法学教育产生的掣肘外，中国法学教育力图在"文革"后形成自身的学术体系，也对注释法学和经院法学的形成和发展起到了推动作用。

诊所式法学教育模式的引进，主要就是针对上述法学象牙塔化和经院化的倾向而出现的，不管我们是否自觉地认识到了这一点。诊所式课程在越来越多的法学院系中开设，越来越多的法学教师认识到法学教育并非一般的通识性教育，而是法律职业教育；不仅是法律知识的传授，而且是对法律人才进行综合素质的培养；不仅要介绍和讲解基本理论,而且要让学生主动地参与实践并获取一些经验。"法律不是逻辑,而是经验","像律师那样思考"这些名言,随着法律诊所课程的开设,已经成为大多数教师的共识;培养学生的综合素质,也成为被广为接受的教育目标。因此它对中国法学教育产生的冲击以及带来的观念转化的作用十分显著。从这一点讲,它在法学教育改革中的功劳不可埋没。

在这种背景下,诊所式教育所起的作用清楚地揭示出诊所式法律教育的宗旨,即通过让学生在教师的指导下主动参与一定的法律实践,培养他们的职业综合素质和能力,帮助学生能够在毕业后更快地进入法律职业角色。

当然,学生综合素质的培养不可能仅仅由一门课程完全担负起来。诊所式法律课程必须与其他法律课程一起承担起这一培养综合素质的任务。同时也要看到,诊所式课程在对学生能力、技术和道德方面的培养上起着突出的作用,反过来也促进学生进一步深入地学习原来被认为是枯燥、抽象的法律知识。从参加诊所课程的同学的普遍反映看,学生不仅学到了有关的知识,也学到了传统课堂以外的技巧、能力、职业道德,学会了如何把抽象的法律条文适用到具体的实际案件之中,学会了如何像律师那样思考,提高了综合素质。

诊所式课程和其他实践型课程的出现,是对局限于教室内和理论体系内的传统法学教育反思和批判的产物,因而对法学教育的改革具有十分积极的意义。鉴于我国的法学教育从一开始就不是正规的学科化和学院化的模式,以及没有传授成熟的系统职业技能的传统和模式,因此这些课程在我国的设立具有更加突出的创新意义。

即便如此,它也不可能完全取代传统法学教育的模式,不可能因强调法学教育的职业性方面而否定其科学性和学术性的方面。也就是说,实践型课程是对传统模式的修正、弥补和补充。我们在积极借鉴和推动其在中国的发展的同时,也不应把它的作用绝对化,尤其不应把它与其他传统课程对立起来,而应该使两者有机地结合在一起,共同形成新的符合科学化和学院化的职业教育模式。

当然,实践型课程并非仅仅与法学教育的职业性相联系,它不过是一种全新的教学方法,既可以在法学教育的职业性方面发挥作用,例如通过实际客户使学生获得实践经验,培训职业技巧,学会如何与实际的各种社会或诉讼角色打交道,也可以在科学性和学院性方面发挥作用,例如锻炼法律思维和职业道德观念,把其他社会学科的知识和法律以外的因素加以融会贯通,学会如何把抽象的法律适用于具体的案件或事例之中。

五、诊所法律教育面临的法学教育发展的形势和趋势

在全球化背景下,诊所式法律教育在中国面临着新一轮社会发展和法学教育改革的新形势,其自身也亟须在这一进程中不断改革和完善。它需要考虑的主要因素有以下几个方面:

1. 世界范围内法学教育新一轮改革的趋势

面对全球化、信息化的挑战,各国法学教育都面临一个新的发展和改革的机遇。在亚洲有日本、韩国的法学教育改革,在美国有新的改革动议,在欧洲也有波伦纳改革计划。中国诊所式法律教育也必须考虑这一大背景。

2. 中国法学教育改革的趋势

中国法学教育也面临新的压力与改革的需求,法律诊所教育本身就是改革的产物,因此从事诊所式法律教育的院校和老师都应该对法学教育改革有密切的关注和深入的了解,自觉地把诊所教育与法学教育的大格局和大趋势紧密结合在一起,做教育改革的实践者。

3. 美国卡内基研究会关于法学教育的报告(2007 年)

该报告对法律教育的本质和宗旨有较为深入的分析,提出法学教育不仅是要教"学生像律师那样思考",而且要教"学生像律师那样执业",对法学教育要培养学生的哪些素质进行了细致的分析。该报告将由秘书处负责复印并分发给各位常委作为参考资料。

4. 诊所法律教育在法学教育改革中的地位和发展空间

因时间关系,仅提出这一问题,请各位常委和教师对此进行思考和研究,并在各自的教学实践中身体力行。

六、当前中国诊所式法律教育需要努力的方向

根据上述对中国诊所式法律教育发展现状和问题的分析,本文认为,进一步的发展需要注重在下面五个方面做工作,或将其简称为"五化":

1. 诊所教育规模的扩大化

法律诊所教育在新的形势下,尤其在新一轮的法学教育改革的形势下,应当抓住时机和机遇,从数量上、规模上要有一定的扩大,推动中国法学教育的改革与发展。同时也应当积极扩大法律诊所教育的影响和实际效果,与学校的行政领导进行积极有效的沟通,以获得更大的支持;与法律实务界进行更多的有效联系,借鉴实务界的力量和资源,推动诊所教学的发展。

2. 诊所教育的规范化

法律诊所教育已经开展了近十年,但是由于经验和师资力量的不足,也由于诊所教学的特点和规律,法律诊所教学的规范化,例如教材、师资、形式、程序和案件处理的制度的规范化仍然是一个亟待解决和完善的问题。这需要各个诊所充分发挥主动性和创造性,把已有的成功经验转化为制度,并积极推广,形成中国法律诊所教育的规范化模式。

3. 诊所教育教学质量的优质化

相比而言,中国法律诊所的发展还是很快的,很多诊所教育课程得到了所在学校领导的肯定和学生的好评,诊所教学的特点对学生形成了强大的吸引力。但诊所教学的发展极不平衡,教学质量,包括上述规范化的问题,仍然是我们需要关注的主要问题。我们一方面要争取学校和院系领导的支持,另一方面,也是最重要的方面,是我们应当苦练内功,积极探索,提高诊所教育的水平和质量。

有一种看法认为,诊所式法律教学没有学术性,而仅仅是技术性的训练。我个人认为,实际上诊所教学的学术性是非常强的。从教育学的角度,一个人的认知、知识、技能、道德素养等综合能力,尤其作为法律人的综合能力是怎样培养的?作为一个具有责任心和使命感的教育者,怎样把自己的感悟、学问、经验和能力传授给学生?这是每一个法学教育者都应当认真思考的问题。我们应当借法律诊所这样的平台,确实培养学生的素质、技能和职业道德,但是我们不是匠人式的培养方式,我们是有目的、有科学步骤地对学生进行培养。诊所教育的核心价值在哪里,需要我们去探讨;当我们有了较为明确的对核心价值的共识后,如何通过各种形式的教学和培养把这些核心价值、知识和能力传授给学生,更需要我们进行研究。从教育学的角度考虑,每一个法律部门在诊所实践教学中都涉及很多深层的理论问题。

举例而言,农村法律诊所涉及的问题往往涉及中国工业化、城市化和市场化转型过程中的重大社会和法律问题。虽然在诊所中处理的案件是小案件,但往往会折射出深层的社会和法律问题。2009年清华大学学生在贵州从事基层普法工作时发现,虽然物权确实是中国传统民法甚至是整个法律制度中最核心的部分之一,但是现行的《中华人民共和国物权法》并没有把农村的物权问题讲清楚。农民、宅基地、自留地、自留地的转包和流转问题、坟地纠纷等问题,法律现有规定尚无法圆满地回答这些实践中的问题。很多这类问题是中国较为根本性的、本土的、最具学术前沿性、现实的问题。

再举一个例子,清华大学法学院的学生在诊所中办了一个案子,案件中的当事人是个受过刑事处罚的女工,被工厂调到另一个工厂,但她从这个工厂转到另一个工厂时档案被接受厂弄丢了。没有了档案,她在这个社会上就没有了身份,没法领"低保"。这个案子到底该适用民事法还是行政法?她的什么权利受到了侵犯?我们的法律制度能否保证她有领取低保的权利?深入挖掘,实际上就会发现很深入、很复杂的理论问题。诊所教师就好比学武术到了一定阶段,应该是能把所有的套路打乱,并能信手拈来,应用自如的武术大师,而非刻板地模拟一招一式或摆花架子的把式。

从事诊所式法律教学的老师要善于从小案子中发现大问题,诊所教师应当有这个敏感和能力。

1. 诊所式法律教育模式的正规化

诊所式法律教育在不少学校仍然处境尴尬。一方面所有学校都愿意开设这类课程,另一方面却很少有资金、设备和人员的投入;该类课程成为教学改革的点缀,而非主流课程的有机组成部分;从事诊所式教学的老师因为要花大量时间进行个别案件辅导和联系并管理案源,较难达到职称晋升的标准,故被有意无意地列为另册;多数法学院系的领导或决策机构对于诊所式课程的重视程度远远不够。长此以往,不仅师资梯队难以为继,而且课程的质量和规模也难有较大突破。因此进一步得到国家教育行政主管部门的认可和支持,得到各法学院系领导的认可和支持,把诊所式法律教学纳入中国法学教育中的一个正式组成部分,就成为下一步中国诊所式法律教学发展的一个必备条件。

近几年,中国教育部一直在倡导实践性教学。法律诊所教育的宗旨与这一精神完全吻合。我们要善于运用这些精神和政策,利用所有的行政资源,财力、物力资源,师资资源以及社会资源等各方面的力量,不断扩大诊所教育的影响。目的就是为了丰富中国法学教育的内容,推动中国的法学教育改革,创造更有利于培养高层次法律人才的教育模式。所以诊所教师要善于运用多种资源扩大诊所教学的影响,巩固教学成果。

中国的实践证明,法律诊所课程很受学生欢迎。当然也肯定有一些教师甚至是领导并不认可这门课程。认可与否并非问题的关键,能否创造培养未来高层次法律人才的新型法学教育模式,能否培养出社会所需要的法律人才,才是问题的关键。因此,中国诊所式法律教学要认真探索在整个中国法学教育的大背景下,诊所法律教育最本质的规律与核心价值是什么,要找到诊所法律教育符合教育发展、人才培养的规律。如果找到了核心价值,诊所教育的发展就有了一个坚实的基础。

2. 诊所式法律教育未来发展的本土化

法律诊所教育的本土化是一个必然归宿。本土化包括教学内容、方法和形式的本土化;包括机构、机制的本土化;包括教学资源的本土化。其目的是更好地发展中国法律诊所教育,使其符合中国法学教育和法治发展的规律,培养高素质的法律人才;同时也会对国外法律诊所教育的发展作出我们自身的贡献。

第四章 法学教育改革的实践经验

第一节 法学教育实践基地建设[*]

清华大学法学院针对传统法学教育重理论轻实践的现实,积极尝试法学教育改革,创新实践教学方法,在探索法学实践教育方面开展了大量工作。自2003年在河北省固安县建立实践基地以来,针对本科生、研究生的不同特点,建立和建设各种实践教育项目,指导学生深入基层,结合法学理论知识去了解、研究基层实际情况,提高学生对社会、法制和中国现状的认识,提高了学生的综合素质尤其是思想道德素质,形成了较为系统的法学实践教育理念,取得了明显的效果。

一、法学实践教育的理念

根据中国国情和时代要求,清华大学法学院确立并不断丰富实践教育理念,在采用多种实践教学方式应用于课堂之后,在固安县建立了实践教育基地,将实践教育发展成为清华大学法学院法学教育的特色之一。

---

[*] 本文为2006年5月法学院就本院实践教学的情况进行的总结和向清华大学教学研讨会汇报的材料。

1. 法学实践教育的必要性和重要性

（1）实践教育在法学教育中的必要性是由法学独特的学科特点决定的。法学是社会科学的一个分支。社会科学研究的客体是人，是社会中人的思想和行为，但研究者本人也是社会中的一员，这样一来，研究主体参与了研究。因此社会科学不仅是一个科学体系，同时也是一个价值体系。在很大程度上，不同的价值观决定了法律和其他社会科学工作者对同一个事实、同一种现象的不同理解和认识。而正确的价值观不仅需要通过对学生进行理论灌输和道德教育来形成，更重要的是依赖学生本人在不断的社会实践活动中逐步确立。

并且，法学本身是一门实践性很强的应用学科，它所研究的是法这一特定社会现象及其规律，必然具有实践性的特征，即它来源于社会实践，又转过来为实践服务。学习法律专业的学生将来的使命是运用法律维护社会公正，调整社会关系，使社会在法律的范围内和谐、有序地运行。因此，法学实践教育对帮助同学们形成正确的人生观和价值观，帮助同学们强化推动法制建设、促进社会进步的使命感和责任感，提高理论联系实际以及分析和解决实际问题的能力有重大意义。

（2）加强和改进法学实践教育，使学生立足中国国情、提高综合素质，是法学教育改革和创新的重要途径和措施。当前，我国正处于经济、社会高速发展的历史时期，社会需要大量素质高、实践能力强、理论功底扎实的法律人才。而我国的法学教育长期片面强调理论能力，在一定程度上忽视了实践能力的培养；重思辨，轻实证，法学学生思辨能力强、表达能力好，但是往往缺乏对社会、对国情正确全面的认识；法学研究和法学教育与实践相脱节，尤其在目前法学教育大量移植和介绍西方国家的立法经验和法学理论过程中，存在着脱离中国实际，照搬照抄西方经验的情况。并且现行的二级学科划分的固化，严重阻碍了学科交叉和各学科本身的发展，与法学学科本身的性质和发展要求不相适应，从而形成了一定程度上的法学教学模式与法律职业要求的脱节。

这些问题的解决需要对法学教育进行从理念到手段的全面改革和创新，加强和改进法学实践教育是一个很好的突破口。

2. 为什么要建设法学实践教育基地

实践性法学教育的具体形式多种多样,案例教学、诊所式教育、模拟法庭、专业和社会实践等,但是总还是存在不够深入的问题。或者停留于课堂教学的层次,不能亲历社会,或者是短期的专业或社会实践,往往是"打一枪,换一个地方",处于"走马观花"的状态,往往难以获得客观、全面、深刻的理解和认识。只有建立相对稳定的实践基地,才能为老师和学生提供稳固的平台,从事"参与式"研究,以便获得大量客观的第一手资料。

基层法制建设是实现依法治国的基础。现在的司法体制改革是以城市为框架的,并没有深入研究建立符合广大农村地区实际情况的司法制度,而学校教育与社会的脱离,主要表现在与占中国人口大多数的农村脱离。基于以上原因,在全国 2 600 多个县中,选择一个有代表性的县作为实践基地,可以保证稳定性、全面性和长期性,使从事实践教学的老师和学生们能够持之以恒地深入社会生活、经历社会变革、熟悉当地群众、体验法律在社会基层的运用、参与基层政治文明建设,在实践中解决法学院学生的价值观、素质和能力问题。

同时,选择社会实践基地不能离学校太远,以便于师生与基地保持经常的联系,节省不必要的路途时间。所以,清华大学法学院选择了河北省固安县作为实践基地。该县离清华大学只有一个小时的车程,并且是一个典型的农业县,能够通过研究这个"点",分析中国基层法制建设这个"面",具有很强的代表性。同时这也便于老师和学生服务当地的社会和群众,为当地法官职业素质的培养以及群众法律意识的提高发挥一定的作用。

二、法学实践教学基地的建设内容

清华大学法学院在河北固安县实践基地开展的工作主要有:实践课程"田野"教学、师生农村社会调查和专业调研、学生农村司法实践和法律援助、师生法官教学研讨以及农村社会服务等。

1. 实践课程:"田野"教学

法学院的老师们针对本科生和研究生开设了不同程度、不同要求的课程,带领学生到固安县实践基地进行实地考察和教学,例如王晨光教授的农村基层司法改革课程,高其才教授的习惯法课程,王亚新教授、赵晓力副教授的法社会学课程,黎宏教授、魏南枝老师的司法和社会实践课程等。

本科生以课堂教学为主,某些课时在实践基地进行实地教学和讨论。研究生则在实践基地居住 3 个月。"田野"教学从单纯的课堂教学转变为学生自觉参与并解决社会实际问题,从干中学。开课教师指导学生下实践基地进行专题调研,按专题给学生进行生动的知识教育。在教学过程中,学生在老师们的指导下用问卷调查、访谈、观摩等形式去认识和理解法律运行中的实际问题。老师们与在基地实践的同学保持联系和指导,并利用休息时间到现场和同学一起做"田野"调查和实证分析。课程结束,学生就专题写报告。在这个过程中,训练学生发现、分析、总结归纳以及反思问题的能力,训练学生田野作业的能力、素质和方法。

在这种"田野"教学过程中,学生直接面对活生生的教学内容——农民、村委会、人民法庭、司法所……课程学习的兴趣更大,理论研究的热情更高,并且能够很好地理论联系实际,深刻理解法律的运行,真正实现了"理论—实践—理论"的升华过程。

2. 师生农村社会调查和专业调研

清华大学法学院老师们和学生们一起,深入河北固安县基地进行农村社会调查和专业调研。法学院学生共 11 批、累计近 230 人次在固安基地进行了深入的社会调查和专业研究,走访县、乡、村三级各个机构,对基层政府和农村社会组织体系形成了初步的了解;深入到乡镇企业,对农村经济运作状况进行了调查;对农村司法的运作情况作了调查,了解了农村法律运行的实然面貌;走村串户,了解民情,进行了大量农民访谈和专题问卷调研……在实践之前,指导老师已对学生进行了系统培训,从基本理论、经典案例介绍到社会调查技巧等各个方面详细介绍,使他们对实践活动有初步的认识。并且,和固安县人民法院开展了密切合作,由当地的法官、司法所工作人员等担任基地指导教师,使学生们能够进行一线的农村社会调查和司法调研。在实践过程中,指导老师一方面短期与学生在农村蹲点,进行访谈、调查,另一方面定期到实践基地和学生交流心得体会,帮助学生和当地政府、农民进行沟通等,并采用面谈、书面汇报、问题、小组讨论等方法进行理论和实践指导。实践结束后,举行成果交流会等,专业和基地指导老师共同进行点评。

通过这些社会调查和专业调研活动,可使学生们深入了解社会,了解国情,发现社会问题,发现法律在基层的实际运作和理论不一致的地方并进行分析和探讨,使他们对社会的洞察力,尤其是对中国国情的全面正确把握有了很大提高。

3. 学生对农村的司法实践和法律援助

本科生主要利用寒暑假和双休日,研究生则利用集中时段,在固安基地进行司法实践、开展法律援助活动。他们参与各个乡镇派出法庭的工作,接触到大量完整样本意义上的诉讼案件,经常听审、代理案件甚至协助审判、执行案件等;利用乡镇赶集的时机,在街道上"摆摊设点"进行免费法律咨询和宣传活动,分发免费普法材料,给农民群众答疑解惑;送法进校,在农村的中小学学生中开展法律宣传活动,进行法律宣传讲座,担任他们的法律校外指导老师;为当地农民实地解决纠纷,给打官司的农民写诉状,等等。共帮助农民打官司50余件,给农民提供法律咨询和帮助200多次,发放调查问卷3 000多份,走访农户近200家,等等,在固安县老百姓中赢得了很高的评价。

通过在固安农村进行司法实践、开展法律援助,学生们还参与到法律在基层的实际运作中,一方面提高了自觉的综合运用法律知识解决实际问题的能力,另一方面通过身体力行,发现基层民主与法治存在的问题和困难,提高了历史使命感和时代责任感,从而有利于他们形成正确和高尚的职业理想和道德观念。

4. 师生、法官教学研讨

固安县人民法院的法官定期带着民事、刑事等疑难案件到清华大学法学院,法学院师生和法官一起就这些案件进行研讨,不仅有教师、学生从理论角度的看法,而且还有办案法官从司法实践的角度结合当地社会情况的看法。法官们结合自己的审判实际撰写小论文发表在法学院的学术刊物上,法学院师生就这些案例进行学术探讨,使更多学生能够参与实际案例的研究。固安县法院定期选派法官来法学院旁听课程,在日常教学中法官们和学生们从不同角度对一些理论问题进行探讨。

这些教学研讨活动对法学院的教师和学生们都触动很大,教师的科研不单纯借鉴西方的法学理论,教学也不是仅仅针对特定条件下的"理论上的"案例进行分析,而是针对活生生的案例进行探讨,这些案例所发生的社会环境等又是老师们所熟悉的。这样,能够全面考虑案例所涉及的法律因素、社会因素等,可以使学生更深刻地理解法律的实际运用情况和提高如何综合运用法律和社会知识解决实际问题的能力,从而克服重理论轻实践的弊端,将法律实践带入课堂教学。

5. 为农村服务

固安县全县共有100多名法官,但真正属于法律专业本科毕业的只有1名。多年的司法实践,使他们积累了丰富的经验,但迫切需要理论上的提高。法学院根据固安县人民法院的要求,陆续派出崔建远、张卫平、张建伟等法学教授开展法律讲座十余场,受到热烈欢迎。每次讲座,不仅固安县法官踊跃来听,邻近各县的法官也纷纷赶来。法学院学生在实践过程中也帮助法官提高理论水平、帮助农民和学生提高法律意识。固安县人民法院还聘请法学院王晨光等6名教授作为固安县人民法院的咨询专家,对法院的工作提供咨询意见。法学院向固安县人民法院赠书1 256册,帮助建立法律图书馆。固安县法院的法官们在教师和学生们的帮助下,理论水平提高了,在近年的司法考试中都取得了很好的成绩。以上这些活动,对固安县人民法院的法官队伍素质的提高和办案水平的提高、对固安县群众的法律意识的提高,确实起到了促进作用。

通过以上对农村的服务工作,法学院师生感到自己的社会责任感得到了很大提高,学生们更感到自己的人生观、价值观受到了很大触动,感受到了当前中国法制建设的根本任务之一就是解决农村的法制化问题。

三、法学实践教育基地建设的成果

几年来,在清华大学法学院师生的共同努力下,在固安县人民法院和固安人民群众的大力支持下,法学实践教育基地建设取得了一定的成绩,表现在以下方面:

1. 促进了法学大学法学院学生全面素质的提高

在固安这个大课堂中,法学院的学生得到了全面锻炼。例如研究生刘芸等3位同学,刚到固安牛驼镇开展实践活动的时候,感到很难见到农民,即使见到了好像也"话不投机"。她们认真反思后,和一个专门给法庭做饭的大爷交朋友,到大爷家串门,慢慢建立了感情,通过这位大爷,他们和周围的农民打成了一片。同时,她们主动到镇小学和中学讲法律课,和学生们交朋友,到这些学生家里进行调研等。通过这些活动,她们学会了在田间炕头用农民的语言交流,与农民朋友们一起啃大饼嚼咸菜,体验农民们的冷暖哀乐,与农民建立了深厚的感情。在这个过程中,她们发现很多打工妹在打工过程中没有受到很好的劳动保护,于是开始调查这个问题,设计发放调查问卷,走访相关农户,帮助打工妹争取正当权利……在获得大量第一手资料后,她们根据翔实的数据,写出了《固安农民打工状况调查及相关法律思考》等报告。她们和当地农民一直保持着联系,尽可能为农民朋友提供帮助。

在学生们的报告中,经常会提到自己通过在固安的实践活动受到的精神触动和自己的理性思考,例如,"当我们这些自诩为'法律精英'们沉溺于法律、乐道西方种种法律思想时,我们所忽视的,恰恰是我们的中华文化,恰恰是我们的本体——黄土地上辛勤劳作的9亿乡亲"。

"作为一名真正的法律人,你或许可以一辈子不在基层工作,但却不能为了追求个人的理想而无视基层的现实需求。法律本来就是一门实践的事业,今天的中国不仅需要杰出的法学理论家,更需要优秀的法律实务家。"

通过参加固安基地的实践,安小毅同学毅然选择了回西部工作,付维国等同学选择到基层工作。实践使他们产生了对国家和人民的热爱,从而决定了自己的人生选择。因此,清华大学法学院的学生不仅对自己所学的法律知识有了更深刻的理解,更多的是深入了解了社会,尤其是农村社会,发现了诸多的社会问题,意识到了自己所应当承担的社会责任。固安实践基地的各项工作,对于培养法律职业所需要的具备很高思想素质和道德素质的优秀人才起到了极大的促进作用。

2. 促进法学院师生"理论联系实际"的学风

法学教育存在着重理论轻实践、重法律移植轻本土研究的问题,有时难以做到法学理论研究和中国实际相结合。清华大学法学院师生通过在固安实践基地开展的各项工作,促进了理论联系实际的学风。

老师们在课堂教学和科研中,结合实际生活中的案例进行分析,反思各种先进制度如何与中国实际相结合,从而建立自己的法律制度。学生在课堂学习中面对活生生的案例,更便于理解理论,学习兴趣更大,课堂教学效果得到了提高。同时,学生们在固安基地自己发现问题并展开研究、设计问卷和处理数据、深入村庄农户,进行社会调查……更好地掌握了社会调查方法,提高了实证研究的能力,通过自己的亲身体验,对法律本身的理解得到了深化和升华。有一个学生在自己的报告中写道:"法律不应当是社会中所谓'精英'群体的一种理想设计,法律的生命应当来自对国民中的心性理念的概括与网罗。只有符合国民心性理念的法律,才能得到国民内心的认同,促使国民自觉地遵守,从而获得自身最高的合理性与合法性。"

部分研究生的调查报告结集成册,编辑为近17万字的《农村基层法制建设调查手记》,即将在社科文献出版社出版。安小毅、周伟平、姜振业等5名研究生,以在固安基地实践进行社会调查和实践搜集的素材为基础,撰写自己的硕士学位论文,赢得了法学院教师们的一致高度评价。

3. 探索新的法学教育理念和培养方式

经过3年的实践基地建设,清华大学法学院总结出自己的法学实践教育理念,即:法学实践教育层次分明,既包括一般意义的社会实践,也包括法学实践教学和法律专业实践,不同层次的法学实践教育有针对性地解决不同的问题:社会实践的任务是帮助学生了解社会、了解国情、贴近群众、培养社会责任感和正确的价值观;法学实践教学的任务是培养学生在实践中发现问题、综合运用各种法律知识分析问题、研究法律对策、检验和发展理论、提高将理论与实际相联系的能力;法律专业实践培养学生灵活运用所学的法律知识动手操作,处理实际法律问题的能力,同时树立服务社会的观念。上面三个层次的法学实践教育,构成了一个有机的整体,对学生全面素质的培养具有重要意义,也是对传统法学教育理念和培养方式的一种创新。

4. 赢得社会和实践基地的高度评价

清华大学法学院建设固安实践教学基地的举措,受到了校内外的高度重视、赢得了广泛的高度评价。在该基地的成立大会上,最高人民法院副院长江必新同志就对此寄予厚望,认为"清华大学法学院固安法院社会实践基地的建立,在全国范围内都有示范作用,要认真总结经验,切实使实践基地建设取得实效"。此后,随着各项工作的展开,法学院的师生和当地干部群众也建立了深厚的情谊,帮助法官们提高理论修养,帮助农民群众提高法律意识,踏踏实实帮农民群众解决法律问题等,赢得了当地干部群众的高度评价。《中国青年报》《法制日报》《新京报》《廊坊日报》等各大媒体都对法学院师生在固安的各项活动进行了报道,引起了很大反响。

建设实践教学基地,是为清华大学法学院师生立足基层开展学习和研究提供的一个平台,对于帮助学生形成正确的人生理想和职业理想具有很大的积极意义。清华大学法学院将进一步系统化、制度化固安实践基地的各项工作,进一步积极探索充分利用该基地开展实践教学,使实践教学在人才培养的过程中发挥更大的作用。

第二节　法律实践性培养方式设计

清华大学法学院于1995年复建。在这几年的快速发展过程中,一直致力于法学教育改革的创新,大胆借鉴兄弟院校和国外法学院的经验,结合我国法制建设的需求,十分重视法学教育中的实习和实践问题。

我们认为,法学教育不是一般的通识性教育,而是以法律职业教育为主的综合素质教育。一些重点法律院系必须培养高层次的具有深厚法律功底的法律人才。这类人才不仅应当具有较为宽广的知识结构和深厚的理论基础,而且应当具有扎实的法律功底和实际职业能力,应当了解社会,具有较高的道德水准和综合素质。而实际职业能力、职业道德和综合素质的培养,仅仅靠传统的课堂讲授是远远不够的。实践性教学(包括实习、法律诊所、模拟法庭训练、法律援助活动等教学活动)在培养学生的实际职业能力、职业道德和综合素质方面起的作用更为重要。

清华大学法学院采用的形式包括:暑期实习和社会实践、法律诊所课程、模拟法庭训练、法律援助、实践基地等做法。

一、暑期实习、社会实践和社会实践基地

(1) 清华大学法学院在暑期组织学生(包括本科生和研究生)参加清华大学校方组织的暑期社会实践活动,到其他地方(主要以偏远地区的农村为主)参加为期两周到1个月的社会实践活动,主要采取支教、提供法律援助、进行社会调查等形式。这些活动的经费由校方提供一部分,其他部分由院方提供。这种实习形式较为简单,时间一般也不太长,且与法律专业的联系不太多。

(2) 鉴于这种情况,法学院已经采取了与法律专业学习更为联系紧密的形式,即组织被推荐上研究生的学生利用暑期到法学院在河北固安县法院设立的"社会实践基地"中去进行实习。这些同学在实习基地与当地的法官和干警一同工作,包括到较为边远的派出法庭工作,了解和体验法律在社会中的运行,效果较为显著。学生加深了对社会的认识,体验到法律实施中的实际状况和问题,同时也用他们学到的知识协助法院分析和处理一些案件,参与了法制建设的实际过程。法院对此也有较高评价,认为其对促进法官队伍的建设也起到了相当大的作用。

法学院对这一基地的建设也给予了大力支持,对于来往的路费予以报销;当地法院对学生的生活住宿作了安排;学生则自己支付日常生活的开支。这种形式的好处是,便于组织和管理学生,避免发生一些意外事故;学生与法官形成了较为密切的工作和合作关系,有利于理论与实践的结合,有利于增进教学部门与实践部门的联系。

(3) 组织学生利用暑假,集体到一些外地法院实习。法学院已经组织了学生到一些有关系的法院,如山东、山西和新疆等地的法院。因为与这些法院有合作关系,便于安排同学的食宿和工作,有专门的法官或其他人员指导其实习。费用由学院承担。

二、法律诊所课程

借鉴国外法学院的法律诊所教育,在美国福特基金会的支持下,法学院于 2000 年 9 月开设了法律诊所课程。法律诊所教育课程是以实践为主要内容的教育模式,学生在法律诊所中接受真实案件,在教师指导下像律师那样为当事人提供法律服务。在这一课程中,学生成为独立处理法律和事实问题的"律师",改变了那种学生被动接受教育的模式,切实的实践机会,使学生突破了课堂的局限,在职业道德、处理问题能力和综合素质等方面均可以得到训练。

法学院在过去的几年中,与相关的机构建立了密切的联系和合作,先后与海淀区消费者保护协会、朝阳区工会、北京市司法局法律援助中心等单位合作,保证了案源和业务指导。现在,法律诊所在法学院不仅是一门实践性的课程,而且作为一个"准法律援助机构",我们与北京市朝阳区工会合作,建立了"劳动者法律援助中心",与北京市司法局法律援助中心合作,建立了"弱者权利保护援助中心",与北京市律师协会合作,建立了"公民权利保护援助中心"。这些活动,不仅有选修课程的学生加入,还有一些志愿者参加到我们的公益性法律实践和服务活动中来。从选修课程的学生情况看,有更多的法律硕士研究生开始关注及选修法律诊所课程。8个学期以来,已经有300多名学生从诊所毕业,承办了各类援助案件近200件,接听咨询电话3 000多个,接待来访的当事人500多位,接待国际各种公益组织的来访十多次,被新闻媒体多次报道,在社会上产生了良好的影响。

经费的来源主要由福特基金会支持。法学院也为法律诊所课程的开办提供了物质和资金方面的支持。在福特基金会撤出后,我们将积极寻找其他支持来源,继续把这一有益的教育形式保持和发展下去。其他问题还包括:从事法律诊所教育的教师的职称、待遇等问题也需要认真讨论和解决,否则,虽然这一形式深受学生欢迎,但多数教师也不愿意从事这一花费大量时间和精力而难有学术成果的工作。

三、模拟法庭训练

法学院十分重视模拟法庭的训练,曾组队参加了2001年和2003年维也纳国际商事模拟仲裁比赛(2001年在96支各国参赛队中获得第30名,2003年在126支参赛队中获得了总分第6名的好成绩)、亚洲杯国际法模拟法庭比赛(获得了2000年第2名,2003年最佳诉状的好成绩)、参加了2004年国际商事模拟仲裁(东部)比赛(在13支各国参赛队中获得第1名)。我院还在台湾地区理律律师事务所的支持下,于2003年举办了首届全国高校模拟法庭比赛。参赛队有12支。

模拟法庭作为一种知与行紧密结合的教学形式,应当成为法学教育中经常采用的形式,并成为我国法学教育的有机组成部分。与其他传统的教育模式相比较,它至少具有以下几个方面的特点:

(1) 它使学生成为学习的主体。在模拟法庭的训练过程中,学生必须像律师那样全面接手模拟案件。他们作为当事人的律师、检察官或法官,成为案件的当事人或参与人,因而必须考虑所处角色的利益、设身处地地分析案件,全力以赴地争取最佳结果。他们的角色已经不是学生,而是律师或其他法律工作者,因此也就必须像律师那样工作。

(2) 学生不仅要处理法律问题,而且必须处理事实问题。这正是任何一个实际案件都会遇到的情况。但是,我们传统的满堂灌式的教学法,恰恰忽视了这方面的训练。

(3) 学生要学会如何在庭前形成法律意见和开庭时进行法庭陈述和辩论。这种能力不仅依赖对相关法律知识的了解,而且依赖对各种相关学科和知识的了解和应用,比如对当事人、诉讼参与人以及法官的心理分析,法庭陈述和辩论的技巧,对逻辑学熟练运用,对与案件相关的政治、经济、社会等领域的了解,等等。

(4) 模拟法庭的训练不仅仅局限在法庭上的辩论,而是一种系统的、全过程的训练。

模拟法庭训练需要有一定的经费支持,有专门的教师参与。在这一方面,我们还有许多问题需要研究,有许多困难需要克服。

四、法律援助

法学院在学生中开展了法律援助活动,学生参加了北京市司法局、劳动局、消协等单位组织的法律咨询活动;与北京市律师协会宪法委员会合作,开办了公民权利保障中心,为一些当事人提供相应的法律援助;接受了一些法律咨询机构的支持,即将开展学生到农村基层法律服务所实习活动。这些活动将有学生党团组织和学生工作组负责组织,由有关教师参与业务指导,其他机构提供经费资助的方式进行。

我们认为,法律实践性课程的开展,是我国法学教育改革中的一个重要方面,需要学校和教育主管部门的支持,需要及时总结经验,在物质条件、师资配备、教学形式和内容等方面认真研究,提供相应的制度保障。

第三节　新型法律人才培养模式方案设计
——以实践型法律人才培养模式创新实验区为例

清华大学于1995年复建法律学系，1999年复建法学院。清华大学法学院自复建以来形成的共识就是，不仅要进入法学教育的主流，而且要勇于开拓，开辟一条我国法学教育的创新之路。因此，法学院积极尝试法学教育改革，创新教育方法，在探索突破传统、中西融会、学以致用、立足国情的法学教育之路方面开展了大量工作。

清华大学法学教育实践型法律人才培养模式创新实验区的前期工作，基本可以从如下几个方面加以论述：

1. 新型法律人才培养理念的初步确立

中国的现代法学教育，严格意义上是在改革开放后开始的。基于当时的客观历史条件，要大力发展法学教育，其首要的目标是培养大量的社会主义法学理论人才。在这一教育目标的指引下，建立了以基本概念和基本原理为主要内容，以课堂讲授为主要方式的传统经院式法学教育模式。清华大学法学院针对这种传统法学教育模式在理论与实践结合，以及学生主动参与式学习等方面存在的不足，在如下四个方面进行探索和改革，形成了一整套新型法律人才培养理念。

（1）拓宽国际视野。随着全球化的发展，开放性、全球化的法学教育已经成为共识。了解各国法律规范体系、学习国际法律规则、掌握处理涉外法律事务的方法等，成为法学教育与研究的日益紧迫的任务。因此，清华大学法学院通过开设法学前沿讲座、各国法律、国际法等系列课程，组织模拟国际商事仲裁比赛训练，参加各项国际比赛，邀请国外专家教授来访授课，选送学生赴国外一流法学院交流学习和到国际机构实习……使学生了解中西法律文化历史、全球法学研究前沿和各国以及国际法律的实践动态，增强学生参与国际对话的能力，从而培养具有国际视野和能够参与国际化法律实践的高层次法律人才。

（2）培养理论联系实际的能力。我国的传统法学教育长期片面强调理论知识的传授和学术素养的培育，而忽视了实践能力，导致学生在毕业后很难迅速适应法律实际工作，从而形成了一定程度上的法学教育模式与法律职业要求的脱节。根据这一情况，清华大学法学院建立了以法律实务、法律诊所、模拟法庭训练、法律援助等为代表的实践课组，重视各课程教学的实践环节和案例教学，在学生主动学习模式的基础上，培养学生理论联系实际、解决实际问题的能力，培养学生的法律职业道德感，从而建立了理论和实践融为一体的高素质法律人才的培养教育模式，锻炼学生的社会沟通能力、调查研究和分析问题的能力。

（3）扎根中国实际。目前我国法学教育的一个特色就是以介绍西方先进的法律思想、制度和理念等为主，法律移植得到普遍重视。但是，中国历史悠久，国情复杂，尤其是广大的农村地区受到传统习惯的规范更多于法律的规范，并不是简单地照搬照抄某一国的制度或者某种理论就能够解决各种具有中国特色的法律问题。清华大学法学院组织学生利用寒暑假到全国各地，尤其是城乡基层单位进行专业社会实践，与河北省邯郸市政府、固安县人民法院，新疆维吾尔自治区乌鲁木齐沙依巴克区法院等合作建立法学专业和社会实践基地，使学生长时间地开展专题专业社会实践等。鼓励根据中国实际，结合自己所学的法学理论知识以及对国际法律理论和实践的了解，探求适合中国的法治理念和法治建设路径。

（4）进行科学的方法论训练。我国传统法学教育重思辨，轻实证，法学学生思辨能力强、表达能力好，但是往往缺乏科学系统的社会调查研究和实证研究训练。对社会事实的深刻、全面的认识，可以为理论思维提供实证基础。脱离了社会事实，空对空的思辨很容易形成钻牛角尖的狭隘。清华大学法学院重视在教学过程中加强法学方法论的训练，通过全面科学的实证研究训练，突破传统经院式法学教育在方法论上的局限性，从而有利于学生形成对社会、对国情的正确全面认识。

2. 新型法学教育模式的构建

清华大学法学院在不断探索的过程中，逐步建立了"学院统筹、渗透合作"的法学教育工作模式，即在学院层面，根据学生培养各环节的实际情况，不断总结和革新教育培养理念；专业教师队伍、教务管理部门、学生管理部门和学生组织互相配合，从课程建设、教学管理、专业及社会实践基地建设、学生活动、对外交流、教育教学研讨等各方面，系统开展各项培养工作，形成一个全面、全员、全方位、全过程的新型法学教育体系。

（1）课程建设。课程建设是法学教育改革创新的立足根本，主要包括两个方面：第一，课程体系；第二，精品课建设。

第一，课程体系。根据清华大学法学院的本科生培养方案，教学课程体系一共有14个课组。实践类课程主要有，专门的实践课组，包含法律诊所、模拟民事审判和模拟涉外仲裁等五门课程。其他课组中，实践类课程有民法研讨与案例分析、商法研讨与案例分析、法律事务研究等8门课程。此外，还有司法实践、社会实践、社会调查等实践训练环节。国际法和外国法以及外语教学的课程主要有，专门的国际法课组，包含国际法、国际私法学、国际组织法等11门课程。外国法和西方法律体系介绍等课程，包括外国民法、外国刑法、比较宪法、日本法、罗马法等12门课程。此外，还有何美欢教授开设的普通法精要等双语课程，以及国外的专家教授开设的各科前沿讲座课程等。

第二，精品课建设。法学院高度重视实践类课程教学质量的提高。陈建民等3名教师开设的法律诊所教育课程获2006年清华大学教学成果二等奖，并于2007年入选清华大学精品课程。该课程包括劳动者权益保护诊所、弱者权益保护诊所和公民权利保护诊所三个部分[1]，并在此基础上，成立清华大学法律援助中心。[2]

（2）教学管理。清华大学法学院在教学管理上实行严格的学分

---

[1] http://www.law.tsinghua.edu.cn/clinics/LegalClinicalEdu/index.asp
[2] http://www.law.tsinghua.edu.cn/clinics/legalaidcenter/index.asp

制，高度重视本科生培养的国际交流环节和实践环节。承认学生在国际交流期间获得的国外法学院学分和其他成果，加大国外专家教授给本科生开设课程的力度，严格考核学生专业实践和社会实践活动并给予学分保证，鼓励教师开展实践教学并在一定程度上纳入其工作量和教学评价体系等。

（3）基地建设。法学院在国内政法院校率先建立了有层次有体系的实践教学基地群，通过有代表农村（河北省固安县）、少数民族地区（新疆维吾尔自治区乌鲁木齐）和城市（河北省邯郸市）三个实践基地"点"的建立和建设，与地方建立广泛的人才培养合作机制。学生在实践基地体验法律在社会基层的运用，持续深入社会生活，促进其对中国本土法制现状和发展方向的全面认识。坚持将学生实践与教师自身的实践有机结合，使教师尤其是青年教师的实践指导能力也得到锻炼与提高。我院五位教师所主持的"法学教育实践基地建设"项目获得 2006 年清华大学教学成果一等奖。"法学实践基地建设"项目获得清华大学 985 二期本科项目的支持。

（4）学生活动。清华大学法学院开展了丰富多彩的学生活动，学生深入社会实际、锻炼组织协调能力、参与国际学术活动，综合素质得到了很大提升。以学生社会实践为依托，引导同学们深入基层、了解国情、服务社会。利用课余时间，学生们进行普法宣传和法律援助；假期里，到全国各地开展社会调查、参观座谈、支援教育、法律援助、专业实习、学术调研等各项社会实践活动。自 2003 年以来，清华大学法学院成功组织了四届理律杯全国高校模拟法庭竞赛[1]，形成了相当影响力。

（5）对外交流。清华大学法学院积极推动本科生参与国际交流，如派学生到新加坡、澳大利亚、英国、香港的法学院进行交流，选派和鼓励学生参加国际机构的实习，例如张烨和张娉 2006 年在维也纳联合国机构实习，曾晓倚 2006 年在海牙前南战犯法庭实习等。已经有本科生近五十人次参与了与国外和境外法学院的学生交流，到国外进

---

[1] http://www.law.tsinghua.edu.cn/lilvbei/news_view.asp? newsid=197

行学习；也有相当数量的学生参与了在国内外举办的各种短期培训。自 2001 年以来，法学院还 8 次组织和资助了模拟法庭代表队，参加了在维也纳、东京、澳大利亚和香港地区的国际模拟法庭比赛，曾取得第十届 Willem C. Vis 国际模拟商事仲裁比赛总分第六名，并有一名同学获得最佳辩手称号的优异成绩等。

(6) 教育教学研讨。清华大学法学院注重法学教育和教学工作的研讨，每年举行全院教师和部分学生代表参加的教学研讨会，如 2005 年 4 月邀请国内外法学院长、著名教授等举行法学教育研讨会；2007 年 5 月举行实践研讨会等。

一、教育理念（人才培养模式改革的思路和定位）

(1) 结合时代背景、国家需要和法学专业自身特点，培养符合全球化背景下建设社会主义法治国家所需高素质、实用型法律人才。

(2) 建立新型法学人才理念：清华大学要培养"高层次、高素质、多样化、创造性"的人才，结合法学教育实际，就是要培养具备如下几方面素质的法学人才，即拥有正确的人生观、价值观，具有开放的国际视野，具备运用理论知识解决实际问题的能力，系统掌握法学方法论和法学理论体系的人才。

(3) 在法学人才培养模式的创新过程中，应当注意如下几个结合：法学理论与法律实践相结合，国际视野与立足国情相结合，加强学生培养与提高教师素质相结合。

(4) 完善并加强法学人才培养模式改革的保障力度，进一步完善"学院统筹、渗透合作"的法学教育工作模式，落实全面、全员、全方位、全过程的新型法学人才培养体系建设。

二、理论研究（社会调研情况，对本领域人才培养规律的独特认识，承担与实验区相关的教学改革项目情况，关于实验区教学改革与研究论文、著作等）

我国法学教育正在经历由封闭的法学教育向开放性和国际化的

法学教育转变的过程。一些传统的国内法领域也越来越多地与国际法和外国法发生密切联系，比如金融法、税法、公司法、刑法、劳动法等领域；一些具有涉外性质的法律领域也在不断扩大，如涉外投资、国际贸易等领域；我国参与国际事务的渠道和规模也不断扩大，台海形势等一些有关国家重大事务的急迫问题，也在法律层面上越来越多地反映出来，因此培养具有国际视野和参与对外法律事务的需求也不断增加。

我国法学教育长期片面强调理论灌输，在一定程度上忽视了对实践能力的培养，法学学生往往缺乏对社会和国情正确全面的认识，法学研究和法学教育与实践相脱节，尤其在目前法学教育大量移植和介绍西方国家立法和法理的过程中，存在着脱离中国实际，照搬照抄西方经验的情况。现行的二级学科划分的固化，又严重阻碍了学科交叉的发展，与法学学科本身的性质和发展要求不相适应，从而形成了一定程度上的法学教学模式与法律职业要求和社会现实的脱节。

根据中国国情和时代要求，有必要借鉴美国正在推行的"实践性法律教育"的模式，形成立足中国法律体系，同时又具有国际视野、理论和实践融为一体的高素质法律人才的培养模式。

三、培养目标

清华大学法学院人才培养目标主要是，希望通过系统的法学教育，使学生具备如下素质：

(1) 坚实的法学基础；
(2) 精湛的法律思维；
(3) 全面的职业技能；
(4) 高尚的职业道德；
(5) 正确的法治理念；
(6) 准确的国情认识；
(7) 高水平的外语能力和广阔的国际视野；
(8) 较宽的人文社会科学、自然科学和管理科学的综合知识背景。

四、方案设计及可行性

为使人才培养目标得以实现,清华大学法学院制订了如下具体方案:

1. 加强四个培养平台建设,塑造国际化、实践性新型人才

法学本科培养的四个平台主要有:

(1) 以课堂教学为知识传授平台,为学生提供系统的知识体系,为他们打下扎实的理论功底和开阔国际视野。

(2) 以学术活动为科研平台,引导、鼓励和促进学生形成创新型思维。

(3) 以案例教学、诊所式教育和模拟法庭等形式为教学实践平台,培养学生的法律素养和执业能力。

(4) 以专业实践、社会调查和法律服务为社会参与平台,鼓励和推动学生参与法律和社会实践,培养学生的社会责任感、法律职业道德和解决实际问题的能力,培养综合素质,树立社会主义法治理念。

这四个平台的有机结合,构成了清华大学法学院法学本科教育的基本特色,使之起到强化素质教育,引导学生全面发展的作用。

因此,应当深入研讨,研究四个平台各自的规律,力求分步骤、分类别、有结合地推进平台建设,采用新的教育理念和培养模式,培养既符合中国国情需要、又和国际先进经验接轨的法律人才。

2. 加强课程建设,进一步推进精品课程、双语教学

法学院现将实行的本科生培养方案课程设置概况如下:本科生培养总学分要求为171学分,其中春秋季课程141学分,实践课程和实习15学分;综合论文训练15学分。课程内容包括:① 法律专业课程(包括国内法和外国法);② 自然科学基础课;③ 人文社会科学类课程;④ 跨系选修课;⑤ 实践环节;⑥ 综合论文训练。

在培养方案的具体实施过程中,应当注意处理好如下几个关系:

(1) 国内法课程与国际法和外国法课程的关系,国内法基础课和外国法基础课并重,并加强双语教学,强化外语训练。

（2）核心课与非核心课的关系、必修课与选修课的关系、理论课与实践课的关系、法律专业课与非法律专业课的关系。

（3）本科生课程与研究生课程的关系，两类课程相衔接，实践环节上，也可以打通本科生与研究生的界限。

（4）本院教学资源与国际教学资源的关系，进一步加强本科生培养中的国际交流环节，为学生开设更多的外教课程，提供更多的出国交流机会，开拓更多使学生直接参与国际法学研究和竞赛活动的渠道。

3. 加强实践环节与基地建设，与地方合作培养人才

加强实践教学体系建设，加大教学内容中的实践环节比重，建设以实践基地为"课堂"的法学实践课组，推动建立以学生为主体的新型教学模式，建立符合中国实际需求的、与国际先进培育方式接轨的法学本科生培养方式；加强教材和课程资源建设，努力建设校级或北京市实践精品课程；加强实践教学队伍的培养和提高，将实践教学资源和实践基地建设社会资源进一步整合，实现实践基地建设的系统化、全面化。

4. 加强对外交流，建立开放性的法学教育体系

进一步积极开拓对外交流，在国际化的大背景下提高本科生培养的层次和水平。

加强与国内外院系的联系与合作。争取在未来几年内实现近25％的本科生有机会赴海外交流或交换学习。目前，清华大学法学院先后与美国哈佛大学、杜克大学、密歇根大学，日本早稻田大学、名城大学、横滨国立大学、名古屋大学，新加坡国立大学，中国香港大学、香港城市大学等院校建立了密切的合作关系，定期派师生互访。

积极举办多种形式的国内和国际学术会议。将来每年都举办3次以上重要的国际或国内学术会议，加强国际交流与合作。

增加教师出国进修与学生国际交流。根据学科建设和人才培养的需求，除派教师到国外、境外访问、进修或讲学外，还要积极推动本科生参与国际交流，如派学生到美国、新加坡、澳大利亚、英国、法国、

中国香港的法学院进行交流,选派和鼓励学生参加国际机构(WTO、联合国等)的实习。

五、管理与运行

为了落实法学新型人才培养理念,推动法学教育的发展,清华大学法学院坚持"学院统筹、渗透合作"的法学教育工作模式,实行全院、全员、全方位、全过程的一体化人才培养。

在这一过程中,清华大学法学院所有教师职工形成统筹与配合的工作机制。学院院务会议做好统筹工作,各课组、任课教师、教务科、学生工作办公室等分工协作,共同做好相关工作。具体而言,各课组做好人才培养课程建设工作,任课教师做好加强教学实践环节工作,教务科做好教学管理工作和课程实施、评估工作,学生工作办公室做好学生活动组织工作。

清华大学法学院从海内外知名法学教授和专家中聘请了许多兼职教授和合作导师,例如社科院法学所王家福、刘海年教授,日本神户大学季卫东教授,最高人民法院曹建明常务副院长、熊选国副院长,全国律协会长于宁,北京律协会长李大进,香港终审法院大法官李国能,香港前律政司司长梁爱诗,香港大学法学院教授陈宏毅,人民大学法学院许崇德教授,政法大学江平教授等众多法学界和法律界学者和专家。这些兼职教授和合作导师,为拓展法学研究领域,丰富教学素材和内容,提供实践教学的机会和渠道,引导学生关注重大社会问题,发挥了积极的作用,为培养国际化、高素质、有特色的法律人才和促进法学教育改革提供了可靠的师资、资料、理念和机遇上的保障。

六、培养效果

学生的综合素质、能力及社会评价(包括预期的人才培养效果)

培养模式创新的最大收益是学生综合素质的提高,清华大学法学院的学生不仅对自己所学的法律知识有了更深刻的理解,更多的是一方面认识和逐步理解西方世界,另一方面深入了解了社会,尤其是基层社会结构,发现了诸多的社会问题,意识到了自己所应当承担的对内对外的社会责任。同时,通过参加国际交流、参与组织实践活动,这种国际化和实践性的人才培养模式,对于培养学生从事法律职业所需具备的思想素质和道德素质起到了极大的促进作用。

清华大学法学院建设实践教学基地的举措,受到了校内外的高度重视、赢得了广泛的高度评价。在固安县人民法院基地的成立大会上,最高人民法院副院长江必新同志就对此寄予厚望,认为"清华大学法学院固安法院社会实践基地的建立,在全国范围内都有示范作用,要认真总结经验,切实使实践基地建设取得实效"。此后,随着各项工作的展开,法学院的师生和地方干部群众建立了深厚的情谊,帮助法官们提高理论修养,帮助农民群众提高法律意识,踏踏实实帮农民群众解决法律问题,等等,赢得了当地干部群众的高度评价。《中国青年报》《法制日报》《新京报》《邯郸日报》《廊坊日报》等各大媒体都对法学院师生的各项活动进行了报道,引起了很大反响。

今后,在学校统一部署、强化领导、加大投入的情况下,经过"人才培养模式创新实验区——清华大学法学教育创新实验",必定会取得新的进展,积累新的经验,探索出一条适合中国国情和全球化时代需要的培养高素质、全球化法律人才的路径,并对全国其他政法院校形成一定的积极影响和带动作用。

七、创新性

在教育理念(理论)、培养方案、管理与运行机制等多方面进行的改革与创新。

(1)突破传统经院式法学教育模式,探索中西融会、学以致用、立足国情的法学教育之路,建立培养实践性与国际化相结合的新型法学人才培养模式。

(2)建立"学院统筹、渗透合作"的法学教育工作运行机制。

(3)建立全面、全员、全方位、全过程的新型法学教育体系。

(4)法学人才培养过程中的三个结合原则:法学理论与法律实践

相结合,国际视野与立足国情相结合,加强学生培养与提高教师素质相结合。

(5) 建立法学本科人才培养的四个平台建设体系,即以课堂教学为知识传授平台,以学术活动为科研平台,以案例教学、诊所式教育和模拟法庭等形式为教学实践平台,和以专业实践、社会调查和法律服务为社会参与平台。

(6) 初步形成新型法律人才基本素质要求,即坚实的法学基础,精湛的法律思维,全面的执业技能,高尚的职业道德,正确的法治理念,准确的国情认识,高水平的外语能力和广阔的国际视野,和较宽厚的人文社会科学、自然科学和管理科学的综合知识背景。

第四节　国际型法律人才培养模式方案设计
——以国际型法律人才培养模式创新实验区为例

清华大学法学院自复建以来(1995年复建法律学系,1999年复建法学院),形成了一个明确的办学目标,即不仅要进入法学教育的主流,而且要勇于开拓,培养我国法制建设急需的高层次法律人才,开辟我国法学教育的创新之路,形成法律人才培养的创新模式。在这种强烈的法学教育改革精神的指引下,我院根据国家法制发展和全球化的需求,努力在办学理念、内容、方法和模式方面进行创新,探索突破传统、中西融会、学以致用的法学教育和法律人才培养之路上开展了大量工作,努力开创国际型法律人才的培养模式。

清华大学国际型法律人才创新实验区的前期工作,基本可以从如下几个方面加以论述:

(一) 国际型法律人才培养理念的初步确立

我国社会主义现代法学教育是在改革开放后开始的。迄今,全国各类法律院校已有600多所,法律类本科生人数激增,甚至出现表面上"供大于求"的局面。而实际上,从适应国家对外开放和全球化需要的角度看,国家许多部门则极其缺乏能够参与国际法律事务的高层次法律人才。例如,无论是为中国的和平崛起,还是为参与联合国等各种国际组织而发挥我国作为一个负责任大国的国际义务;无论是为运用 WTO 等国际机构提供的法律平台解决国际贸易纠纷,还是为配合中国企业"走出去"战略提供法律服务,无论是为台海问题以及与周边邻国的各种法律问题提供法理上的方案,还是为我军对外开展"法律战"提供法律支持,我国都急需一批具有国际视野,精通国内外法律,具有较强的法律执业能力的高素质国际型法律人才。这种法律人才"过剩"与"短缺"之间的矛盾,促使我院科学、准确和实事求是地找准其定位,明确其办学思路,根据国家法制发展和全球化的需求,积极培养高层次的国际型法律人才。

针对传统法学教育的不足,我院在如下三个方面进行了初步探索和改革,形成了较为系统的国际型法律人才培养理念:

1. 拓宽国际视野,形成国际化的办学理念,把法学人才培养的目标纳入全球化的大格局之中

随着全球化的发展,各国一流法学院都十分强调国际化法律人才的培养,例如哈佛法学院大力改革其课程设置,要求一年级新生必须通过一门国际类法律课程;耶鲁、纽约大学等一流法学院也都把培养国际化人才列为其办学目标。结合上述我国的对外开放、以一个大国的身份参与国际事务和"走出去战略"的实施,建设开放性、全球化的法学教育已经成为各国培养高端法律人才的必然。在这一认识基础上,我院努力培养具有国际视野的法律人才,即学生不仅要有本国法律的坚实基础,而且要了解国际和世界主要国家的法律体系和制度,不仅要学会适用国际规则,而且要能够在将来参与国际规则的制定和形成,使学生具备在国际层面上运用本国、外国和国际法律处理涉外法律事务、参与国际竞争和保护国家利益的综合能力和素质。为此,我国必须在一些一流法学院中把法学教育纳入全球化的大格局之中,开创国际型、高层次法律人才的培养模式。

2. 改革课程体系，兼容并蓄，加强国际法和外国法的教学内容

我院在传授中国法知识体系的基础上，通过开设系统的"普通法精要"课程（两年制系列课程），培养学生掌握在国际舞台上占有主导地位的英美法律体系及其应用，打下中西法律和不同法系的复合型法律基础；通过加强国际法（国际公法、国际商法和国际私法）、比较法、西方主要国家法律和国际法学前沿讲座等课程的教学，培养学生具有广博的国际和外国法律知识；通过邀请国内外法律实务界人士举办国际性法律实务讲座，使学生了解中西法律文化、全球法学研究前沿和国际法律实践动态；通过组织参加各种国际性模拟法庭比赛，如国际商事仲裁比赛、亚洲国际法模拟法庭比赛，选送学生赴国外一流法学院交流学习和到国际机构实习，培养学生国际法律服务的能力，鼓励和帮助毕业生从事国际法律实践；通过加强双语教学，增强学生参与国际法律对话的能力。上述国内法和国际法内容的结合、课堂内和课堂外教学的交叉、讲授型和亲历型培养的融会，有力地推动了国际型高层次法律人才培养模式的形成。

3. 拓宽培养空间，注重理论联系实际的能力和从事高端国际法律业务的综合素质的培养

我国的传统法学教育长期片面强调理论知识的传授和学术素养的培育，忽视了法律实践能力的培养，导致学生在毕业后很难迅速适应法律实际工作，尤其是高端国际型法律工作，从而形成了一定程度上的法学教育模式与法律职业要求的脱节。针对这一情况，清华大学法学院在重视各种课程教学的案例教学和实践环节的基础上，进一步设立了以法律实务、法律诊所、模拟法庭训练、法律援助和社会实践等多种形式的实践课组，强化学生在这些课程中的主体地位和主动意识，开拓亲历型培养模式；在学生主动学习模式的基础上，培养学生理论联系实际、解决实际法律问题和规划法律业务的综合能力，开发和锻炼学生社会沟通能力、调查研究和分析问题的能力，培养学生的法律职业道德，开拓学生的国际视野，从而建立理论和实践融为一体的高素质法律人才的培养模式。

4. 改革教学方法,注重法律思维和综合能力的培养,打造科学的人才培养平台

我国传统法学教育重思辨,轻实证;重法条,轻社会;重国内,轻国际;因此法学学生思辨能力强、表达能力好,但是往往缺乏从事法律工作的实践能力,尤其是从事国际法律业务的实践能力,缺乏对社会的了解,缺乏科学系统的社会调查研究和实证研究训练。对此,我院在教学过程中加强了法学方法论、启发式和互动式教学,以及社会实践等环节的训练,通过全面科学的法律和社会实证研究训练,突破传统"经院式"法学教育在方法论上的局限性,培养学生的社会责任感,提高其法律思维和实践能力,增强其从社会和全球化的宏观视角对法律适用和发展进行分析的能力,开拓其从事国际型法律事务的综合能力。

(二) 国际型法律人才培养模式的构建

清华大学法学院在不断探索的过程中,逐步建立了"学院统筹、部门合作"的人才培养工作机制,即在学院层面,根据学生培养各环节的实际情况,不断总结和革新教育培养理念;专业教师队伍、教务管理部门、国际交流部门、学生管理部门和学生组织互相配合,从课程建设、国际比赛、国际交流、境外实习、就业引导和校友联谊等各方面,系统开展各项学生培养工作,形成一个全面、全员、全方位、全过程的新型人才培养工作机制和培养过程。同时,在这一工作机制和流程的基础上,逐步建立的"内外并重,分类培养,因材施教"的培养模式,即把一部分外语好、综合素质高的学生挑选出来,分类培养,因材施教,加重国际法和外国法的训练,鼓励和推动他们参加国际模拟法庭比赛和国际交流,逐步形成国际型法律人才的培养模式。

1. 课程体系建设

课程体系建设是国际型法律人才培养模式创新的基础保障,主要包括两个方面:① 国际型课程体系;② 精品课建设。清华大学法学院按照"苦练内功、开门办学"的原则,在课程体系和精品课建设两个方面加强各项工作。

（1）国际型课程体系。根据清华大学法学院本科生培养方案，不仅开设有齐备的国内法课程，而且开设有系统的普通法的课程和培养规划，以及国际法、外国法和比较法的课程，形成了较为齐备的国际型法律人才培养的课程体系。其中，国际法课组包含国际法、国际私法学、国际组织法等 11 门课程；外国法以及外语教学的课程主要有，专门的外国法和西方法律体系介绍等课程，包括外国民法、外国刑法、比较宪法、日本法、罗马法等 12 门课程；外国法前沿问题讲座主要由国外的专家教授开设的外国和国际法前沿问题讲座等课程；此外还有何美欢教授开设的系统的普通法精要和普通法概论课（该课程作为精品课进行建设，见下节）。上述众多课程都是用双语或外语开设。

此外，清华大学法学院还邀请国际著名法律机构、大企业和律师事务所的专业人士给学生开设专题短期课程，以法律实践推动法律理论，取得了很好的效果。

（2）精品课程建设。何美欢教授开设的"普通法概论"，是为学生系统学习英美普通法而开设的课程。她开设的"普通法精要"，则是为经过挑选的部分学生开设的系统深入学习普通法的高层次课程。《普通法精要》课不仅全部用英文讲授和采用英文教材，而且选课的学生要连续上四个学期（两学年），才能修完全部课程内容，并完成系统的普通法的训练。2007 年春季，何美欢教授的普通法精要课程引入了国际评估机制。将修完两年课程的学生的课程论文送给哈佛大学和剑桥大学的著名教授进行评价，他们一致认为，清华大学法学院学生的水平与其所在大学学生的水平一致；该课程还聘请了在北京的外国教授、律师和法律专家参与作为其考核形式的模拟法庭训练，以实战演练为课程学习的总结。该课程多次被列为全校前 5% 的最受学生欢迎的课程。

2. 参与国际大赛，在国际舞台上锻炼队伍，培养人才

从 2000 年以来，法学院还 8 次组织和资助了模拟法庭代表队，参加在东京、维也纳、澳大利亚和香港地区的国际模拟法庭比赛，曾取得第十届 Willem C. Vis 国际模拟商事仲裁比赛总分第六名和一名最佳

辩手称号、第十一届 Willem C. Vis 国际模拟商事仲裁比赛（东方赛区）冠军等优异成绩。国际化的教学也极大地促进了学生的外语水平和进行国际交流的能力，我院同学曾在大学生英语比赛中战胜外语专业的同学并获得各种荣誉。

3. 参与国际交流，培养国际型法律人才

清华大学法学院积极推动本科生参与国际交流，如派学生到新加坡、澳大利亚、英国、中国香港的法学院进行交流，现已经有本科生近五十人次参与了与国外和境外法学院的学生交流项目，到国外进行短期或一个学期的学习，也有相当数量学生参与了在国内外举办的各种涉外短期培训项目。我院已经与国际上十几个知名法学院签订了学生交流协议，提供了一个良好的国际交流平台。

4. 参与境外实习，获取国际法律服务的经验

我院通过与一些国际组织的合作关系，积极选派和鼓励学生参加境外机构的法律实习，例如本科生张烨和张娉 2006 年暑期在维也纳联合国机构实习，曾小伊 2006 年秋—2007 年春在海牙前南战犯法庭实习，黄蓓蓓将在 2007 年秋赴海牙前南战犯法庭实习。此外，还有近 10 名学生曾到香港律政司等机构实习，有一些同学在驻国内的国际机构和外国机构中进行实习。

5. 提高就业指导，帮助学生进入国家主流和关键部门，进入高层次的国际法律服务机构

清华大学法学院高度重视学生的就业道路选择与成长和成才之间的关系，一方面鼓励毕业生到急需高端法律人才的单位工作，对重点学生实行滴灌式培养，推荐优秀学生进入以商务部为代表的国家机关、以各大国有银行为代表的金融机构、以神华和中石化为代表的大型国有企业等参与国际法律服务的主流和关键部门。另一方面主动给优秀毕业生牵线搭桥，提供资助，帮助她们进入世界一流法学院学习，例如 2003 年刘萍同学和 2004 年贺雯同学赴哈佛大学深造；同时也鼓励学生进入一些国际型的机构从事法律工作，例如大型跨国法律事务所、会计师事务所、跨国公司和银行等机构。

6. 校友联谊,传授经验,开阔眼界

清华大学法学院经常组织在国际法律实践中有突出成绩的校友返校,与在校生座谈。通过联谊活动、经验介绍会等,将他们的经验传授给在校学生,促进本科生树立国际化的视野,培养他们勤于思考、独立解决问题和勇于参与国际对话和法律服务的能力。

7. 设立专项经费,推动国际交流

学生参与国际交流和国际比赛对于学生获取国际法律交流的经验具有重要作用。我院为此专门设立有关经费,资助学生参加国际模拟法庭比赛和参与国际交流。这些经费有些来自学校的支持,有些来自各种法律机构的赞助。我院拟在今后进一步扩大这一专项经费的数额和支持力度。

一、指导思想

教育理念(人才培养模式改革的思路和定位)

(一) 国际型法律人才培养的必然性和紧迫性

中国作为一个负责任的大国,在国际舞台上发挥着越来越重大的作用。我国经济发展已经与国际贸易和国际经济格局密切结合在一起,大型企业"走出去战略"的实施迫切需要提供深入和准确的国际和外国法律优质服务,国际政治新格局的形成也需要我国在相应的法律框架的创制中发挥更大的作用,国际上新出现的例如气候变异、能源危机和国际反恐等重大问题也为我国参与国际法律事务提供了新的空间,我国面临的台海问题和国防现代化也迫切需要我国参与"法律战"这一新的软实力的较量。这些方面急需高层次国际型法律人才的培养。时代的发展、国际形势的变化和我国社会的发展,需要法学教育根据时代和国家的需要,根据法律人才培养的自身特点,改革以国内法为局限的封闭式法学教育模式,创设面向国际、面向未来、面向时代、面向国家需要的国际型法律人才培养模式,培养符合全球化背景下建设社会主义法治国家所需要的高素质、职业化的国际型法律人才。

（二）国际型法律人才培养在我国法学教育中应当占有重要的地位

高层次国际型法学人才培养模式的建立，是一流法学院的责任和使命，是社会发展和法制建设的需要。各国一流法学院都把国际化法律人才培养当成其义不容辞的责任。因此，我国法学教育也必须认识到这一任务的紧迫性，应当确立这类人才培养模式在我国法学教育中的重要地位。它不是可有可无的锦上添花，而是必不可少的雪中送炭。清华大学法学院在复建后实现了跨越式发展，有较新的法学教育理念，富于勇于探索的改革精神，有一支国际化程度很高、精干、敬业的师资队伍，有高素质的学生群体，有广泛的国际交流渠道和成功的国际化办学的经验。因此，清华大学法学院具有创立国际型法律人才培养模式的明确目标、坚定信念和充分条件，将为国际型法律人才的培养创建一个新的模式，提高我国法学教育的水平，推动我国法学教育进入国际一流法学教育的行列。

（三）培养国际型法律人才的具体目标

清华大学法学院要培养的国际型法律人才是"高层次、高素质、创新型、国际化的法律人才"，即具备正确的人生观、价值观和社会主义法治理念，具备开放的国际视野，系统掌握法学方法论和法学理论体系，深入了解中西法律文化和主要法系知识，具备创新性思维和运用理论知识解决实际问题的能力，高素质的法律职业和法学研究人才。

（四）建立理论与实践紧密结合的人才培养平台

在国际型法律人才培养模式的创立过程中，必须注意吸收国际上法学教育的成功经验，把国内法和国际法外国法的教学密切结合在一起，把课堂内和课堂外的学习密切结合在一起，把理论教学和实践教学密切结合在一起，把国际视野与立足国情密切结合在一起，把学习和创新密切结合在一起。这一新型的人才培养模式，必须树立职业教育的明确目标，打造理论与实践密切结合的人才培养平台，以我国对外开放和全球化所面临的重大问题为导向，学以致用，培养出国家所需要的高层次国际型法律人才。

(五) 完善并加强国际型法律人才培养模式的制度保障

我院将在这一进程中进一步完善"学院统筹、部门合作"的工作模式,进一步健全"内外并重,分类培养,因材施教"的培养模式,并形成专门的国际型法律人才培养的项目,在师资队伍建设、经费投入、物质保障和国际交流等方面进一步加大力度,建立健全制度保障,打造全面、全员、全方位、全过程的国际型法律人才培养模式。

1. 社会发展与国际化潮流对法律人才培养的要求与挑战

我国法学教育正在经历由封闭的法学教育向开放性和国际化的法学教育转变、从"经院式"法学教育向职业型法学教育转变的过程。我国在世界舞台上的和平崛起和对外开放政策的实施,国际化浪潮的席卷之势和全球经济一体化的进程,使得一些传统的国内法领域也越来越多地与国际法和外国法发生密切联系。仅就国内而言,大量国有企业在海外上市或走出国门,国家能源战略国际化的态势已经十分明显,在金融、证券等领域的国际化程度越来越高,这些新的重大社会发展使得越来越多的法律部门和法律服务呈现出进一步国际化的趋势。金融法、税法、公司法、能源法、环境法、国际反恐、劳动法等法律领域的国际化程度不断提高;一些具有涉外性质的法律领域也不断扩大,与国内法的内容交叉、融汇,如涉外投资、国际贸易等领域就是明显的例证;我国参与国际事务的渠道和规模也不断扩大,台海形势等一些有关国家重大事务的急迫问题也在法律层面上越来越多地反映出来。因此培养具有国际视野和参与对外法律事务的需求也不断增加。

2. 对国际型法律人才培养及其规律的认识

基于上述对社会和时代发展的认识,我院认为培养高层次国际型法律人才的任务刻不容缓;而国际型法律人才的培养必须以法律服务国际化和捍卫我国国家利益为主线,必须加强人才培养的国际化内容,必须借鉴国际上成功的办学经验和方法,必须加强国际法学教育交流与合作,敢于突破现有的人才培养模式,创设新型的人才培养模式和体系。国际型法律人才的培养不是仅仅在理论和知识上的培养,而且必须采用国外的一些成功的案例教学、"诊所式法学教育"等实践性法学教育模式,加强职业技能、素质和法律思维的训练,大量采取双语教学、聘请海外学者讲学,设立国际化的课程体系,加强以国际比赛、国际交流和国际实习等多种形式的综合性国际化法律人才培养机制,形成立足中国法律体系,同时又具有国际视野、理论和实践融为一体的高素质法律人才的培养模式。

二、培养目标

清华大学法学院国际型法律人才的培养目标是:在我院本科项目中设立国际型法律人才培养项目,通过系统的中外、大陆法与英美法的复合型法律知识学习,通过理论学习与实践教学的结合,培养高素质的国际型法律人才,为社会发展和我国加快国际化进程提供人才保障。国际型法律人才应当具备如下素质:

(1) 正确的法治理念和高尚的职业道德;
(2) 广阔的国际视野和准确的国情认识;
(3) 坚实的中外法学理论和知识功底;
(4) 较宽的人文社会科学、自然科学和管理科学的综合知识背景;
(5) 高水平的外语能力和国际交往沟通能力;
(6) 国际化和全面的执业技能;
(7) 创新型法律思维。

三、方案设计及可行性

为落实国际型法律人才培养模式,清华大学法学院制订如下具体方案:

1. 加强四个培养平台建设,塑造国际化、实践性新型法律人才

法学本科培养的四个平台主要有:

(1) 课堂教学为知识传授平台,为学生提供系统的国际化法律知识体系,为他们打下扎实的理论功底,具备广阔的国际视野。

(2) 以学术活动为科研平台和我国在全球化进程中面临的重大法律问题为主导,引导、鼓励和促进学生参与有关的学术研究课题和项

目,形成创新性思维。

(3) 以案例教学、诊所式教育、模拟法庭和国际交流等形式为教学实践平台,培养学生的法律素养和执业能力。

(4) 以专业实践、社会调查、法律服务和国外实习为社会参与平台,鼓励和推动学生参与法律和社会实践,培养学生的社会责任感、法律职业道德和解决实际问题的能力,培养综合素质,树立社会主义法治理念和在国际法律舞台维护我国的国家利益。

这四个平台的有机结合,构成了清华大学法学院国际型法律人才培养模式的基本特色,起到了强化素质教育,引导学生全面发展的作用。

因此,应当深入研讨,研究四个平台各自的规律,分步骤、分类别、有结合地推进上述平台建设,采用新的教育理念和培养模式,培养既符合中国国情需要,又和国际先进经验接轨的法律人才。

2. 加强国际性法律课程建设,进一步推进精品课程、双语教学

法学院现将实行的本科生培养方案课程设置概况如下:本科生培养总学分要求为171学分,其中春秋季课程141学分,实践课程和实习15学分;综合论文训练15学分。课程内容包括:

(1) 法律专业课程(包括国内法和外国法);

(2) 自然科学基础课;

(3) 人文社会科学类课程;

(4) 跨系选修课;

(5) 实践环节;

(6) 综合论文训练。

为设立国际型法律人才培养模式,法学院将从本科生中挑选学业和外语等各方面素质好的学生,单独设立教学单位,分类培养,因材施教;以"普通法精要课"和国际法课程为核心,设立新的培养方案,在打好国内法和基础法学的基础上,加强国际法和外国法的教学;把理论教学和实践教学,课堂学习和社会实践密切结合在一起,进一步借鉴国际一流法学院在课程设置、教学方法等方面的经验,例如在教学方

法上借鉴美国的苏格拉底式教学法和德国的案例式教学方法,培养专业知识和职业能力双过硬的人才;在师资队伍建设上,把校内教师和校外及国外知名教授和具有丰富实践经验的专家结合起来,进一步引进海内外的优秀师资,建立一支国际化的法学师资队伍;在经费投入和物质保障方面,进一步加大力度,保证国际型法律人才培养模式的建立。

在培养方案的具体实施过程中,应当注意处理好如下几个关系:

(1)国内法课程与国际法和外国法课程的关系:强调国内法基础课和外国法基础课并重,并加强双语教学,强化外语训练。

(2)核心课与非核心课的关系、必修课与选修课的关系、理论课与实践课的关系、法律专业课与非法律专业课的关系:打破现有僵化的按照法学二级学科甚至按照具体法律部门设置课程的模式,以我国对外开放和全球化的需求为主线,以解决面临的重大国内和国际问题为引导,对课程进行合理配置,同时积极根据需求和全球化的客观规律开设新的课程。

(3)本科生课程与研究生课程的关系:进一步推动两类课程相衔接,除基础课程外,打通本科和研究生的选修课和共通的专业课;在实践环节上,也打通本科生与研究生的界限,共同参与社会实践和学术研究。

(4)本院教学资源与国际教学资源的关系:进一步加强本科生培养中的国际交流环节,为学生开设更多外教课程,提供更多出国交流的机会;进一步开拓更多本科生直接参与国际法学学术活动和模拟法庭竞赛等国际活动的渠道,把具备国际视野与参与国际实践有机地结合在一起。

3. 加强对外交流,建立开放性的法学教育体系

进一步积极开拓对外交流,在国际化的大背景下提高本科生培养的层次和水平。

(1)加强与国内外院系的联系与合作。未来几年内实现近25%的本科生有机会赴海外交流或交换学习。目前,清华大学法学院先后

与美国哈佛大学、杜克大学、密歇根大学、日本早稻田大学、名城大学、横滨国立大学、名古屋大学、新加坡国立大学、中国香港大学、香港中文大学的法学院建立了密切的合作关系，定期派师生互访。

（2）积极举办多种形式的国内和国际学术会议。将来每年都举办3次以上重要的国际或国内学术会议，加强国际学术交流与合作。

（3）加大投入，设立国际交流基金。在清华大学校方的支持下，法学院每年将资助一定数量的学生参加国际模拟法庭比赛和到国际机构实习，采用滴灌式培养方式，分类培养，因材施教，有重点地培养特色尖端人才。

（4）增加教师出国进修与学生国际交流。根据学科建设和人才培养的需求，除派教师到国外、境外访问、进修或讲学外，积极推动本科生参与国际交流，如派学生到美国、新加坡、澳大利亚、英国、法国、中国香港的法学院进行交流，选派和鼓励学生参加国际机构（WTO、联合国等）的实习。

四、管理与运行

为了落实法学国际型人才培养理念，推动法学教育的发展，清华大学法学院坚持"学院统筹、部门合作"的法学教育工作模式，实行全院、全员、全方位、全过程的一体化人才培养。

在这一过程中，清华大学法学院所有教师职工形成统筹与配合的工作机制。法学院院务会议做好统筹工作，各课组、任课教师、教务科、学生工作办公室等分工协作，共同做好相关工作。具体而言，各课组做好人才培养课程的建设工作，任课教师做好加强教学实践环节的工作，教务科做好教学管理工作和课程实施、评估工作，学生工作办公室做好学生活动组织的工作。

清华大学法学院从海内外知名法学教授和专家中聘请了许多兼职教授和合作导师，例如社科院法学所王家福、刘海年教授，日本神户大学季卫东教授，最高人民法院曹建明常务副院长、熊选国副院长，全国律协会长于宁，北京律协会长李大进，香港终审法院大法官李国能，香港前律政司司长梁爱诗,香港大学法学院教授陈宏毅,人民大学法学院许崇德教授,政法大学江平教授等众多法学界和法律界学者和专家。这些兼职教授和合作导师为拓展法学研究领域,丰富教学素材和内容,提供实践教学机会和渠道,引导学生关注重大社会问题,发挥了积极的作用,为培养国际化、高素质、有特色的法律人才和促进法学教育改革提供了可靠的师资、资料、理念和机遇上的保障。

五、培养效果

培养学生的综合素质、能力及社会评价(包括预期的人才培养效果)。

国际型法律人才培养模式创新的最大收益是学生综合素质的提高,是为国家提供高端国际型法律人才。清华大学法学院的毕业生不仅应对自己所学的法律知识有深刻的理解,而且要认识和理解国际社会,深入了解我国国情,尤其是基层法制建设,发现并解决现实的重大社会问题,意识到自己所应当承担的对内对外的社会责任。同时,在国际型法律人才培养的平台上,通过参加国际交流、组织和参与实践活动,他们还应具备从事法律职业所需要的思想素质和职业道德素质。

清华大学法学院的国际型法律人才培养模式的目标,就是要满足国家在对外开放和参与国际社会过程中形成的对国际型高端法律人才的急切需求,为商务部、外交部等国家机关,中石化、中石油、神华等大型国有企业,中国银行等金融机构,以及著名国际企业、跨国律师事务所、会计师事务所等其他机构提供合格的法律人才。使他们不仅能够参与国际法律业务和服务,而且能够参与国际立法,推动有利于中国发展的国际规则的制定和形成。法学院在过去几年中已经为上述机构培养了一些优秀的毕业生,他们扎实的中外法律知识和理论功底、很强的法律职业和法律思维能力、国际化的视野,已经得到了众多用人单位的赞赏。一些参加过国际模拟法庭比赛和具有国际交流经验的毕业生成为高端法律就业市场争抢的对象;一些毕业生已经成为其单位的业务骨干,在国际法律服务的舞台上发挥着重要作用。

今后,在学校统一部署和领导下,随着投入力度的加大和各项相关制度的健全,清华大学法学院"国际型法律人才培养模式创新实验区"必定会培养更多的高端法律人才,也必将取得新的进展,积累更多新的经验,探索出一条适合我国国情和全球化时代需要的培养高素质、全球化法律人才的路径,并对全国其他政法院校形成一定的积极影响和带动作用,推动我国法学教育进入国际一流法学院的行列。

六、创新性

在教育理念(理论)、培养方案、管理与运行机制等多方面进行的改革与创新。

(1) 突破传统"经院式"法学教育模式,探索中西融会、学以致用的法学教育之路,建立培养国际化与实践性相结合的新型法学人才培养模式。

(2) 建立"学院统筹、部门合作"的法学教育工作运行机制。

(3) 树立"中外并重,分类培养,因材施教"的教学指导思想,建立"全面、全员、全方位、全过程"的新型法学教育体系。

(4) 突破传统的按照法学二级学科和具体法律部门开设课程和设置课程体系的做法,根据全球化和我国参与国际社会所面临的重大问题,打破僵死课程和法律部门的界限,建设符合国际型法律人才培养的课程体系和培养方案。

(5) 贯彻法学人才培养过程中的三个结合原则:法学理论与法律实践相结合,国际视野与立足国情相结合,加强学生培养与提高教师素质相结合。

(6) 搭建法学本科人才培养的四个平台建设体系,即以课堂教学为知识传授平台,以学术活动为科研平台,以案例教学、诊所式教育和模拟法庭等形式为教学实践平台,以及以专业实践、社会调查、法律服务和国外实习为社会参与平台。

(7) 建立国际型高层次法律人才的基本素质标准体系,即正确的法治理念，广阔的国际视野，坚实的中外法学知识功底，精湛的大陆法系和英美法系的法律思维，全面和国际化的执业技能，高尚的职业道德，准确的国情认识，高水平的外语能力和国际交往沟通能力，较宽的人文社会科学、自然科学和管理科学的综合知识背景。

第五章　如何打造优秀的法学教育

第一节　如何打造优秀的法学教育［译作］*

杰罗姆·弗兰克**　王晨光　译

我不揣冒昧,来谈论如何打造优秀的法学教育。我不知道是否有哪个律师这样谈过,我反正是没有。如果我谈过,我显然会在从事政府的"新政"工作***之余轻而易举地提交一篇扛鼎之作。既然如此,我觉得有义务提出一些粗浅的看法。鉴于时间紧迫,我将以直白的第一人称方式进行论述。

（1）我首先总结一下我最近发表的一篇文章的要点。在该文中,我力推重新发掘培养法律人的学徒方式。在过去的半个世纪以来,由于兰德尔——哈佛体系的盛行,这一方式已基本上名誉扫地。而该（兰德尔）体系的独特性被认为是其创立者克里斯托弗·哥伦布斯·

---

* 本文发表于《法学杂志》2012年第5期。是美国学者杰罗姆·弗兰克于1933年8月29日在大瀑布市（美国密歇根州）的［美国律师协会］法学教育分会上的讲话的翻译。该讲话稿最早发表于《全美律师协会杂志》1933年第19期,（American Bar Association Journal, 19, 1933）第723页至728页。

** 弗兰克作为现实主义法学的创始人之一,参加了罗斯福总统的新政改革。

*** 弗兰克先生是位于华盛顿特区的农业调整局的总顾问、伊利诺伊和纽约州律师协会会员、纽约法学院副研究员,《法与现代心智》《法官是否常人》等作品的作者。

兰德尔（Christopher Columbus Langdell）的奇特个人秉性造就的。他是一个离群索居（cloistered）、咬文嚼字（bookish）和埋首图书馆（library-minded）的人。其教学法的理念直接源自其个人秉性。在学生时代，他沉浸于图书馆，埋头于"案例年鉴"之中。据说，他曾对没有能够生活在"金雀花时代"（Plantagenets）*表示十分懊丧。在其16年的法律实践中，他过着一种隐士的生活，几乎不见客户；在大多数时间，他在法律图书馆中撰写法律意见或为其他律师撰写法律文书。一个传记作者这样描述他："他的重要工作是在其几乎封闭的办公室和法律机构的图书馆中完成的。他几乎不去公司。"

他的教学理论是其秉性的翻版。对兰德尔而言，律师在其办公室中工作、会见当事人和出庭的经验均为不适于教师和学生使用的资料。他们必须摈弃这类资料，而彻底埋头于可以在图书馆中找到的资料。他自己这样描述其教育哲学的精髓："首先，法律是一门科学；其次，该门科学的全部可用资料都储存在出版的书籍中。"

据说，第二个命题"意在把通过律所实践或参与法院诉讼学习法律的传统方法排除在外"。①

这是那种推崇"封闭隐退"状态的人的法学教育理念。封闭性，对过去的缅怀，对枯燥、寂静图书馆的沉浸，对律所和法庭中人际间人性冲突的排斥，仅仅建立在书本资料上的伪科学体系（pseudo-scientific system），这些就是兰德尔构建兰德尔方法的基石。

我认为，长期以来，这个人的秉性在我们一流法学院的教育方法上打上了深深的印记。其结果是，在这些学校中的绝大多数教师很少有或根本没有现实的法律实践经验；更为重要的是，如果他们有这种经验，当离开实践并转入教学之际，他们也不得不屈服于那种把实践

---

* 金雀花时代是1154年至1485年期间英格兰中世纪王朝最强大的时代，独特的英格兰文化和艺术在该时代开始形成。包括牛津大学、剑桥大学在内的教育机构也在这段时期建立。

① "Centennial History of the Harvard Law School" published by the Harvard Law School Association (1918), p. 231.

经验边缘化和虚拟化的氛围。

　　法学教育力图摆脱过度的兰德尔教学法,但这种努力受到了法学院现状的阻碍,即兰德尔基本否定主动参与实践的态度在法学院占据主导地位的现状。因此,我提议直接面对问题,即完全抛弃兰德尔的核心目标,在更高级的层次上回归学徒制度。这一建议至少意味着我将在下面细谈的四个方面:首先,全部课程应围绕法院在当前和不远的将来必须处理的问题来设置。司法原理应首先被当做公共场所必须应用的具有尊严的正式语言。(我很清楚地意识到,没有比在公共演说中使用正确言辞更为重要的事了。但是,理解必须先于表达。与研究更为基础的法律问题相比,法律演说和修辞则应放在第二位。)

　　法学院应当模仿某种更为升华的法律事务所。大多数教师应当积极地参与法律实践,虽然他们中有些人研究多少更为间接的与"法律"有关的政府、商业和社会问题的解决方案。① 学生可以做教授的助理或学徒。问题将从律所、商业机构、社会和"改革"机构,以及政府部门泉涌而至。那些入学者将"从事"而非仅仅"学习"法律。

　　(2) 大多数教师应当具有不少于 5 年的实际和多类型的法律实践经验。

　　(3) 当前所谓的案例制度应起相对较小的作用;案例教材在很大程度上应包括从初审法院立案到最高法院最终判决的案件全部材料。

　　(4) 应当构建新的案例体系。这一体系应能够把法律问题和政府事务的资料置于历史、伦理、经济、政治、心理和人类学等其他社会科学领域之中。与当前社会活动的鲜活资料没有关联、在法学院学习之前提供的这些学科领域的课程,已被证明是个失败;整合需要借助一个真实的机构,通过其社会效果来实现。沃顿・汉密尔顿(Walton

---

　　① 关于"法律"这个词的不幸和易于产生误导的模糊性,As to the Unfortunate and Misleading vagueness of the work "law", See Frank, "What Courts Do in Fact," 26 *Illinois Law Review*, 645 et seq; Frank, "Are Judges Human?", 80 U. of Pa. Law Review, 17; 233.

Hamilton)和马克斯·拉丁(Max Radin)*的出色成果已被作为典范而加以引用。

为了节省你们的时间,我请求允许我把前面总结的文章作为引用的资料纳入本文。如果你注意,你会在《宾夕法尼亚法学评论》1933年6月出版的那一期上看到该文。①

该文章并非是针对哈佛法学院的批判,而是针对兰德尔体系及其不仅在哈佛法学院而且几乎在所有法学院都造成的不幸结果的批判。尽管如此,对这一批判的[反]批评则主要来自哈佛。我希望进行讨论的恰恰是这些[反]批评的性质。它们没有抓住要点——因而又使这一要点更为显著。遗漏这一要点反而暴露了一个盲点——该盲点的存在正好是兰德尔方法的主要失误。

基于上述认识,我请你注意到我最近收到的一封来自哈佛最杰出的老先生的信件。……在这封信中,……该教授宣称:埃利奥特校长不可能说"哈佛法学院教师是法律执业者和哈佛法学院现任教授具有律师实务经验"的话。

我必须承认,我在引用埃利奥特校长的话时犯下了疏忽之罪——我在引用他的话时不经意地改变了其时态。埃利奥特校长是在1888年谈到埃姆斯(Ames)院长1873年的任命时讲的这番话。可以回想起,埃姆斯并没有实践经验。在谈到对埃姆斯任命的负面评论时,埃利奥特这样说:"什么是这一雄心勃勃事业的最终结果?在适当时候,这不会遥遥无期,将会在我国培养出大批从未在法院或律师所工作过的法律博学之士,然而他们将会成为发挥重大作用和影响力的法律教师、解释者、综合者及历史学者。因此我斗胆预测,这是从未在我国出现过并将对律师职业结构产生最久远影响的变革。"②

我谦恭地承认这一引述错误。我或许可以解释它是如何发生的,

---

* 他们分别是耶鲁和伯克利法学院的教授,是美国现实主义法学的主要人物。

① "Why Not a Clinical Lawyer-School?", 81 *University of Penna Law*, 907.

② "*Centennial History of the Harvard Law School*," 31.

但这于事无补。我改变了时态,确实不经意地使它听上去像是埃利奥特校长在解释已经发生的事情;而实际上,他是在预测将会发生的事情。

但是,我认为,该教授在指摘这一错误时并没有看到埃利奥特校长的预言基本上被证明是准确的。首先,应当注意到,我并没有说过所有以往和现在的哈佛法学院教授都是从未执业过的人士。恰恰相反,我明确地提到兰德尔教授自己就有16年的执业经验;葛雷教授和凯尔斯教授是一边教书一边继续执业的典范,法兰克福特和摩根教授具备与法院和律师及当事人接触的第一手经验。

我曾经主张并仍然主张的是:兰德尔[方式]的精神造成了哪怕是最富有经验之人的教学实力(teaching value)的枯竭和僵化;兰德尔的理念对美国法学教育工作者和法学教育具有摧毁性的效果。埃利奥特校长预言的精神,如果不是其文字,已经在令人警惕的程度上成为现实;尤其是在散布在于全国各地的法学院中,虽然并非亦步亦趋,但比哈佛还要哈佛地追随哈佛模式已经成为风尚。

《哈佛法学院百年史》中描述说,兰德尔相信法律是一门科学,"如同学习任何其他科学一样,学习这门科学的学生必须寻找活的源泉——他必须应对构成其研究的主题素材"。兰德尔说:"图书馆对于我们而言,就像化学家或物理学家的实验室,就像自然学家的博物馆。"他认为:"法学院最本质的特点是[法律]图书馆,这一点与所有我所知道的其他学院形成了很大的区别……没有图书馆,法学院将失去其最重要的特点,也就是其身份。"用同样的口吻,校长评论说:"学校承认图书馆是〔法〕学院的精髓";《哈佛法学院百年史》(1918年出版)说:"如果接受法律是可以用科学方法进行教授的一门学科,前期的实践经验,如同教学开始后的继续实践一样,都已没有必要。"

这种风气窒息了法学教育。它迫使已经转变为教师的具有经验的执业者忽视其执业经验。它迫使教师把主要精力放在图书馆,把收集到的书籍视为法学院的核心。一个以图书馆为核心的法学院是什么也就可想而知了。在那里教学的人,不论他们如何关注以往在律所或法庭中发生的实际情况,都必须把这些实际发生置于次要地位。书本就是一切。[只要]文字而非行为;或曰,[只要]文字描述或将为文字描述的行为。可以说,文字行为(verbal acts)是中心,此外都是边缘末梢。

那种不以图书为中心的学院则成为"不科学"的机构;它或许握有真知,但那是次要的、相对而言不真实的真知;真正的真知仅仅能够从书本中记载的事实中获得。确实,庞德院长在许多年前提到过"行动中的法律"(law in action)。这一提法唤醒了希望。但是哈佛向自己的学生展现"行动中的法律"了吗?学生有机会在书本中和法律评论文章中读到非常有限的行动中的法律,但是,此举同样没有构成对行动中的法律的直接观察和参与,它们充其量不过是图书馆里行动中的法律。

在庞德院长的法学院,学生要上证据、实务和诉讼辩论课程。差不多是行动中的法院。在这些课程上,学生能够体验行动中的证据、行动中的实务、行动中的辩论、行动中的侵权、行动中的财产。学生是否被要求经常到法院实习?学生是否会在那里待上许多时间?他们是否有老师伴随并在开庭后就学生看到的情况进行评论?学生是否熟悉这些法院处理案件的程序?当需要运用技能对下一个步骤的结果进行预测时,他们是否被允许对下一个将发生的步骤进行预测,而不是进行事后评论?教师是否把一件诉讼案件的程序问题与所谓的实体法律问题结合在一起向学生进行讲解——或把这两者分隔在不同的课程中?我以哈佛为例。我也可以以任何其他一流法学院为例。它们是否做过任何努力对行动中的法院进行观察、描述和解释?

"行动中的法律"是一个漂亮的词汇。确实,它包含着极其含混的字眼"法律"①。然而,它是一个指针或路标;它指出一个新的方向。但是,大学法学院是如何跟随这一指针的呢?"行动中的法律"仍然停留在文字上。就法律教学方法而言,不论怎么说,这个词都没有产生实

---

① See Citations, Note supra.

际效果。人们开始怀疑,这个词汇的作用是在心理上用文字组合替代被改变的行动。瓶子里的内容没有变,只是标签变了。人们不禁想起吉尔伯特和苏利文歌剧中的场面,警察列队在舞台上绕圈行进,对六神无主的父亲许诺,他们将从劫持他女儿的海盗手中解救其女儿。"我们前进,前进",警察们一边在绕着圈子向前行进一边喊着。"但是他们没有走",父亲绝望地叫着。

诉讼是律师最后的手段。最终,所谓的法律权利和义务不过是法律案件中的胜诉或败诉。① 一个对诉讼程序不熟悉的律师是一个无用的律师。如果不是传统因袭遮蔽了我们的眼界,诉讼的实验室不过近在咫尺,而法学院则把学生禁锢在仅从书本上学习诉讼的范围内,我们没有认识到这是荒诞的吗?如果医学院的学生仅仅从出版的书籍上学习手术,我们将对他们说什么?

但是,如果诉讼是律师最后的手段,这并不意味着是律师工作的全部。公司董事会会议、不动产交割、当事人咨询、协商谈判——这些也是法律执业的内容。行动中的公司、行动中的信托、行动中的遗嘱继承——这些也是法学院学生应当了解的东西。所以这些都是行动中的法律的基本内容(如果我们必须使用法律这个词)。

所有这些对于兰德尔的方法而言都是异类。就算是对的,这种方法也多少被削弱。不打折扣的兰德尔原则在今天不会在任何地方受到尊崇。但是它们仍然构成了法学教育的基本要素,因此不论它们是否与其他任何东西混合在一起,主导的风格仍然是兰德尔式的。我们一流的法学院仍然是图书馆[中心的]法学院、图书[基础上的]法学院。它们并不是理应成为律师法学院。

无论如何,我所说的话都不应被认为是在暗示对于文字的实践效果的否定。不论一个人的心理智识如何,他都不会不认识到文字的能量,不论是书面还是口头表达的文字,它们是人类不可或缺的工具,而

---

① See citations, note supra; Frank, *Law and the Modern Mind*, passim.

且它们常常成为我们的主宰。① 一个律师确实需要学习词汇及其使用方法,特别是律师和法官的词汇及其使用方法。② 但是,这些并非律师工作的主要因素。

我必须承认,我热爱图书且溺爱文字。我曾经在读医学辞典时遇到一个词,"影幻视"(aphose)。其定义是"影像的主观感觉"。我相信行动中的词汇,从而试图把"影幻视"一词带入谈话中。我至今都未成功。但是现在,它却有用场了。人们可以说,兰德尔式教师处理的是影幻视;他传授给学生的是影幻视——律师工作实践的主观感觉影幻。

如果一个教师是想象天才,他可以使影幻惟妙惟肖。但是,为什么教师要应对影幻?如果有其他途径的话,没有人会通过向未来的高尔夫选手讲解或让他读与此相关图书的方式来教授打高尔夫的技术。这对于教授足尖舞、游泳、驾驶汽车、理发或烹饪威尔士干酪而言都是一样。法律实践就更为简单吗?为什么法律教师和学生就要比高尔夫教师和学生更受拖累?谁会向一个满足于坐在封闭房间内,分析其他人在几年前参与的重要高尔夫比赛点数的教师求教呢?为什么法律教师应当成为汤姆林森呢?*"这是我在一本书中看到的,他说;这是我被告知的,这是我想象到另一个人想象到的莫斯科的王子。"**

法律执业是一门艺术,而且是相当难的艺术。为什么要把其教学搞得比教授高尔夫还更加间接、曲绕、晦涩和艰难?这恰恰是兰德尔方法所要造成的结果。

再怎么说,教授法律也不是一件容易的事。兰德尔方法加剧了这种困难,尽可能地使教师工作变得复杂。即使是天才的教师也不能克服这些障碍。当我在法学院的时候,我坐在一个中国学生旁边,他的

---

① *"Law and the Modern Mind"*,57 et seq;84 et seq.
② Cf 26 *Illinois Law Review* at 746-768.
* 吉卜林的诗篇"汤姆林森"中的片段。
** "汤姆林森"(Tomlinson)是英国著名诗人、小说家、诺贝尔文学奖获得者,拉迪亚德·吉卜林(Rudyard Kipling)(1865—1936)所写的一首诗的名字和主人公,在被推进天堂之门之际,不断地重复他读过这个那个。

英语是在西班牙学的。结果是,当他记录美国教授的讲课时,他用西班牙语记录。经询问,我才搞明白他实际上是运用中文来思考。今天大学法学院的教学过程与此毫无二致。它的目的是教会学生将来在法庭和律所如何执业;然而它却置身于尽可能离远法庭和律所的地方。学生所能看到的不过是在一面制作粗陋的镜子中映射出的法庭和律所活动的影像。为什么不砸碎这些镜子呢?为什么不让学生直接观察其学习的主题素材,并让教师深入评介所看到的东西呢?

我会被告知——实际上已经被告知——法学院仅仅有 3 年时间来培养律师,而这 3 年已被[课程]排满,因此不可能有时间花在我所提出的第一手资料上。我并没有被这种 3 年时间太短的说法打动。在大多数大学法学院中,这 3 年被用来教授相对简单的技术——分析上级法院的判决,"区别判例",建构、修改或批评法律原理。

对这种任务而言,3 年已然太长。聪明人可以在大约 6 个月内学会这种辩证技术。我看到学生做到这些,你也同样看到了。教他们学会在一两个领域中运用这种辩证技巧,他们就会毫无困难地在其他领域运用这种技巧。但是在法学院中,3 年中的许多时间都浪费在把这种技巧反复运用到不同的领域——侵权、合同、公司、信托、担保、票据、证据、法庭辩论等领域。当然,不可能在 3 年中,甚至 33 年中,提供或修完我们称之为"法"并能被进而划分为不同领域的所有课程。

如果你用 3 年内能够修完的有限的课程数与一个律师在执业过程中所遇到的所有部门领域相比较,3 年看起来非常短暂。但问题的关键是,一个有能力的律师一旦在一两个领域中掌握了这种辩证技巧,就能够在很短的时间内在其他众多不同领域中成为行家里手。使一个人在所谓的合同法或信托法领域中学会遵循先例的游戏,他就会轻而易举地在公司法、保险法或任何其他法律领域玩同样的游戏。

……兰德尔助长了远离律师工作实际的风气。"教授法律的资格",他说:"不是律所中的工作经验,不是与人打交道的经验,不是初审法庭或辩论的经验……"一个其传记作者说,根据我的观察,兰德尔方法的基点在于排除"通过律所工作或出庭参与法庭活动来学习法律的方法"。

……

有人告诉我,哈佛商学院教师建议与哈佛法学院教师进行合作。……我对这一项目成功可能性的热衷会有助于消除那种认为我鼓吹的法学教育方案仅能培养法律技师的印象。培养的律师必须要明显地高于这个水平。我们当前的经济困境可以部分地归因于我们的职业团体未能理解商业机构的性质,未能准确地判断它,未能向它们的当事人指出其缺陷及其修补的可能方案。能够为新政提供最佳服务的律师是那些具有这种智慧的律师。

但对于律师而言,如同对工程师或护士一样,仅仅具有社会洞察力不再是能令人满意的技能。律师不论需要什么,都需要成为一个有效的法律执业者,一个技能充分的技术人员。法律学生在校期间应当学习法律实践的艺术。为此目的,法学院应当大胆地,而非羞怯或闪烁地,抛弃兰德尔的虚伪教条。他们必须对他的"否"说"是"。他们必须坚决地接受"通过在律所工作和出庭参与法庭活动来学习法律的方法",而不能像兰德尔那样排斥它。他们必须向后转,并且宣布:"能够胜任法律教学的资格是在律所中工作、与人打交道、参与初审活动和法庭辩论的经验。"对于法学院的中心是图书馆,一个法学院区别于其他法学院的标准是法律图书馆书架上的图书数量和类别,图书馆是律师的实验室,律师的"活的源泉"需要在印刷油墨的毫无生气的纸张中寻找等荒谬说法,他们必须给予坚决否定。他们必须了解,图书馆和书籍是律师工作的外围事务,其核心业务是人的行为——当事人、证人、法官、陪审团、立法委员会、股票市场操盘手、工会领袖、公司董事长、农民和其他律师的行为。我们生活在一个社会之中和由人而非法条组成的政府之下①,律师必须了解并处理这些人的行为方式。

我是20多年前在一所极力推行兰德尔教学法的法学院中接受的

---

① Frank,"*Mr. Justice Holmes and Non-Euelidean Legal Thinking*". 17 Cornell Law Quarterly, 568;"*Law and the Modern Mind*", Passim.

法学教育。它的首位代院长是比尔教授，一位备受尊重的兰德尔式学者。教师中大多数人是哈佛法学院最为出色的毕业生。兰德尔是他们的上帝，埃姆斯是其先知。分析上级法院判决意见和推敲制作精巧的法律原理的技术，就是这种教学法的精髓。

我完全被这种学习方式吞没了。那里有一种强烈的学术气氛。确实是非常学术。我曾在本科阶段热爱的经济、政治和历史领域的融合似乎已非常遥远且无足轻重。

在我三年级的时候，我遇到了一个另类的教师。他毕业于哈佛，的确是最为睿智的毕业生之一，曾是埃姆斯最喜欢的学生。他参与了《哈佛法律评论》的创建。他谈到许多埃姆斯的理论，比如"个人衡平诉讼"……但是这位老师曾是执业律师，又是现任法官。他告诉我们很多当事人抛给律师或律师抛给法官的奇特问题。我们开始理解我们在通过律师考试后将着手应对的不合逻辑、变幻不定、不规范、不确定、充满人情世故、需随机应变的问题。按照兰德尔教学法的标准，这门课程本身就不规范和无条理。较差的学生抗议了。他们的笔记散乱无章。他们无法将其归入任何条理和体系，找不到什么8项规则外加14项例外等等的东西。你根本无从知道你身处何处。这里存在的是一种在碎片化基础上激励思考的气氛。我不清楚我们的老师是否真正认识到他的教学法的独特性。他以为他在教给我们完美的老埃姆斯的理论，他实际上教给我们的是他在执业中运用的法律。

朱利安·马克(Julian Mack)——我们的老师——是第一个实际上摆脱兰德尔教学传统的教授。他多少是无意而为之，这却使他的背离更为有效。

在我看来，由此开始，马克法官开创了一个正确的方向。他的道路的结果就是学徒式培养。他重新发掘了被这个国家在许多年前抛弃了的教学法。我们需要复兴并完善这一教学法。

[所希望的]结果是创建在许多方面与我们最好的医学院类似的法学院。佛莱克斯纳告诉我们："在这些医学院中，医学实践和学习同时进行——教师和学生自由地组合在一起，自然而然地从事上述两种

活动……从训练开始之际,碎片化,如果是激励性和构成性的碎片化,是受欢迎的方法而非相反,因为医学院不保证提供完成的产品,而是以培养学生的方法和技术为目的;他们不会广泛接触许多病人,因此要使他们有条理、深入和全面地研究所能接触到的少数病人……学生必须对现实存在的断裂、空缺和难题有正确的了解。希望他们在离校时深入认识到人类知识和技能的相对有限性,以及需要通过智识和耐心来破解的问题的紧迫性和艰巨性。"这也是法学院应当认真思考的问题。

我重申,我主张的是以律所为中心的法学院。他不应当仅仅是一所律所,因为其执业者将是教师,所要研习的课题也不是一般律所遇到的问题。但是教师的大多数应当积极参与实践。我们要的不是一个法学院,而是一个律师学院。

一个哈佛教授写信给我,他质疑我提出的法学教师应当具有 5 至 10 年的各种实践经验的建议。他说,很多执业律师都是很差劲的教师。确实如此。这种实践经验可以说必要的,但并非全部条件。造就一个优秀教师除了几年的实践经验以外,还有其他更多的条件。我当然不是说任何具有那种经验的人都会成为优秀教师。如果说威士忌要放上 5 年之久才是好酒,这当然不应当被理解为任何酒放上 5 年就会成为好的威士忌或值得饮用。

制作好的威士忌是相对容易的事。造就一个优秀法学教师则是几乎不可能的事。优秀教师是天生的,而非造就的。但是,具备天才潜质的人如果有实践经验,就会成为更好的法学教师,否则就是糟糕的教师。有些人虽然没有长期的实践经验却是优秀的法学教师。但他们很稀少,障碍则相当多。(这些评论对于沃顿·汉密尔顿和马克斯·拉丁这类人则不适用。他们的任务是把法律与其他学科整合在一起。)

毫无疑问,前述兰德尔模式的法学院已经培育出最"成功"律师的说法应当得到回应。我可以附带补充一下,我手下能干的法务人员中的大多数是哈佛毕业生。但是(如果我可以重复我在其他地方说过的话),[造成]这种情况的原因非是它们的教学法,而是尽管有这个教学法。实验不是受控制的实践。因为进入大学法学院如哈佛法学院的学生通常都是人尖子。他们不仅是最聪明的学生,也是最为富有、具有最广泛社交网和类似资源的人。同时,进入如哈佛这样大学的法学院也赋予他们声望。确实,在经历了30年之后,几乎找不到一个非兰德尔式的法学院可上了。兰德尔教学法成为主导方法,大多数律师,不管是木讷还是愚笨,不管是成功还是失败,都是这种教学法的产品。当前大多数最成功的律师不蓄胡须。但是,例如面部胡须修饰等时尚,是否能够说明他们的成功并不会成为争论的问题。同样道理,兰德尔教学法与执业成功之间的关系或许也是偶然的。在现代法学院出现之前,也可以说"大多数成功的律师都是通过在律所阅读法律的学徒方式培养的"。关键问题是,这两种法学教育体系从来都没有同时并存,一起面对同样的学生进行培养。

我不想仅仅进行否定,不主张简单地摆脱兰德尔主义就万事大吉。(我相信,我肉排上的大蒜是不可接受的,但是简单地把大蒜从肉排上去掉并不能保证会吃到满意的肉排。我可能不喜欢某些城市,但居住在任何其他城市未必会使我感到幸福。)抛弃兰德尔教学法并非全部。我们必须找到一个令人满意的替代方法。我认为我描述的方法就是这种令人满意的教学法。这个建议不过是个初步浅见。但我相信它值得一试。我强烈建议立即进行试验。

附:现实主义法学对兰德尔教学体系的抨击
——独树一帜的弗兰克法学教育思想[*]

普通法最鲜明的特征是它如列天繁星般难以计数的案例判决。它们始于不可记忆的年代,流传繁衍至今,历经无数博学睿智法官的

---

[*] 《如何打造优秀的法学教育》一文译后感。

引证、解释和再造,具有独特的历史传承性和流动性,同时又具有明显杂乱无章的无序性。这既给普通法教学提供了丰富的素材和资料,又给它出了一个似乎无解的难题——怎么向学生传授这海量的信息和知识?以律为师,言传身教,自行体验和自我感悟,学徒式的传统教学成为兰德尔之前(19世纪后期前)普通法教育的主导模式。① 似乎除此之外,也找不到什么更好的方法。什么是普通法的内在逻辑和体系?如何构建现代科学意义上的普通法教育?与大陆法系的成文法体系化和理论化的教学相比,普通法教学颇显陈旧落伍。兰德尔以大陆法系教学为参照,独辟蹊径,开创了普通法案例教学体系,第一次把散乱无序、漫无边际的普通法案例编辑成为有内在逻辑体系和历史发展脉络的体系化教材。这无疑是普通法教育乃至普通法自身发展史上划时代的大事。它这种体系化教材与以往兜网式的案例汇编不同,它以历史和现今主要判例(*leading cases*)为线索,举纲抓目,把案例梳理成演进有序、逻辑严谨、结构清晰、精巧自洽的规则体系,促成了传统普通法教育从学徒式向现代大学科学化教学的实质性转变。兰德尔把他开发的案例体系与苏格拉底开创的纠问式教学法结合在一起,奠定了美国当代法学教育的坚实基础。

兰德尔对于普通法教育和普通法体系发展的重大贡献不容否定。其案例教学法激发了法学院学生以判例为基础探讨深奥的法律问题的积极性,磨砺了他们处理疑难法律问题的分析能力。但是这一套教学方法确实具有其自身与生俱来的缺陷,一是它不鼓励研究案例所揭示的法律以外的更为广泛的其他任何问题;二是它把活生生的案例转化成为抽象和中立的法律概念和条文的演绎,扩大了法学院学生与未来将处理饱含人间痛苦和情感交织的纠纷的法律职业者之间的距离。②

对这样一种占据统领地位的教学体系,当时几乎无人敢于挑战。

---

① Ralph Michael Stein, *The Path of Legal Education from Edward to Langdell: A History of Insular Reaction*, 57 Chicago Ken Law Review, 1981, pp. 434, 435, 440.

② Ibid., p. 454.

然而弗兰克，作为具有标新立异和怀疑批判精神的现实主义法学领军人物，却偏偏逆潮流而动，在全美律师协会的论坛上和法学杂志上频频对兰德尔奠定的案例教学法的弊端发起猛烈抨击，甚至冷嘲热讽，毫不留情。与此同时，他还发表了"为什么不是诊所式律师学院"(Why Not a Clinical Lawyer's School)的文章。弗兰克认为：兰德尔的案例教学体系实际上反映了兰德尔本人的个性，即闭门读书、沉浸在故纸堆中，几乎不与当事人、法庭和社会接触。其编纂的判例都是上诉法院的案例，即都是处理法律问题而非事实问题的案例，从而使学生无法接触到真实的案件和社会，也无法接触到在初审法院办案的实践经验，而初审法院恰恰是绝大多数案件得以处理的地方。再者，兰德尔的判例教学，使学生仅仅关注法律规则和原理，而忽略法律工作所需要的其他诸如沟通、说服、辩论等素质和技能，把法律工作仅仅等同于诉讼这一单一形式。弗兰克甚至尖刻地称兰德尔的案例教学体系为"伪科学"。

这些批评并没有立即在当时的美国法学教育界引发任何轩然大波，弗兰克对这样的效果颇感失望。他在1947年说："没有人真正对这些观点认真关注过。"[①]这或许是美国法学教育界主流有意无意地淡化其惊世骇俗的抨击，以免引起公众对这样一个法学界的"异类"的关注。不回应乃至装聋作哑可能是最巧妙的打压策略。

是金子总会发光。弗兰克的尖锐抨击直指法学教育的核心问题，即法学教育的宗旨是什么，它培养的法律人才应当具有何种知识、素质和能力。这些问题不可能永远回避。从20世纪60年代开始，"诊所式法律教育"(clinical legal education)开始在美国出现，并得到快速推广。律师应当具备哪些素质和能力，法学教育应当如何培养学生具备这些素质和能力，法学教育是否应当引入其他学科（如心理学、社会学或经济学等）的交叉内容，这一系列问题受到美国律师协会、法学教

---

① Robert L. Doyel, *The Clinical Lawyer School: Has Jerome Frank Prevailed?*, 18 New England Law Review, 1982—1983, p.577.

育界以及社会的广泛关注。1982年,哈佛大学法学院课程设置委员会主席弗兰克·迈克尔曼(Frank Michelman)宣布:"正如原理和技能不能离开理论而自我充实那样,原理和理论也不能脱离实践而自以为是。我们所说的'实践',是指学生主动学习的经历,即在真实或模拟情景下,学生应对[法律]职业者需要承担的责任的过程。"并称"实践或诊所学习应当成为法学院课程体系中的一个组成部分,而不应当被推给那些以后会承担这一工作的法律事务所和律师协会项目"。① 要知道,哈佛法学院是弗兰克所抨击的兰德尔教学体系的发源地和大本营,而哈佛法学院对法律诊所教学的支持,实际上宣布了弗兰克在50多年前发动的攻势的最后胜利。② 尽管弗兰克的文章多少有些为了标新立异而剑走偏锋,攻其一点而不及其余,但是面对"坚如磐石"的主流案例教学法,他那些极而言之的抨击也不难被理解。如果把他所提倡的法律诊所教学和实践性教学与朗戴尔所提倡的培养学生法律分析能力的案例教学法结合在一起,将会造就更为综合、系统和设计全面的法学教育。

我国法学教育自改革开放以来,一直在借鉴外国法学教育的先进经验。不论是德国的百科全书式的学院教育,还是美国朗戴尔式的案例教学法,都是我们借鉴的模本。中国法学和法学教育为了能够在学科竞立的学术和教育园林中占有一席之地,当然需要加强其学术性和学科的独立性。无论是百科全书式的学院教育还是朗戴尔式的案例教学体系,都是我们需要借鉴的有益经验。但是,当我们借鉴某种外国的经验时,有必要了解这种经验的来龙去脉,产生的社会背景和针对的问题,避免对其一知半解,继而囫囵吞枣。弗兰克对朗戴尔案例教学体系的批判能够使我们对普通法的案例教学体系有更为深入和全面的了解。法学并非不食人间烟火的虚幻净土,也非与其他学科没

---

① Robert L. Doyel, *The Clinical Lawyer School: Has Jerome Frank Prevailed?*, 18 New England Law Review, 1982—1983, p.578.
② Ibid.

有关系的独门绝功。开放式的法学教育,即应当把社会、法律实践、与其他学科交叉,甚至全球化的内容都纳入我国法学教育的视野和架构之中;让法学教育回归到人间,消除"法学院"与"法院"的隔绝,明确法学教育的性质和宗旨。

读一读弗兰克将近80年前发表的《如何打造优秀的法学教育》一文,我们仍然可以感到其思想的冲击力,可以感受到他在字里行间表露出来的对法学教育的挚爱以及对病疴沉疾的激愤,可以从中获益良多。故,弗兰克此篇文章绝非仅仅具有历史或文献价值,而是对当前中国法学教育改革和发展的现实具有振聋发聩的意义。有感于此,特翻译成中文,以备热心探究法学实践教学的同仁参考。

第二节 东亚法学教育改革浪潮与我国法学教育的宏观制度设计
——日韩经验教训反思与中国改革刍议[*]

导读:中国新一轮法学教育改革在即,如何确定改革的指导思想和具体路径,是一个迫切需要在理论上作出回答的问题。在这个问题上,不管是正面的移植成果还是负面的教训,日本和韩国近年来所进行的法学教育改革都能为我国提供诸多的借鉴经验。在参考日韩法学教育改革成功与失败的经验基础之上,结合中国的现实情况作出法学教育改革的顶层设计,对于中国新一轮的法学教育改革具有重要意义。

自改革开放以来,中国法学教育改革一直没有停顿。改革已经成为中国法学教育的"常态"。然而,越改革反而越迷茫,以致鲜有人能够说清楚当前法学教育改革的走向。纵观我国法学教育,几乎其他国家有的法学教育种类或项目我们都有,从职高、大专、本科、法学硕士、

---

[*] 本文写作过程中得到李广德同学的协助,他对第五章有实质贡献。

法律硕士,到法学博士、博士后,几乎无所不包。叠床架屋,只做加法从不做减法。我们打造了全球最庞大的法学教育体系,培养了最多的法学毕业生。① 但是如同"中国制造"尚未转型为"中国创造"一样,体量庞大的中国法学教育尚未跻身于全球一流法学教育的行列,能够驰骋于国际法律舞台的高层次法官和律师寥寥无几,能够走向基层为大多数基层民众提供法律服务的也为数不多。这不能不说是个遗憾。

党的十八届四中全会《关于全面推进依法治国若干重大问题的决定》(以下简称《决定》)指出,要创新法治人才培养机制。据说,有关部门正在落实《决定》的要求,酝酿新一轮更彻底的法学教育改革。闻者亦喜亦忧。喜,以有深层改革而喜;忧,则以路径不明而忧。改革是好事,但如果改革指导思想和具体路径不明,或缺乏共识,最后的结果未必一定令人满意。改革是手段,最后形成符合法学教育规律和中国法治发展的制度和体制,卓有成效地服务于法治和社会发展才是目的。此轮酝酿中改革的目的是建立什么样的新制度,或者"删繁就简",把现有的不同项目梳理整合,还是另辟蹊径,开设其他项目?是沿着大陆法系的老路升级换代,还是走美国"法学院"职业教育之路?抑或是同时借鉴二者开创"混合型"的"新路"?改革是否综合考虑了现行法学教育的方方面面以及其与各种社会因素的联系与相互作用?言者没有明示,听者亦不得要领。

无独有偶,进入新千年以来,日本和韩国也分别于2004年和2008年在政府顶层设计指引和全力推动下,发起了全方位的、以美国"法学院"法律职业教育为模板的法学教育改革。其目标不可谓不坚定,设计不可谓不周全,力度不可谓不大。但是这些年过去,日本和韩国同行中却鲜有对其改革充分肯定者,反而不少学者提出质疑②,甚至直言

---

① 据统计,截至2012年,我国开设法学专业的高等院校624所,2012年法学专业招生37 056人,毕业39 962人,在校人数102 445人。参见朱景文主编:《中国法律发展报告2013:法学教育与研究》,中国人民大学出版社2014年版。

② 参见〔日〕铃木贤:《走到十字路口的日本法科大学院制度》,载《法学家》2009年第6期。Hoyoon Nam, "US-Style Law School System in Korea: Mistake or Accomplishment?", *Fordham International law Journal*, Vol. 28, pp. 917-918.

不讳地称之为"失败"。① 为什么会造成改革初衷与结果产生巨大落差的局面呢？不论是前车之鉴还是他山之石，放眼观望他们的法学教育改革的进程，尤其是吸取其经验和教训，或许能够对我们即将开展的新一轮法学教育改革带来启示，并引发更深入的思考。

基于这一思考，本文将首先分别回顾日韩两国法学教育改革的进程，其次分析其经验和教训，最后引出对我国酝酿中的法学教育改革的启示和思考。

一、日本法学教育改革进程

自明治维新以来，日本一直以大陆法系中德国法为模版建立其现代法律制度，包括其法学教育制度。在2004年此次改革前，日本法学教育体制是四年制的法学本科教育。法学教育不是法律职业教育，而是类似其他的人文社科一样的通识性教育。法学教学高度学理化，课程主要讲授实体法规则和成文法的解释理论，很少有案例分析或课堂互动教学，从而造成法学教育与司法和法律实践严重脱节的状况。② 这种状况自然无法满足社会对更多高水平法律人才的需求，无法实现社会对法学教育的期待，引起日本社会对法学教育的严重不满和广泛批评。③

改革前的日本法学教育主要有哪些弊端呢？基于其他学者的研

---

① Takahiro Saito, "The Tragedy of Japanese Legal Education: Japanese 'American' Law Schools", *Wisconsin International Law Journal*, Vol. 24, No. 1, 2012, p. 208. Annelise Riles & Takashi Uchida, "Reforming Knowledge? A Social-Legal Critique of the Legal Education Reforms in Japan", *Drexel Law Review*, Vol. 1:3, 2009, p. 14. Jaewan Moon, "How to Change Law School Education: In an Age of Oversupply of Lawyers", 该文作者在2015年8月5日于日本早稻田大学举行的第四届亚洲法律与社会大会上提交的论文。

② Shigenori Matsui, "Turbulence Ahead: The Future of Law Schools in Japan", *Journal of Legal Education*, Vol. 62, No. 1, 2012, pp. 3-5. 〔日〕棚濑孝雄：《日本的法学教育及其改革》，载《法律适用》2002年第5期，总第194期，第79页；丁相顺：《日本法科大学院构想与司法考试制度改革》，载《法制与社会发展》2001年第5期，第90—91页。

③ Robert F. Grondine, "An International Perspective on Japan's New Legal Education system", *Asian-Pacific Law & Policy Journal*, Vol. 2, Issue 2, 2001, p. 1.

究,本文梳理列举如下:

(1) 法学教育与法律职业教育割裂,大学法学部以理论教学为主,几乎没有培养学生法律技能和素质的法律实践类课程,因此培养的学生不具备法律职业者的基本素质尤其是职业技能和职业伦理(professional skills and ethics)。

(2) 大多数法科学生不可能成为法官、检察官或律师(被统称为"法曹")。在2000年,日本共有93个大学法学部(faculties of law),每年录取约45 000名学生。[①] 获取法律学士学位后,需要通过司法考试才能获得进一步接受法律实务培训的资格,成为"法曹"。而能够通过司法考试的人数是按照接受实务培训的容量事先确定的。"直到20世纪90年代,每年通过司法考试的人数一直限定在500人,通过率为3%。"[②]"在2002年,41 459人参加司法考试,仅1 183人通过,通过率为2.85%。"[③]而且法学本科学位不是参加司法考试的必备条件,有任何本科学位的人都可以参加司法考试。为了能够通过竞争激烈的司法考试,参加社会上的司法考试补习学校成为日本法科学生的必经之路。而这些补习学校(被称为"Cram School"[灌输学校])是那些通过司法考试但是觉得教学比司法实践更有意思的人讲课。他们没有任何理论学术背景,也不要求学生进行思考,而仅仅训练学生如何选择

---

① Shigenori Matsui, "Turbulence Ahead: The Future of Law Schools in Japan", *Journal of Legal Education*, Vol. 62, No. 1, 2012, pp. 3-5.〔日〕棚濑孝雄:《日本的法学教育及其改革》,载《法律适用》2002年第5期,总第194期,第79页;丁相顺:《日本法科大学院构想与司法考试制度改革》,载《法制与社会发展》2001年第5期,第90—91页。

② Shigenori Matsui, "Turbulence Ahead: The Future of Law Schools in Japan", *Journal of Legal Education*, Vol. 62, No. 1, 2012, pp. 3-5.〔日〕棚濑孝雄:《日本的法学教育及其改革》,载《法律适用》2002年第5期,总第194期,第79页;丁相顺:《日本法科大学院构想与司法考试制度改革》,载《法制与社会发展》2001年第5期,第90—91页。

③ Roderick H. Seeman, "Japan Law: Legal Profession", 2003, http://www.japanlaw.info/law-2003/2003 _ LEGALPROFESSION.html, (last visited June 3, 2005). 转引自 Peter Joy, Shigeo Miyagawa, Takao Suami & Charles Weisselberg, "Building Clinical Legal Education Programs in a Country Without a Tradition of Graduate Professional Legal Education: Japan Educational Reform as a case Study", *Clinical Law Review*, 2006-7, Vol. 13. p. 426.

最佳答案。① "司法考试的考生已逐渐脱离大学校园,长期在校外补习班以死记硬背的方式准备法曹资格考试,这已经成为法曹的老套数。"②这就进一步使得大学法学教育可有可无,与司法考试也完全割裂开了。

(3) 不完全的法律职业培训仅设置在隶属于最高裁判所的"司法研修所"。通过司法考试的人进入司法研修所接受为期一年或半年的司法实务培训(1999 年前为 2 年,2006 年后缩短为 12 个月),享有公职身份,并从国家领取工资并享受相应福利待遇。③ 培训合格者才能担任法官、检察官或律师。但是司法研修所的培养方式不是"法律诊所教学"那样"通过实践参与进行学习"(learning by doing),而是"通过观摩进行学习"(learning by seeing)。④ 而且司法研修所实务培训的内容主要是如何起草司法文书、组织开庭、询问被告人或为当事人辩护等法官的技能,缺少法律研究、写作和辩论等基本实务技能。⑤

(4) 律师总体数量不大,在社会中所起作用有限,导致法治不畅。日本学者爱拿日本与西方国家相比较。在 1997 年,日本共有律师 2 万名。而在 1997 年,美国有律师 94.1 万名,英国有 8.3 万名,德国有 11.1 万名,法国有 3.6 万名。同期,日本律师与人口的比例 1∶6 300,

---

① Shigenori Matsui, "Turbulence Ahead: The Future of Law Schools in Japan", *Journal of Legal Education*, Vol. 62, No. 1, 2012, pp. 3-5.〔日〕棚濑孝雄:《日本的法学教育及其改革》,载《法律适用》2002 年第 5 期,总第 194 期,第 79 页;丁相顺:《日本法科大学院构想与司法考试制度改革》,载《法制与社会发展》2001 年第 5 期,第 90—91 页。

② 〔日〕铃木贤:《走到十字路口的日本法科大学院制度》,载《法学家》2009 年第 6 期,第 32 页。

③ Peter Joy, Shigeo Miyagawa, Takao Suami & Charles Weisselberg, "Building Clinical Legal Education Programs in a Country Without a Tradition of Graduate Professional Legal Education: Japan Educational Reform as a case Study", *Clinical Law Review*, 2006—7, Vol. 13. p. 425. 江利红:《论新世纪日本的法律教育改革及其问题——以美国式法科大学院制度的导入为中心》,载《浙江社会科学》2014 年第 11 期,第 48 页。

④ Ibid., p. 425.

⑤ Shigenori Matsui, "Turbulence Ahead: The Future of Law Schools in Japan", *Journal of Legal Education*, Vol. 62, No. 1, 2012, pp. 6-7.

美国为1∶290,英国为1∶710,德国为1∶740,法国为1∶1 640。① 同为"西方"主要国家,上述日本律师的数字多少令人有些难堪。而且这些律师又多集中在东京和大阪等大城市,农村地区的律师很少。这也从一个侧面反映出法律在日本社会中的作用和法治状况。

由于上述弊端,日本社会中越来越多的人逐渐形成了共识,即日本法律界尤其是律师法律服务的状况,已经很难适应20世纪90年代以来经济长期不景气的新形势和汹涌而来的全球化态势及其带来的法律需求,要改变这种状况,只有从培养新一代高素质法律人才做起,故而必须改革法学教育的结构、教学内容和方式,提高司法考试的通过率,提供更多的法律服务;以此加强法律在社会中的作用,提升法治水平。

"从1991年起,律师、法官、检察官三家开始协商如何进行司法制度改革,一个主要问题就是司法考试合格的人士如何由500人增加到更多。"②这种增加司考通过率的建议,遭遇到律师协会(日本弁護士連合会,"the Japan Federation of Bar Associations")的强烈抵抗。而最早提出改革法学教育要求的是商业界。③ 在1994年,经济同友会(the Keizai Dōyukai)发布了一份报告,要求更强有力的司法体制和更多的律师。1997年,经济团体联合会(the Keizai Dantai Rengoukai)也发布了包含同样建议的报告。1997年,当政的自民党成立了一个特别委员会(司法改革审议会),对司法体制面临的问题进行研究。上述报告都

---

① Shigenori Matsui, "Turbulence Ahead: The Future of Law Schools in Japan", *Journal of Legal Education*, Vol. 62, No. 1, 2012, pp. 6-7.

② 〔日〕棚瀬孝雄:《日本的法学教育及其改革》,载《法律适用》2002年第5期,总第194期,第79页。

③ 商业界之所以率先提出法学教育改革的呼吁,主要是由于20世纪90年代经济泡沫的破灭带来对依赖官僚管理体制的传统的冲击以及行政体制的改革,而去规制化的行政改革,带来对强有力的司法机制和更有效的法律服务的期待;同时全球化浪潮使得日本商界面对更多的与外国公司(尤其是美国公司)的法律纠纷,都使得日本商界首先认识到法学教育改革的重要性和必要性。Shigenori Matsui, "Turbulence Ahead: The Future of Law Schools in Japan", *Journal of Legal Education*, Vol. 62, No. 1, 2012, pp. 8-9.

呼吁"加强司法体制,增加全国律师人数,以及建立一个新的法学教育体制"。虽然这些呼吁遭到一些律师的强烈反对,但最终得到了日本律师协会领导层的支持。①

在 1999 年,日本国会(the Diet)对上述呼吁作出了回应,通过了《建立司法改革审议会法案》,开始为改革制定顶层设计规划。围绕法学教育改革,保守人士主张有限的改革,即保留现有法学教育体制,仅对教学方法和课程体系进行改革,提高司法考试通过率,达到增加通过人数和提高法律职业者素质的目的。而激进人士则主张彻底废除现有法学教育体制,完全引入美国式法学院(law school,或"法科大学院")制度,实现法学教育向职业化教育的彻底转型。经过激烈讨论之后,司法制度改革审议会于 2001 年 6 月向总理大臣提交了《司法制度改革审议会意见书》(以下简称《意见书》),为法学教育改革的方向与路径确定了基调。《意见书》开宗明义地指出,改革是为了推动整个日本社会由事前限制型向事后检查型转变,从而构建符合国民期待的司法制度,为此需要尽快建立起一支在数量与质量方面都令人满意的法曹队伍,以此作为方便国民接近司法的基础。然而,既有法学教育体制难以培养出相应规模的高水平法曹队伍,因此建议设立新型法学院,建立新的司法考试并提高考试通过率。它提出的目标是到 2010 年达到每年有 3 000 人通过司法考试,到 2018 年使日本法律职业者总数(包括法官、检察官和律师)达到 50 000 人。②

基于《意见书》,日本内阁于 2002 年 3 月 19 日通过了《司法改革推进计划》。在此基础上,日本国会随后制定了《法科大学院教育与司法考试关系法》,以及《关于向法科大学院派遣法官、检察官以及其他一般公职的国家公务员法》,为法律职业者在法学院兼职授课打通了法律渠道。这一系列法案,正式拉开了以法学院模式为核心的法学教育

---

① Shigenori Matsui, "Turbulence Ahead: The Future of Law Schools in Japan", *Journal of Legal Education*, Vol. 62, No. 1, 2012, pp. 7-8.

② Ibid., p.9. 李响:《试论日本法学教育改革之得失检讨与经验借鉴》,载《时代法学》2014 年第 6 期,第 113 页。

改革的帷幕。

基于上述法案,日本文部科学省负责制定法学院办学标准和课程系列。2002年8月,文部科学省的国家教育顾问委员会向该省提交了《法学院设立标准报告》。文部科学省于2003年3月公布了《职业研究生学院设立标准》。根据上述标准,文部科学省于2003年接受了72份建立法学院的申请,并批准了其中68份申请,准许它们于2004年4月1日起开办,2005年进一步增加到74所法学院。① 法学院必须有一定比例的法律职业人员任教,必须开设法律实务培训课程,必须采用案例和互动式教学方法。

由于法学院是全新的研究生层次的3年制法学教育机构,它与原有的4年制本科层次的大学法学部是什么关系就成为一个必须面对的制度衔接问题。为了减小改革带来的震荡,改革采用了双轨制式的渐进式改革路径。第一个双轨制是允许大学法学部的本科教育继续存在,其毕业生需报考法学院,继续学习2年后参加司法考试。司法考试允许考生在5年内参加3次考试,如果没有通过,就必须回到法学院重新学习后再参加考试。第二个双轨制是旧司法考试继续存在至2011年,以保证已经毕业的法学本科毕业生能够参加考试。改革规划预计新司法考试将大幅度提高考生通过率,达到50%。2006年5月首次举行的新司法考试共有2091名首批法学院毕业生(均为具有法学本科,在法学院学习2年的毕业生)参加,1009名通过,通过率为48%。② 即便是在新司法考试完全取代旧司法考试后,又开启了一个允许没有接受过法学院教育的人参加"预备考试"(preliminary exam),

---

① Shigenori Matsui, "Turbulence Ahead: The Future of Law Schools in Japan", *Journal of Legal Education*, Vol. 62, No. 1, 2012, p. 10.

② Peter Joy, Shigeo Miyagawa, Takao Suami & Charles Weisselberg, "Building Clinical Legal Education Programs in a Country Without a Tradition of Graduate Professional Legal Education: Japan Educational Reform as a case Study", *Clinical Law Review*, 2006—7, Vol. 13. p. 434.

通过该考试后参加司法考试的制度外通道。① 第三个双轨制是迫于最高裁判所和律师协会的压力，允许最高裁判所主持的司法研修所继续存在。因此通过司法考试的人仍然要到该研修所接受司法实务培训。②

至此，以美国法学教育为模版的法学院制度终于登堂入室，成为日本培养法律职业人的最主要渠道。

二、韩国法学教育改革历程

韩国法学教育改革前的体制与日本十分相似，也是基于德国大陆法传统的法学教育体制。法律人才的成长也要经过大学法律系或法律部的 4 年本科教育、司法考试（Sabubshihum）和 2 年的司法研究所的实务培训三个阶段。③ 因而韩国的法学教育也面临着日本改革前法学教育面临的同样问题，即法学教育与法律职业教育脱节、法律教育缺乏以培养法律技能和法律伦理的实务课程、司法考试通过率低、司法研修所的实务培训主要以司法官技能为主导、法律职业规模小等问题。例如，在 2008 年，韩国总共有 1 万名法律职业者（包括法官、检察官和律师）；每年通过司法考试的人员不足 1 000 人；律师与人口比例为 1∶4 800。④

此外，韩国有其独特的社会背景，即韩国于 1987 年修改《宪法》，开创了民主化进程。而韩国民主化意味着司法机构成为不受立法权和行政权不当干预、独立行使司法权的专门机构。司法权的独立，推

---

① 参见《日本 2014 年司法考试合格人数不足两千人》，载人民网，2014 年 9 月 10 日访问。

② Shigenori Matsui, "Turbulence Ahead: The Future of Law Schools in Japan", *Journal of Legal Education*, Vol. 62, No. 1, 2012, p. 20.

③ Rosa Kim, "The 'Americanization' of Legal Education in South Korea: Challenges and Opportunities", *Brooklyn Journal of International Law*, 2012, Vol. 38, p. 51.

④ Ibid., pp. 52-53. Hoyoon Nam, "U. S.-Style Law School ('Law School') System in Korea: Mistake or Accomplishment?", *Fordham International Law Journal*, 2004, Vol. 28, Issue 3, pp. 879-880.

动了司法改革,进而推动了法学教育的改革。再者,韩国外向型经济对于全球化挑战更为敏感,清醒地认识到培养具有全球视野和能力的法律人才的必要性。

最先推动法学教育改革的是金泳三总统。他于1995年提出引进美国法学院模式以建立更具全球竞争力的法律职业人才。虽然他的呼吁遇到强大阻力而未能实现,但是他确实成功地提高了司法考试通过率,把通过考试的人数从1995年的300人逐步提高到2002年的1000人。这一改变触发了更大规模的法学教育改革。①

在2003年,卢武铉总统成立了最高法院领导的"司法改革委员会"(the Judicial Reform Committee),以进一步推动全方位的司法改革,同时呼吁"培养大量具有全球竞争力的法律职业人才"。该委员会于2003年10月提出了取消司法考试和建立美国式研究生层次的法学院的计划。② 尽管这一建议再次引起激烈讨论和阻力,但该委员会的建议最终导致韩国国民议会于2007年7月通过了《法学院设立和运行法》(Law for the Establishment and Operation of Law Schools,又被译为 Graduate Law School Act,以下简称《法学院法》)。③

《法学院法》规定在全国设立25所三年制研究生层次的法学院。2007年10月,教育和人力资源部发布了法学院申报评价指南。2008年1月,法学教育委员会审查了41所大学的申请,批准了其中25所设立法学院(15所位于首尔,10所位于其他地方);并规定全国招收法学院学生的名额为2 000名,每所法学院将按照分配的名额招收40至

---

① Rosa Kim, "The 'Americanization' of Legal Education in South Korea: Challenges and Opportunities", *Brooklyn Journal of International Law*, 2012, Vol. 38, p. 56.

② Hoyoon Nam, "U. S.-Style Law School ('Law School') System in Korea: Mistake or Accomplishment?", *Fordham International Law Journal*, 2004, Vol. 28, Issue 3, p. 881.

③ Rosa Kim, "The 'Americanization' of Legal Education in South Korea: Challenges and Opportunities", *Brooklyn Journal of International Law*, 2012, Vol. 38, p. 59.

150 名学生。① 该年 8 月 30 日,政府向 25 所获得批准的法学院颁发许可证。为了招收到高素质的学生,同年 8 月设立了类似美国的法学院录取考试(Law School Admission Test,"LSAT"),并举行了第一次法学院入学考试。2009 年 3 月 1 日,2 000 名学生通过了该项考试,进入法学院开始学习。该年 4 月,韩国国民议会通过了新的《司法考试法》(*The Bar Examination Law*),并于 2012 年开始新的司法考试,旧的司法考试将继续到 2017 年。② 为了提高司法考试的通过率,司法部规定 2010 年新司法考试通过率为 75%。③ 根据司法部 2012 年公布的信息,共有 1 665 名法学院毕业生参加了第一次新司法考试,其中 1 451 人通过了考试,通过率为 87%。④ 但随后几年的通过率则呈下降趋势。

在 2011 年韩国与美国自贸协议生效后,韩国的法律服务市场将分阶段逐步向外国律师开放(即允许美国律师所在韩国设立代表处,2 年后允许美国律师所与韩国律师所就涉及双方法律问题的案件进行合作,5 年后允许美国律师所和韩国律师所合作建所并雇用韩国律师)。为应对这种日益开放的全球化,韩国未雨绸缪,早在 21 世纪初就采取了明确的全球化先行应对政策(the Specific Pre-Emptive Globalization Polices)。该政策包括三项:(1) 从 2005 年开始在司法研修所开设了为期一年(两个学期)的英美法必修课课程;(2) 从 2009 年开设美国式的研究生层次的法学院;(3) 2009 年通过了《外国法律顾问

---

① Rosa Kim, "The 'Americanization' of Legal Education in South Korea: Challenges and Opportunities", *Brooklyn Journal of International Law*, 2012, Vol. 38, p. 59.

② Young-Cheol K. Jeong, "Korean Legal Education for the Age of Professionalism: Suggestions for More Concerted Curricula", *East Asian Law Review*, 2010, Vol. 5, pp. 156-159.

③ Rosa Kim, "The 'Americanization' of Legal Education in South Korea: Challenges and Opportunities", *Brooklyn Journal of International Law*, 2012, Vol. 38, p. 60.

④ Nathan Schwartzman, "SKorea: New Bar Exam Results Cause Controversy", *Asian Correspondent*, March 27, 2012, (2015 年 12 月 31 日从 http://asiancorrespondent.com/2012/03/skorea-new-bar-exam-results-cause-controversy/下载)。

法》(*Foreign Legal Consultants Act*),允许更多外国律师在韩国律师事务所工作。①

设立以法律职业教育为导向的法学院,即为上述三项现行应对政策的一项。根据《法学院法》,设立法学院的大学不再继续开办本科法学教育项目;所有报考法学院的学生必须具有本科学位,并参加法学院资格考试和英语考试;法学院录取学生要遵循四项标准,即本科学习的平均学分成绩(GPA)、法学院入学资格考试成绩、语音能力和参加社会或公益活动的情况;法学院师资队伍必须有20%以上、具有不低于5年法律实务经验的国内外法律实务人员担任教师;教学必须要有职业技能和实践课程,并采用"苏格拉底"式互动和案例教学方法。②

三、日本韩国法学教育改革遭遇的难题

日本和韩国正在推进的法学教育改革,都是具有改弦更张性质的根本性改革,且都是由政府发动,借助亚洲国家政府权力强势的传统,通过较为周全的顶层设计,逐步推动的。但是事与愿违,两国的改革都在实际进程中遭遇到一些难题,其中法学院招生数量下滑、教学水平没有明显提高是最突出的问题,从而出现"叫好不叫座"的意外局面。

日本遭遇的困难尤为明显,其司法考试通过率持续下滑,导致法学院招生人数骤降。2013年4月9日,日本"政府的一个委员会提出一项把原定每年通过律师资格考试的3 000人指标降低的临时建议。它建议政府应当放弃设定任何数字指标的做法"。③ 根据日本法务省公布的2014年司法考试结果,共有8 015人参加考试,其中1 810人通过,合格率为22.6%,比2013年下降4.2个百分点,是自2006年以来

---

① Jasper Kim, "Barbarians at the Legal Gates: Examining South Korea's Preemptive Globalization Policies Prior to Legal market Liberalization", *Peking University School of Transnational Law Review*, 2013, Vol. 1, Issue 2, p. 274.

② Ibid., pp. 280-282.

③ Start Deck,《回顾法学教育改革》,载《日本时代》,2013年4月22日。

通过人数首次跌破 2 000 人。在 74 所法学院中,通过率最高前五位是京都大学 53.1%(130 人通过)、东京大学 52.0%(158 人通过)、一桥大学 47.1%(64 人通过)、庆应大学 44.6%(150 人通过)和大阪大学 40.1%(55 人通过);有 43 所法学院通过的人数是个位数,还有 4 所大学通过人数为零。① 这一现象的原因错综复杂。

(1)招生减少的背后是一个不能否认的尴尬现实,即大多数新法学院的教学质量没有达到改革预期的水准。尽管法律要求有实务课程、法官和律师等职业者充实师资队伍、改变教学方法,但是否能够真正落实则无法保证。

(2)政府于 2011 年取消了自 1947 年以来一直实施的给司法研修所实习生发工资的制度,改为为他们提供无息贷款。这就使得通过了司法考试进入研修所的实习生背负更大的经济压力。

(3)日本政府迫于压力,在 2012 年放宽了司法考试的资格限制,允许非法学专业的毕业生先参加"预备考试",通过预备考试后就可以参加司法考试。这就导致出现一个怪现象,即没有经过法学院学习,非法学专业考生的司法考试平均通过率竟然高于法学院毕业考生的平均通过率,从而进一步削弱了法学院的吸引力。②

(4)律师人数增加了,律师就业市场相对饱和,但法律服务需求则没有像规划中预测的那样增加。据报道,已经有 23 所法学院宣布不再招收新学生,还有一些法学院在现有在校学生毕业后将关闭。③这是改革的设计考虑不周呢,还是好的设计执行得不好?抑或是设计本身就与社会现实和法治需求相脱节?

韩国的情况要好些,因为随着法学院的建立,旧司法考试和其后的司法研修所的实务培训将逐步废除,此外法律规定了司法考试通过

---

① 参见《日本 2014 年司法考试合格人数不足两千人》,载人民网,2014 年 9 月 10 日访问。
② Start Deck,《法学院的艰难时期》,载 http://www.japantimes.co.jp/opinion/2015/01/21/editorials/tough-times-law-schools/#.VojQMhGGZ4k. 2015 年 12 月 31 日访问。
③ 同上注。

率是 75%。但是，现实并不买法律拟定标准的账，实际通过率从 2012 年的 87.25%，下降至 2015 年的 61.1%。① 这一结果表明，尽管有法律规定的通过率，但是由于新设立的法学院培养的学生水平确实不高，现实通过率无法达到法定标准。从结果也可以发现法学院教学质量不高。总之，改革结果与设计初衷有落差，从而引起法学教育界和法律界乃至社会对以美国法学教育为摹本的新法学院制度的批评，质疑法学教育改革的成果。另外，旧司法考试的延续造成进入法律职业队伍的新旧两个路径。通过旧司法考试并接受司法研修所两年培训的人认为，新法学院培养的人是走了捷径，因此强烈要求保留旧司法考试机制。② 再加上韩国律师就业市场不景气，2015 年 7 月有 3 354 名注册律师没有工作③，按照改革方案培养的更多新律师，进一步加剧了律师就业市场的竞争，形成了"僧多粥少"的局面。这种局面与改革设计的预期也有一定差距。迫于社会上反对取消旧司法考试的压力，司法部于 2015 年 12 月宣布原定于 2017 年取消的旧司法考试将延续到 2021 年。④

尽管日本和韩国所面对的问题不完全一样，但社会现实与新法学院制度及相应改革措施的反差和进一步推进改革面临的困难则几乎相同。为什么会出现这种状况呢？我们不得不深究其中的原因，并从宏观社会和深层理论角度探究其改革制度设计的优劣。

---

① Jaewan Moon, "How to Change Law School Education: In an Age of Oversupply of Lawyers"，该文作者于 2015 年 8 月 5 日在日本早稻田大学举行的第四届亚洲法律与社会大会上提交的论文。

② Anthony Lin, "Old and New Clash as Korean Law Students Protest Over Proposed Shake-up of Old Order", http://www.legalweek.com/legal-week/news-analysis/2093372/clash-korean-law-students-protest-proposed-shake. 2016 年 1 月 5 日访问。

③ Borld Edite, "Debate Grows over Fate of Korea's Traditional Bar Exam", *The Korea Herald*, Sept. 8, 2015, http://www.koreaherald.com/view.php?ud=20150908001142. 2015 年 12 月 3 日访问。

④ Ock Hyun-Ju, "Korea to Maintain Bar Exam Until 2021", *Asia One*, 2015 年 12 月 31 日于 http://news.asiaone.com/news/education/korea-maintain-bar-exam-until-2021#sthash.dXMcyrdc.dpuf. 2015 年 12 月 31 日访问。

(一) 改革要与社会发展相匹配,即改革设计要充分考虑各种社会条件(制约或促进条件),制订能够适应现有或将要出现的社会条件具体方案和路径,设立对改革进行动态评估和调整的机构和方案

社会条件包括很多,宏观如法治状态、经济环境、法律文化等,微观如师资构成、司法考试制度等。仅以法律就业市场这一条件而言,日韩在设计改革的时候,都以未来法律服务需求规模和内容的增长为预设前提,因此要培养更多法律人才。改革前司法考试的通过率确实很低,但是一厢情愿地扩大法律职业队伍,是否与社会需求相一致呢?东亚国家受传统儒家思想的影响,高度集中的政府权力和官僚体制,极大地制约了法治和法律职业发挥作用的空间。日本的行政改革和韩国的民主化进程,对原来的"事前规制"(advance-control)的社会治理模式(即由政府对私人行为事先进行规制)提出了挑战,推动了向"事后审查"(after-the-fact review)和"事后补救"(after-the-fact remedy)的社会治理模式转型(即民间当事人自行选择其行为并接受事后的诉讼或公共裁断的模式)。[①] 这种社会治理模式的转变必然依赖法治,并为其提供了法律职业服务的广泛空间。但是这种转型不可能是一朝一夕的突变,而是一个渐进的过程。而日韩"改弦更张"式的改革,寻求的是突变,从而带来改革设立的司法考试通过率提高了,但是社会对法律服务的实际需求并没有明显变化,出现"供大于需"的现象。一瓢凉水泼向改革的热情。客观讲,日韩也确实考虑到改革的双轨制,允许原法学本科教育继续存在,允许在一定时间内保留法学本科毕业生参加司法考试,最终完全过渡到只有法学院毕业生才能参加司法考试,从而把法学院作为法律人才培养的唯一体制。[②] 这一改革方向应得到充分肯定,从本科法学教育转型到研究生层次的

[①] Annelise Riles & Takashi Uchida, "Reforming Knowledge? A Social-Legal Critique of the Legal Education Reforms in Japan", *Drexel Law Review*, Vol. 1:3, 2009, p. 4.

[②] 与日本相比较,韩国的改革措施更为坚决和彻底,随着旧司法考试退出舞台,新法学院体制将成为唯一的法律职业人才的培养途径。

法律职业教育也不应否定。但是,除了体制上双轨制考虑外,是否应当对法律服务市场的变化有更为深入的了解和实事求是的预判呢?

有了对社会条件的客观和准确判断,就带来改革方案设计的问题。任何一种改革都是对现有体制的改变和完善,因而总具有超前性。但是如果超前太多,会因为过于理想化而受挫;如果仅仅着眼于解决现实具体问题而没有足够的超前制度设计,也会因过于保守而失败。日韩以设立法学院制度为目标的改革具有超前制度设计的性质,但是对于未来能够容纳这种改革的社会条件(如就业市场、法律的社会地位和作用)的预判则过于乐观,从而造成"新人无用武之地"的局面。如果日韩改革的设计者能够充分预见到就业这一社会条件的实际变化,不要把法学院的规模铺得太大(如只批准少数法学院),而是从入口就严格把关,真正培养出少而精的新型法律人才,使这些人在社会和行业领域内自然而然地获得认可和发展,可能看上去没有那么轰轰烈烈,但最终则会获得更扎实的成果。

此外,改革不可能十全十美,其中的变数和不确定性很多,社会发展也会出现许多"意外"。因此有必要根据改革进展情况和各种情况的变化对改革方案的实施进行及时评估和调整。日韩两国的改革都有一些调整,如降低原来设定的司法考试通过率、日本补设"预备考试"(preliminary exam)机制以允许非法学院毕业生获得参加司法考试的资格、韩国延长旧司法考试存续期等。本文引用这些调整以说明改革评估和调整机制的必要性,但不等于赞成这些调整,因为它们都是对原设计中较高标准的降低,虽然缓解了社会压力,但对改革的负面冲击更大。

(二)改革缺乏各个部门的协调和配合,缺乏整体联动,导致改革受挫

法学教育改革是宏观司法改革的重要组成部分。两国对此都有充分的认知。但遗憾的是,未能协调与法学教育相关的其他机制改革,形成联动的机制和改革的合力,因此有些延续的机制给改革推出的新生事物设置了障碍。例如,日本延续了隶属于最高司法机构的司

法研修所这一职业培训机制（韩国允许它作为过渡制度延续一段时间，最终将退出历史舞台），虽然培训时间缩短，内容有所变化，但培训的目的没有变，即仍然以培训法官为导向；培训的课程体系和方法没有变，实务培训多以法官实务为主。这就造成司法研修所的职业培训与法学院职业技能培训的重复，把通过司法考试的人导入更狭窄的路径。而且官方把原来给司法研修所学员工资的待遇取消，进而加重了他们的经济负担。为非法学院毕业生开设的"预备考试"通道，直接形成了与法学院的竞争和冲突，从而形成对法学院的严重威胁。通过了"预备考试"的人的司法考试通过率高于法学院毕业生的现实，进而削弱了法学院的声誉。制度间的掣肘可见一斑。①

（三）改革要实现的目标应当与社会需求相一致

法学教育改革的目标是培养全球化时代法治社会需求的高素质的法律人才。这一目标无可非议。但是全球化时代的法律人是否都是西装革履参加跨国谈判和国际纠纷解决的法律人？似乎不可以这样简单地作出结论。无论是日本还是韩国，其改革的主要动因似乎更着眼于国际层面和应对全球化的考虑；而对国内因素的考虑（这也是现实需求）考虑不足，从而导致大多数法学院毕业生聚集在大城市，难以找到工作，农村和边远地区的法律服务则没有改变。② 就全球化需求的法律人才而言，美国较为典型（也是日韩改革的模板），很多有法律背景和律师身份的职业者成为大公司的高管，直接参与到国际化进程中，发挥了法律人的作用。但是日韩新法学院体制的建立，是否能建立相应的机制，打通法律人与政府、商界和其他领域的交流沟通？是否仅仅以通过司法考试并成为司法官和律师为唯一目标？即便在机制层面解决了不同领域的交流转换，还有法律文化和传统的问题，

---

① Daniel H. Foote, "The Trials and Tribulations of Japan's Legal Education Reforms", *Hastings International & Comparative Law Review*, 2013, Vol. 36: 2, p. 431.

② Start Deck, "Reviewing Legal Education Reform", *The Japan Times*, April 22, 2013.

即商业和其他机构能否接受法律人当高管？如果单纯以美国法学院教育为模板，但没有看到美国法律人充斥于几乎所有其他领域，并能够成为各个领域的中坚，不主动打通这些领域的沟通交流，不分析法律文化和传统上的区别，就难免邯郸学步，导致培养出来的人才无用武之地。

另外，应当考虑国内法律资源分配的不均衡，即很多边远和农业地区缺少律师和司法官，而大城市的人才爆满。日本改革后并没有提高边远地区和农业地区的律师数量；韩国则有意识地把10所法学院建立在首尔以外的地区。但是，法学院培养的模式是否与边远和农业地区需要的法律人才相吻合？如果法学院培养的目标仅仅限定在"高端"的法律服务，是否能够满足一般民众的需求呢？日韩两国与美国城市化程度相比较也存在很大不同。这些都是在改革设计时应当充分考虑并回应的问题。

（四）改革设计应当提供跨越改革预期目标与现实状况之间差距的可行性方案

任何改革都是对现实制度或大或小的突破，而突破则以实现改革预期为目标；这就必然带来改革预期目标与现实状况之间的差距。因此改革的成败就依赖于跨越应然与实然之间沟壑的可行性实施方案。这种方案应当具备以下几个条件：

（1）具有法律和政策上的依据；

（2）具有改革目标与现实之间差距的准确描述和分析；

（3）具有跨越差距的具体路径和程序安排；

（4）上述具体机制和程序安排应当具有资金、人力和制度上的保障条件，从而使方案具有可行性。

日韩法学教育改革的核心方案是设立法学院体制和改革司法考试制度；而法学院制度的最主要内容是新的课程设置、授课方法和师资结构。按照上述四项条件来衡量。

（1）其方案设计首先都具有相应的法律根据，不论是日本的《建立司法改革审议会法案》还是韩国的《法学院法》，都为各自的改革提供了法律根据。改革于法有据。这是两国改革能够获取举国范围内制度转换的重要原因。

（2）改革目标是培养新的具有高素质且能够应对全球化需求的法律人才。这本没有什么争议，但如前文所述，如果目标设定过于着眼于国际型人才培养而忽略本土法律服务及人才多样化的需求，似乎有些剑走偏锋，有失全面。

（3）两国对法学院和司法考试的渐进式安排是一个很好的具体路径和程序安排，但是其中"双轨制"的设计尤其是"并轨"的设计是否合理则是可以进一步讨论的问题。双轨是过渡性安排，而不应成为固化的制度；同时过渡性的时间和并轨方式也需要认真研究方可制定。

（4）在师资建设、课程设置和讲授方法等保障条件方面，虽然两国都有法定的具体要求，但是否能够真正落实则依赖是否有合格的具有实践经验的师资等条件。实际上，一个好教师应具有不同于职业者的经验。[1] 具有5年以上实践经验的法官和律师未必是好的教师，未必能够把零碎的经验提炼成系统的教案，未必能真正采用新的教学方法。如果没有系统的培训和相关制度的保障，20%的实务人员未必能够融入法学院的师资和氛围中。此外，由于日本教师和学生没有苏格拉底教学法的经验，所谓的苏格拉底教学法在很多情况下"有名无实"。[2]

（五）改革需要参考外国经验，但不能盲目照搬，不能以外国样板为唯一目标

日韩法学教育改革最引世人瞩目的是公开宣称以美国法学院模

---

[1] Young-Cheol K. Jeong, "Korean Legal Education for the Age of Professionalism: Suggestions for More Concerted Curricula, East Asian Law Review, 2010, Vol. 5, p.184.

[2] Akira Fujimoto, The Crisis of the Bar Exam and Legal Education in Japan,《慶熙法學》,2009,제44권3호, p.577.

式为蓝本,以此为此番改革的目标①,还有学者认为,日本的改革实际上是迫于美国贸易谈判中美国政府的压力。② 但是由于美国法学教育有其独特的社会环境(如社会对法律的尊崇度和律师在社会中的作用远远高于其他国家)和法律传统(普通法体系中判例制度与案例教学具有高度切合性),不考虑与上述大环境衔接而单独引进其中的法学教育体制,其风险不言自明。在引进外国经验和制度的同时,还会出现所谓的"误读",及对外国制度了解不够,或仅仅看静态和表面制度,而缺乏对制度运行的实际和深入了解。有美国学者认为:

(1)把美国法学院教育简单地理解为培养实务经验的实践教学,本身就是误读,因为美国法学教育对理论和实践同等重视,实践教学有深厚的理论创新支撑;

(2)美国法学教育强调跨学科的研究和教学,从而把法学置于社会、政治、经济、伦理等部门构成的综合体系之中,而日韩改革对此没有充分的认知;

(3)美国法学院也在改革的进程中,其课程体系和教学理念也在调整,因此把它作为一个静止的模板就会带来误解;

(4)美国法学院除了教授外,还有大量辅助人员(如研究助理、秘书、图书资料员)和学术休假制度,从而保证教授不仅教学,而且是高

---

① Mark Reutter, Japanese Legal Education System Undergoing Radical Transformation, NEWS BUREAU, U. ILL. URBANA-CHAMPAIGN, Jan. 13, 2003, http://www.news.uiuc.edu/news/03/1113japanlaw.html. 转引自 Takahiro Saito, "The Tragedy of Japanese Legal Education: Japanese 'American' Law Schools", *Wisconsin International Law Journal*, Vol. 24, No. 1, 2012, p. 199. Rosa Kim, "The 'Americanization' of Legal Education in South Korea: Challenges and Opportunities", *Brooklyn Journal of International Law*, 2012, Vol. 38, p. 60.

② Office of the U. S. Trade Representative, Annual Reform Recommendations from the Government of the United States to the Government of Japan under the U. S.-Japan Regulatory Reform and Competition Policy Initiative, Oct. 14, 2004, available at http://japan.usembassy.gov/e/policy/tpolicy-regref.html (explaining how and why the U. S. government applied pressure). 转引自 Takahiro Saito, "The Tragedy of Japanese Legal Education: Japanese 'American' Law Schools", *Wisconsin International Law Journal*, Vol. 24, No. 1, 2012, p. 199.

质量学术成果的生产者。① 反观日韩的改革,对于美国法学教育摹本的误解把法学教育改革和学生导向以司法考试为中心只注重法条阐释的误区,也极大地削弱了其法学研究和教学的质量。

尽管有上述瑕疵甚至挫折,尽管有学者认为"改革浪费了大量资源而收获却相对微小"②,但是日韩两国改革的初衷和勇气,尤其是改革的方向、路径设计和成效则值得充分肯定和赞赏。

四、中国法学教育改革刍议

在党的十八届四中全会《决定》"要创新法治人才培养机制"的指引下,新一轮法学教育将会是全方位的改革,包括完善我国法学教育的理论体系、学科体系、课程体系和教材编写等内容;并随着我国参与国际事务程度的提高,也要建设通晓国际法律规则、善于处理国际法律事务的国际型法治人才队伍。确实,无论是从现有法学教育的落后、过时以及以往法学教育改革的不彻底状况③,还是从新一轮司法改革的配套需要上看,中国的法学教育也确确实实需要一场更为彻底的改革。毫无疑问,新一轮中国法学教育的改革应当从日韩改革中获取可供借鉴的经验和教训,避免直接移植外国制度所导致的水土不服,又要从我国社会和法治发展的实际情况出发,在宏观层面上进行更为周详可行的设计。

(一)充分认识法治中国建设背景下法学教育的性质和地位,以法律职业教育为导向,培养符合社会需求的高素质法律人才,推动理论创新

是以培养高素质法律职业人才为目标还是以培养高水平的学术研究人才为目标?是以职业教育为主还是以通识教育甚至"博雅"教

---

① Annelise Riles & Takashi Uchida, "Reforming Knowledge? A Social-Legal Critique of the Legal Education Reforms in Japan", *Drexel Law Review*, Vol. 1:3, 2009, pp. 20-23.

② Ibid., p. 23.

③ 参见葛洪义:《关于中国法学教育改革的几点认识》,载《中国法学教育研究》2015年第2辑。

育为主？是以实务为主还是以理论为主？这是困扰各国法学教育界的共同难题，也是进行法学教育改革和制度设计首先要解决的理念问题。

(1) 在这一问题上，采取非黑即白的二元对立立场（以为强调实践就是不要理论，或强调理论就是否定实践），并没有抓住法律科学的本质。法学教育具有内在的二重性，从法学在大学教育中的地位上看，它表现为职业教育和人文学科的理论教育的二重性；从其培养目的上看，它表现为实践型人才的训练和学者型人才培养的二重性；从其教学内容上看，它表现为法律职业的特定技巧、道德和思维与法学的知识体系和人文理论培养的二重性。① 法学本身的产生和发展，不可能离开法律实践，法律实践没有理论上的升华和提炼也不可能推动法治社会的出现。法学教育应当把看似对立的二者打通，找出二者的内在联系，从而根据本国现实条件和需求设计法学教育的性质和地位。实际上，教学若纯粹以理论为内容，学生，尤其是没有社会经历的学生，不会真正理解理论的精妙之处，尤其不能理解它对于实践的指导作用。教师似乎把理论都教给学生了，却不过是使学生空有"屠龙之术"。如果把理论源于实践的流变讲清楚，同时又能深入浅出地结合实践把理论讲透，则会事半功倍，使学生真正受益。若以实务为主要内容的课程也能够进入深层理论分析，不仅可以帮助学生学习技巧，而且能够从思维和能力上得到提高，从抽象理论层面进行归纳总结，进而从实践或案例教学中提炼出新的理论问题，也就能够避免误入"技工培养"的歧途，使学生具备理论上的分析甚至创新能力。

(2) 除了没有真正搞清楚理论与实践的关系以外，很多自诩为以培养理论人才为目的的"博雅教育"项目，在很大程度上却忽略了实践教学，以为把现有知识（舶来品居多）或教师的侧重点灌输到学生的头脑中就是理论教学。这恰恰忽略了理论教学的终极目标，即培养具有理论思维和理论创新的学生。即便是理论培养，也应把重点放在学生进

---

① 参见王晨光：《法学教育的宗旨》，载《法制与社会发展》2002年第6期。

行理论探索和创新的能力培养上,而非简单重复现有国内外的理论学说。学生应当具有在法律实践中发掘深层理论问题,并深入钻研,提出新理论的能力。很多具有丰富实践经验的法官和律师往往能够发掘新的理论热点,但就像狗熊掰棒子,掰了一路,到头则仅仅剩下腋下夹的一个。这与他们迫于工作压力而缺乏研究时间有关,但最重要的是他们理论研究的能力没有得到很好的培养和开发。这不能说与我们的法学教育没有很好地培养他们的理论研究能力没有关系。我国法学教育不仅要认真研究普通法系法官中不断产出法学家的现象和规律,而且要借鉴其法学师资打破理论和实践壁垒,跨界选拔的制度,从而使我国的法学师资即有坚实的理论功力,又有丰富的实践经验,以推动我国法学理论创新。

(3) 培养什么类型的毕业生不能想当然,而应当根据社会现实和未来需求进行。法学院的培养模式定位会深刻影响到法学院学生的思维方式和专业水准,在一个模子下批量培养出来的学生,在很大程度上会刻上法学院培养和教学定位的影子。尽管理论和实践教学应当是相同的,但从现实看,一个致力于学术型、研究型人才培养的模式与一个致力于法律职业人培养的模式肯定有所不同。前者致力于打造法学教育的"母机",侧重于学生的学术思维和学术科研水平;而旨在培养法律职业人才,则侧重加强对法学思维、实践技能尤其是与社会和人打交道的能力等全方位的培养。

究竟社会需求是什么呢?可以说,当前绝大多数毕业生都从事法律实务或其他相关工作,而一个社会需求最多的也是直接从事法律实务的人,比如律师、法官和检察官以及其他需要法学背景的工作人员。因此,法学院的定位和教学不能闭眼不看现实,任性而为。这就决定了我国法学院在定位和培养目标上应该回应社会的实际需求,以法律职业教育作为人才培养的主要目标取向。这并不意味着学术型和通识型的人才不应培养,而是说它不应成为法学人才培养的主流,也不意味着要把职业教育和博雅教育相对立,而是说应把它们有机地融通在一起。学术型人才的需求总是少量的,部分有基础和底蕴的法学院进行学术型、研究型人才培养的定位是可取的,但不能每个学校都有这样的追求。

曾几何时,法学院校以拿到一级法学学科博士学位授权点、法学硕士学位授权点为追求和自豪,似乎拿到这类授权就是法学院地位的象征,就是法学教育全部目的之所在。因此,本科法学教育目标不明,法律硕士(JM)在法学院成了边缘点缀,甚至主要成为了"赚钱"的项目。凡此种种,造成我国法学教育不回应社会需求而只注重"形象工程"的反常现象。而以往历次改革缺乏对整体社会需求的准确把握,法学教育评估体系仅以形式上的学术发表为唯一指向,各种评审和评比行政化、师资队伍单一化,都成为造成这种反常现象的助力。

前事不忘,后事之师。新一轮法学教育改革的宏观设计,必须对社会法律实务人才的市场需要有清醒的把握,以法治中国建设、社会和市场需求为导向,明确法学院在大社会中的定位及其培养目标,从而充分发挥法学院的教育功能,推动理论创新,肩负起时代重任。

(二)充分认识我国国土辽阔、人口众多、地区差异和法律服务类型多样化的现实,回应全面推进法治和全球化的需求,设计统一但多层次多元化的法学教育体制

我国法学教育早已形成以本科教育为基础、各类法学教育项目并存的庞杂体系。如果像日韩那样完全并轨到一个项目上(J.D.模式的研究生层次职业教育),在现实中不仅难以实现,而且也会造成巨大的资源浪费。但是,无所作为,沿着现有轨道继续惯性运行也不是出路。因此,针对全面推进法治和全球化需求,对法学教育体系进行宏观设计实属必要。

1. 认清我国社会对多样化法律人才的需求

法学教育的根本出发点是为社会提供所需要的法律职业人才。这既是社会职业分工的要求,也是法学教育自身必须承担的使命。而法律职业人才的需求是多层次、多方面的,除了诉讼业务方面的法律人才需求,也有非诉讼商业律师的需求;既有面向基层大众的法律服务需求,也有面向高端的金融、兼并等法律服务需求;既有公检法领域

的传统法律需求,也有行政和社会管理领域的新型法律需求;既有国内法律业务的需求,也有国际法律业务的需求。总之,全面推进法治,进一步拓展了法律需求的范围,也提出了法学教育培养目标多样化和教育项目多元化的要求。

面向未来的法治和市场需求,我国法学教育不能不考虑必须面对的两项挑战:

挑战一是全球化的压力。中国的改革开放和社会转型得益于全球化带来的有利态势。随着中国经济和国际影响力不断上升,参与国际事务的程度日益深入,对高素质国际法律人才的需求也越来越大。尤其是近来提出的"一带一路"战略、自贸区改革、亚投行设立、国家利益的维护等形势,对国际法律人才的需求愈加迫切。中国不仅需要了解现行国际法的法律人才,而且需要具备推陈出新、进一步发展国际法的高素质国际法律人才。亚投行的设立就是一个很好的例证。但是扪心自问,我们的法学教育能够提供这样的高素质人才吗?答案不容乐观。未雨绸缪,如果我国法学教育再不深切认识到这一需求与迫在眉睫的紧迫感,将来就难免会嗟叹良机坐失。因此,设立高素质国际法律人才的培养机制(包括培养目标、课程体系和教学方法等一系列机制的设立)应当成为新一轮改革的重头戏之一。但是,这一培养模式的设置,不应"大呼隆"、蜂拥而上,而应当根据学校的特点和传统、区位优势、学生素质和师资状况等多种因素的考虑,根据未来需求的规模进行设置。另外,这种设置不应成为排他性的行政安排;对于不以国际法律人才培养为主要目标的学校而言,有些高素质的毕业生也应该能够进入到这一领域。国际型法律人才也必须有坚实的国内法的基础,以国内法律服务为主的法律人才也应当具有一定的国际法和外国法的知识。

挑战二是全面推进法治带来的压力。全面推进法治,意味着对高素质法律人才的更大范围的需求。与许多发展中国家相似,我国高素质法律人才倾向于在大城市聚集。法律从业人员分布极不均衡。"按律师数量计算,排在前五名的北京市、广东省、山东省、上海市、江苏省平均值为 16 891.4 人;最少的 5 个省份是西藏自治区、青海省、海南省、宁夏回族自治区、甘肃省的平均值为 966 人。前者是后者的 17.5 倍。按每 10 万人口律师数量计算,排在前五名的北京市、上海市、天津市、广东省、重庆市平均值为 46.7 人;最少的 5 个省份西藏自治区、贵州省、江西省、甘肃省、青海省平均值为 7 人。前者是后者的 6.7 倍。"①我国社会发展的不平衡性和区域的差异性不可避免地反映到法律服务市场和人才分布上。人才的自然集中与均衡的法治发展需求之间形成了尖锐的矛盾,在很大程度上影响了法治的发展进程。如果法治只是在大城市和发达地区实施,而忽略其他农村和不发达地区的法治需求,一半左右的民众就会游离于法治之外,全面推进法治也就无法实现。这种发展不平衡性和区域差异性决定我国法学教育必然要采取统一但多层次多元化的法学教育体制。

统一是指法学教育的体系和职业人才准入的尺度要统一,不同类型的项目应相互衔接,优势互补,共同为法治中国发力;多层次是指根据学校的特点、师资和生源及区位差异等因素,设置符合法治实际需求的不同学位项目;多元化是指根据不同的需求,设立具有特色的培养方向和教学内容,如基层司法人员或律师、国际型法律人才、专利法律人才等不同培养项目。这里的不同层次,并不代表学生质量素质的高低,而只是指学位层次的不同。确切而言,不同层次和类型的培养项目都会造就高素质的法律人才。将来的法学教育评估体系,必须要破除这种简单地以学位或类型为划分优劣标准的偏差,在不同层次和类型中,设立符合其特点的高素质人才评价标准和体系。因此,评价标准的多元化也是这一体制的有机组成部分。

2. 根据社会需求设计不同层次和类型的法律人才培养项目和相应的教学内容

国际化的要求需要的是国际型法律人才,法治中国建设需要更多

---

① 朱景文:《中国法律职业:成就、问题和反思——数据分析的视角》,载于《中国高校社会科学》2013 年第 4 期,第 123 页。

的是基层的法律人才。如果把传统的法律业务人才(主要以律师、法官、检察官)、国际型法律人才和基层法律人才三者的分布进行形象描述,我国现有法律人才队伍呈现中间大两头小的"橄榄球型"的分布结构。中间大是指适应一般民刑诉讼和商事非讼等传统业务的人才过多,造成一定程度上(尤其是在大中城市)的市场"饱和";两头小是指国际和基层两端人才少,即国际型法律人才稀缺和基层法律人才不足的状况。因此,法学教育改革应当调整现有结构,建立多层次和多元化培养机制,既要培养传统业务法律人才,也要培养一定数量的国际型法律人才和大量的基层法律人才。在全球化和全面推进法治的背景下,我国法学教育尤其应加强两端的高素质法律人才培养,重点加强高素质的基层法律人才队伍建设,扩大国际型法律人才培养,使我国法律人才队伍呈现出"梯形"的常态分布。

不同层次和类型的培养项目,必须有与之相适应的教学内容。而现有培养模式受制于脱离实际的行政化和形式化的管理,加上司法考试的指挥棒效应,各法学院校千人一面,不看现实需求,只看指标数字,纷纷涌上"研究型人才培养"的"康庄大道",从而形成各自定位和培养方向不明,没有特色的沉闷状态。对此,新一轮法学教育改革应当抓住法学教育的二重性属性,以法治发展实际需求为指引,扩大法学院校办学的自主性,允许举办不同层次和类型的培养项目,以职业法律人才培养为主,兼顾学术研究型人才的塑造;在教学内容上,除了一些核心必修课,要允许各法学院校按照其定位和培养目标,在对社会需求进行客观深入分析的基础上,设置有特色的课程,采用其认为最有效的教学方法。

3. 梳理和整合现有各种项目,形成适应我国法治需求的人才培养体系

我国现有的法学教育项目包括:专科教育、本科教育、第二学位教育(主要是知识产权)、法学硕士、法律硕士(法学)、法律硕士(非法学)和法学博士等七种。其中法学专科教育的形式多样,主要培养法律助理和秘书等类型的人才,具有初级职业的性质。法学本科是我国现有

法律教育的主体项目,是绝大多数法重心所在;其培养的目标"与其说是法律职业人才,不如说是具备法律专业知识的通才"。① 法学硕士是衔接法律本科的高层次学位项目,以培养研究型法律人才为目标。但是随着法学硕士规模的不断扩大以及法学教学和科研岗位的相对饱和,法学硕士毕业生已经很难找到研究型工作,大量就职于各种法律实务领域。针对我国法学教育缺乏职业人才培养的短板,国务院学位委员会于1995年批准设置法律专业硕士学位(JM),8个试点院校于1996年正式招生。截止到2015年年底,授权举办法律硕士项目的院校已达186所之多。② 据2014年网上公布的101所院校招收法律硕士的名额(5 459人非法学、2 775人法学)③计算,在校法硕学生总数超过3万人。④ 法律硕士教育的目标是培养以"实践为导向""具有明显法律职业背景""具备复合型知识和职业素养的专业人才"。⑤ 最初法律硕士招收面向非法律专业的毕业生。2009年,教育部认为"随着研究生规模的不断扩大和社会需求的不断变化,硕士研究生的就业去向已更多地从教学、科研岗位转向实际工作部门"⑥,因而有意压缩法学硕士指标而扩大专业性硕士规模;考虑到法学本科毕业生就业难的现状,教育部又开设了法律硕士(法学)项目。法学博士学位则以培养高层次学术型科研人才为目标。

---

① 霍宪丹:《法律教育:从社会人到法律人到中国实践》,中国政法大学出版社2010年版,第171页。

② 参见《全国法律专业学位研究生教育指导委员会2014年工作总结暨2015年工作要点》,载http://www.china-jm.org/article/default.asp? id—553.2016年1月20日访问。

③ 参见《2014年法律硕士各大院校招生人数汇总》,载http://wenku.baidu.com/link? url=zrFVTXGxUuUr5n7Yh_0MpVi2dMTadjjrLsMfyzxbbwKPfz-w95fjR7XRT-26IjzdDpYcVoAbQ2MtlphSbi6EvOc9QKYKv-Law358DZN4F9mcC. 2016年1月20日访问。

④ 2006年,统计法硕在校生已经近3万人。参见霍宪丹:《法律教育:从社会人到法律人到中国实践》,中国政法大学出版社2010年版,第179页。

⑤ 霍宪丹:《法律教育:从社会人到法律人到中国实践》,中国政法大学出版社2010年版,第171页。

⑥ 教育部:《关于做好全日制硕士专业学位研究生培养工作的若干意见》(教研2009[1]号)。

在上述繁多的项目中,法学硕士项目的推出最具改革色彩。它也和日韩建立法学院的做法有诸多相似之处。但是,我国法学硕士项目的设置并没有日韩那种取代传统本科法学教育的雄心,因此其创新性并没有得以彰显。而且,它从起步初期就陷入了目标不明、措施不力、路径偏差的泥潭。例如法律硕士的入学考试本应参考美国法学院入学考试模式,以人文社科和自然科学基本知识为考试题目,以测试学生的逻辑思维和综合素质为目标。但是匪夷所思的是,我国法律硕士入学考试以法学课程为考试科目,从而导致没有学过法律的学生纷纷参加"法硕入学考试辅导班",拼命死记硬背,带着一脑袋的僵死的法条记忆进入法学院。好学生也被辅导班引入歧途,法学院也难以招到素质好的学生(虽然也确实有一些素质不错的学生)。再如法律硕士的教学内容和方法也并没有多少与法律本科不同的地方,所谓实务教学,往往流于形式;一些兼职从事教学的实务人员因工作忙或不擅长教学,其应当发挥的作用并没有真正发挥出来。法律硕士项目成了令法学院棘手的难题,没有得到应有的重视,在社会上也没有得到应有的评价。"迄今为止,对中国法学本科生与法律专业硕士生的培养目标和课程内容还没有作出十分清晰的界定,导致高层次法律职业教育体系实际上并未成型。"[1]而法学博士的培养则流于形式化,虽然论文发表等各项指标不断提高,但却鲜有为其单独开设的研究方法等训练课程,使其质量难以保证。因此,新一轮改革需要整合现有的法学教育项目,以培养高素质法律职业人才为导向,结合法律资格统一考试改革,合理分配教育资源,重新打造新的法学教育体系。

(三)明确培养方向,抓住主要项目,健全配套机制,逐步改革完善

在厘清理念和分析实际情况的基础上,法学教育改革还需要聚焦到具体制度和操作层面的设计上来。我国新一轮法学教育改革应当是全方位的深层次改革,既要稳妥有序,又要积极大胆地推动。因此需要为其精心设计具体的路径和机制。

---

[1] 季卫东:《中国法学教育改革与行业需求》,载《学习与探索》2014 年第 9 期。

如前所述，我国法学教育应当以培养高素质的法律职业者为方向。在当前诸多项目中，由于"本科阶段的人才培养目标不能特定在法律职业素养和技能上，……真正高层次法律职业应该放到研究生阶段进行"①，因而唯有法律硕士最符合这一培养方向的项目，同时也是最为人诟病的项目。正因如此，法律硕士能够成为带动全局的主要项目，也成为考验改革决心和检验其成败的试金石。在现代社会中，法律是具有高度专业化的职业，处理的是复杂的社会关系。因此法律人既需要有扎实的法学功底和法学思维，还需要一定的社会经验和处理社会事务的能力。而本科生由于年龄和阅历的局限，很难具备上述素质和能力。国外法学教育的经验也表明，越来越多的国家把法学教育升格为研究生层次的教育。日本和韩国的法学教育改革就毫不迟疑地把改革的主攻方向锁定在研究生层次的法学院制度改革。我国新一轮法学教育改革的突破点也应当锁定在与日韩类似的法律硕士项目的改革上。

选定法律硕士为改革的主要内容和突破口，首先需要明确它在法学教育中的主体地位，整合现有的三个法学类硕士项目，逐步将其合并到同一个法律硕士项目中；其次需要理顺它与本科（包括法学本科）和法学博士项目之间的递进衔接关系；再次需要设计它与司法职业资格考试、职业准入制度等外在制度的衔接，为高素质法律人才进入法治前沿疏通道路；最后，还需要改革司法考试制度和法律职业准入制度，推动法律职业基本学位制度的建立，即只有一种学位与法律职业相对应，并逐步取代或取消其他学位的法律职业准入资格。② 现阶段司法考试制度的资格门槛设置太低，加上司法考试的题型等因素，使得没有法学教育背景的人能够通过参加"司法考试培训班"而顺利通过司法考试。因此，司法改革有必要提高专业准入门槛，以受过正规

---

① 季卫东：《中国法学教育改革与行业需求》，载《学习与探索》2014年第9期。
② 参见徐显明：《中国法学教育的发展趋势与改革任务》，载《中国大学教学》2009年第12期。

法学教育为考试资格。① 此外,司法考试与公务员考试互不衔接,导致通过司法考试的学生还要参加公务员考试才能进入公务员(包括法官和检察官)行列,为法律职业人才进入司法岗位和进入行政执法部门设置了不必要的障碍。

(四)为师资队伍、课程体系、教学内容和教学方法创造必要条件

设计好法学教育改革的机制,并不代表这些机制就能够毫无障碍地自行运作。要保证新机制的运作,还必须创造有利于其运作的各种条件。客观条件也是事业成败的重要原因。对于改革至关重要的师资队伍、课程体系、教学方法和教学内容这四个方面的改革而言,相应的条件是否具备就显得尤为重要。

1. 教改的关键在于教师,因此改善师资队伍成为首当其冲的任务

著名法学教育家曾宪义先生认为:法学院设立的最低标准有三个方面,即法学师资、法学图书馆资料、法学教育形式。② 虽然从整体而言,我国法学师资队伍发展很快,但其构成仍然比较单一,基本上以从法学校门到法学校门的纯理论型人才为主,缺乏具有实践经验的老师,也缺乏跨学科的复合型人才。加上受基于单一维度设置的评价体系的影响,大多数教师重科研、轻教学,没有更多的时间和精力认真研究如何更新教学内容和提高教学质量;教学内容上偏重理论阐述和概念分析,实践教学的内容所占比例不高。理论教学本身并不错,但是如果没有与实务结合,也难以培养高素质的法律职业人才。虽然在过去的几年也有推动双向交流的项目,卓越法律人才培养计划也制定了具有丰富实务经验的法律职业者进入法学讲台的"双千计划"项目,但由于现有人事制度的限制、许多职业者授课经验和理论提炼不足、他们融入教师队伍的难度以及其自身工作的负担,最终使这些做法难以

---

① 值得庆幸的是,2015年年底,中共中央办公厅、国务院办公厅印发了《关于完善国家统一法律职业资格制度的意见》,该《意见》提出,将现行司法考试制度调整为国家统一法律职业资格考试制度,提高了参加考试的资格门槛,硬性规定必须要有法学本科教育背景。

② 转引自曹义孙:《中国法学教育三十年:成就、问题与出路》,载《中央社会主义学院学报》2009年第5期。

维持,其教学质量也大打折扣。虽然部分有条件的法学院校为法律硕士配备了由法律职业者担任的实务导师,其效果也长短不一,且难以形成长久的制度化安排。如果使法律职业者能够制度化地成为师资队伍的有机组成部分的条件不能建立,法律职业教育的效果也就难以保证。就师资队伍建设而言,美国法学院师资以招聘有一定经验且具有良好科研能力的职业律师为主的做法,值得我们认真借鉴。而这种制度在我国法学教育中的建立,则需要打破现有的人事制度,改变现有的师资评价体系。也就是说,师资选拔和培养需要有深层次改革的眼界和魄力,找到治本的良方;否则就只能采取头痛医头、脚痛医脚的治标之策。

2. 改善课程体系是推行法律职业教育的关键

法学教育指导委员会统一规定了本科生法学教育的16门必修核心课,此外还开设了供学生自主选择的选修课;而法律硕士的培养跟本科生的课程体系十分类似,不过是增加了法律诊所、模拟法庭和法律实践等一些规定课程。而在实践中,法律硕士与法学本科和法学硕士的课程没有什么区别,很多课程都是合二为一,或虽然单独上课,但老师和课程内容都没有什么区别,仍然主要以书本知识、法律条文、原理阐释为主要内容。模拟法庭、法律诊所、案例教学等课程也缺乏系统教材和统一考核标准,实际效果参差不齐。而美国法学院只为一年级学生规定了六七门必修课(宪法、合同法、财产法、侵权法、民诉法、国际法或比较法、法律写作或模拟法庭课),其他课程则都是可以根据自己的兴趣和特点选修的课程。这种安排,实际上体现了与我们设置16门必修课不同的理念,即课程设置是以培养学生掌握必须具备的基本能力素质为导向。反观我们16门必修课的设置,它体现的则是以知识传授为导向,而非以能力素质培养为导向的教育理念。

新一轮改革能否超脱依葫芦画瓢式的形式改革,深入到教育理念的改革,能否从以知识的传授为主导过渡到以素质培养为主导的思路上,是此次改革能否成功的关键。换言之,法学课程体系的改革,应当首先分析并确定高素质法律职业者应当具备哪些能力和素质,然后寻找和建立培养这些能力和素质必须采用的教学内容和路径,并在此基础上设置相对完善的课程体系。比如法律职业人必须具备起草法律文书的能力,而培养这一能力的最佳路径,是老师讲授各种法律文书起草的基本方法,然后让学生练习这些文书的起草,再由老师进行点评和指导。再如法律职业者需要具备法庭辩论的能力,法学院就应当开设法庭辩论课或训练项目,而法庭辩论实际上还细分为各种不同类型的辩论,因此可以针对不同学生的需要,开设不同的法庭辩论课程。美国法学院深信,法学教育不是简单的法律知识的传授,而是培养像律师那样思考的法律思维和像法律人那样执业的职业技能和素质。我国法学教育也应当采用类似的设计思路,从能力素质的分析出发,寻找培养这些能力素质的素材和路径,从而设计更好的课程体系。

3. 改善法学教学方法是改革的可靠保障

我国现有教学方法是承袭的大陆法系的学理为主的教学方法,以老师"满堂灌"的讲授为主要方式,缺少学生的主动参与和课堂互动,从而失去了学生体验和实践的机会。这种教义式或法条阐释型的教学方法,主要以传授系统、抽象的理论知识为目的,而非以培养学生能力和素质为目的,因而一直备受批评。但从教育主管部门到教学老师,似乎都没有对此作出有效的回应;虽然讨论不少,但提出切实可行的对策不多,更遑论卓有成效的经验了。究其原因,还是对教学方法重要性的认识不到位,总以为它不过是形式而已。而开创新路必然需要更多付出并承担风险,传统的惯性和路径依赖的旧习,往往扼杀了改革的举措和动力。另外,我们对域外经验的了解往往不够深入,知其然而不知其所以然,没有弄清楚其发展脉络和相应的社会背景,只鳞片爪的借鉴,只会落得邯郸学步的效果。比如普通法的案例教学法,即"兰德尔教学法",实际上早已在其发源地受到批评,实践证明这种以上诉法院判决为学习素材和教学方法的模式,只会使学生仅仅关注法律文本的分析,而忽略大量法律实践应具备的其他素质和能力的培养,如法庭辩论、与当事人和其他诉讼参与人进行交往沟通的能力、法律职业道德素养、非诉法律事务的处理能力等众多能力素质的培养。① 因此兰德尔式的案例教学法早已被修改，不再是法学院教育的主导方法。新型体验式案例教学、诊所教学、模拟法庭教学已经极大地丰富了法学教育的方法，对高素质法律职业人才的培养可以起到更大的作用。在这一点上，德国的法学教育改革更值得我们借鉴，即在保持讲座式教学的同时，开发出相应的参与式案例教学，使学生在理论和实践上都能得到训练和培养。②

法学教育改革是关乎法治发展的大事。任何改革的设计都需要以社会实际情况为根据和法治发展的需求为导向，因此要预见到各自的变量，为改革预留足够的空间；同时要赋予每个院校根据本地区、本学校的实践情况开展特色法学教育的自主权，充分发挥主管部门和院校的两个积极性，在国家的统一部署下，学校自主参与并积极推进，形成上下一体，左右联动的开放和热烈的改革浪潮，打造统一多层次和多元的新型法学教育体制。

上述就我国新一轮法学教育改革提出的初步设计，不过是管中窥豹，一家之言。不揣冒昧，且权做引玉之砖，就教于大家。

---

① 参见杰罗姆·弗兰克：《如何打造优秀的法学教育》，王晨光译，载《法学杂志》2012年第5期，第172页。

② 参见王晨光：《卓越法律人才培养计划的实施——法学教育目标设定、课程设计与教学安排刍议》，载《中国大学教学》2013年第3期，第8页。

后记
上下求索　追求卓越——探寻法学教育创新之路

自留校北大以来，一晃已有三十三年。光阴荏苒，岁月如梭。尽管其间转换了几个学校，但终未离开法学教育界。加上求学的时间，也算伴随并见证了我国法学教育自改革开放以来的发展历程。浸染其间，从懵懵然到略有所悟，从零碎评论到较为自觉的探索，竟也在不经意间留下些对法学教育思索和设想的印迹。虽然这些印迹多是针对特定阶段的特定问题而发，汇集成册，却也能从几个侧面记录法学教育发展的步伐和不同阶段的探讨。

我国的法学教育在十年动乱中遭受了毁灭性的打击，法制荡然无存。"文革"后痛定思痛。党的十一届三中全会拨乱反正，改弦更张，把加强社会主义民主和法制建设作为治国理政的基本方略，以改革开放为推动社会发展的根本国策，从而走上了建设法治国家的道路。法学教育也应运而兴，从默默无闻一跃而成为经世致用的"显学"。这一进程并非一帆风顺，而是经历了艰难的恢复阶段、躁动的发展阶段、追求卓越的调整阶段和当前全面深化改革阶段，伴随着诸多的探索、争论、尝试和改革，当然也经历了徘徊、挫折和反复，乃至法学教育至今仍然在根本宗旨、理念、内容、方法和形式等诸多方面存在各种争执和探讨。而新的市场经济和全球化的突进，加之全面推进依法治国的深化,又为法学教育提出了新难题和挑战。一方面,国家发展需要更多的卓越法律人才,另一方面,法学毕业生又遭遇就业市场上的严冬;一方面,法治随着全面推进和深化改革的步伐要进入诸如社会保障、医药服务、公司治理、政府法治、国际法律服务等所有主要社会领域,另一方面,法学教育培养出的大批毕业生又捉襟见肘,无用武之地或缺乏进入这些行业的门路;一方面,社会多元化、多层化和多样化的发展需要大量不同类型的高层次法律人才,另一方面,千篇一律和千人一面的培养和考核模式又无法满足社会的多样性需求;一方面,社会结构、经济形式、政治环境和全球格局处于急剧变化的新常态,另一方面,法学教育故步自封和闭关锁地,拒绝多学科和职业交叉融合的态势却毫无松动。此外,走向法治的大环境尚未给法律人提供充分发挥法律功能的空间,法治真正成为治国理政的基本方式,仍然需要实实在在的推进。凡此种种,都给法学教育改革的全面深化和建立适应新常态的新型法学教育罩上了重重迷雾。尽管法学教育已经从改革开放滥觞之时的两个半法律系发展至全球规模最大的六百多所法学院校,但表面的繁荣无法掩盖内在的困惑和迷失。故以往曾经探讨过的问题(如困惑、难题、路径、功能和宗旨等本书所提出和探讨的问题)并未过时,仍然有待更多法学教育界有识之士的认真对待和深入探索。

　　诚然,面对风云变幻的当代,各国法学教育都在经历市场变化、业态更迭、全球化的考验。谁能够率先摸索出新的法学教育模式和路径,谁就能占据新的高地。在这一点上,没有先来后到,只有改革创新的适者生存和优胜劣汰。法学是守成的。这几乎成了法学教育界的名言。但是每一次社会的重大变化,都会带来法学原理、职业模式和法学体系的创新。那些在法学和法治发展关键时刻发挥推动作用从而留下印记的知名律师、法官和法学家,无一不是能够顺应时代发展,推陈出新的倡导者和引领者。即便是那些大量"碌碌而为"的法律职业者,也必须在现有的法律文本和原理的框架中发挥特有的创新能力,提供有坚实法律根据并符合社会规律和发展趋势的法律对策和方案。法学既要有坚守法律的"守成",又要有洞悉天涯路的"眼界"和推动社会发展的"创新"胆识和能力。

创新就要直面现实,尤其是现实中的问题,就要敢于探索和尝试,甚至标新立异。凭中国之大、法治发展的潜在需求、新业态和新领域的出现,法律职业市场并非饱和,而是具有巨大的发展空间。问题的关键是,法学教育界是否有全局性和全球性的战略视野,从而看到这一发展大势,是否洞见现有教育模式和行政管理的弊端,是否有意识地进行深层结构性改革和尝试创新之路?尤为关键的是,是否有胆量承受必然伴随创新的挫折和失败,是否有勇气按照法学教育的规律改革一系列相关的人事等配套制度,是否有毅力进行持之以恒的探索和创新?世界性法学教育改革的大潮正在涌动兴起。在这一意义上,改革没有终结,而仍在进行之中。我国法学教育至今的发展仅仅是一出大戏的序幕,更加精彩的剧目即将上演。本书对于法学教育的议论,不过是对一些曾经出现和正在出现的问题的探讨,自然有其局限。但它对于一些问题的追问和新模式的推荐,仍然有其现实意义,至少可以促使大家考虑那些被追逐眼前花哨噱头(如各种排名、虚衔和应景项目等)的驱动所遮盖的、对深层问题和新型教学模式的探索。

因本书所收录的文章成章于不同时期,散乱于不同刊物,多属管中窥豹,执言一端,既有理论探讨,又有实践设计,且从未专门进行过整理。现承蒙李广德同学悉心收集,李钊同学精心梳理和编辑,母校北京大学出版社热心安排出版,蒋浩副总编辑统筹规划,苏燕英编辑精心编辑,使得这些不同时期的文章居然也似乎有了体系,汇编成这本法学教育的论集,呈现于读者,就教于大家,以期对我国法学教育改革的深化和发展略尽微薄之力。在此,谨对他们致以衷心的感谢。当然,文责自负,文中错误概由我本人承担,也期望读者和法学教育界专家不吝笔墨,给予指教。

如果本书能够引起大家对法学教育理论与实践更多的关注与争鸣,推动创新,吾愿足矣。"路漫漫其修远兮,吾将上下而求索。"中国法学教育的创新之路就孕育于我们孜孜以求的探索和追求卓越的执著之中。